개정 2판

법률사무소 집 원영섭 대표변호사의

건설부동산법률
실전사례의 終結

[개정 2판]
법률사무소 집
원영섭 대표변호사의

건설부동산법률 실전사례의 終結

개정 2판 인쇄 발행 2024년 1월 7일 | **글** 원영섭 | **편집** 윤준식
표지·내지 디자인 이화영, 유민정 | **펴낸곳** 도서출판 딥인사이트 | **펴낸이** 윤준식
출판신고 제2021-59호 | **주소** 서울특별시 성동구 아차산로 113 삼진빌딩 8125호
이메일 news@sisa-n.com | **인터넷 신문** 〈시사N라이프〉 www.sisa-n.com

ISBN | 979-11-982914-0-0 (13360)

법률사무소 집

생생하고
살아 숨쉬는
실전상담서

개정 2판

법률사무소 집
원영섭 대표변호사의

원영섭 지음

건설부동산법률
실전사례의 終結

Deep
Insight

시작하는 말

여러분은 대우치수(大禹治水)라고 하는 고사를 아십니까?

올해에도 우리 한반도를 크게 할퀴고 간 장마로 인한 홍수 피해는, 사실 고대사회에서부터 우리 인류의 역사에 상존해 온 일입니다.

고대 중국의 태평성대라고 칭송되는 요순시대에도 홍수 문제는 너무나 심각한 피해를 끼치는 큰일이었습니다.

성군으로 이름 높은 요임금과 순임금마저 홍수 문제로 크게 괴로워했으니 오죽했을까요.

순(舜)임금은 골치 아픈 홍수 문제를 해결하기 위해서, 곤(鯀)에게 명해 물을 다스리게 했습니다.

어명을 받은 곤은 제방을 쌓아 홍수를 막는 것에 집중했으나, 이 방법만으로는 황하를 다스리기에 역부족이었고 결국 수해는 점점 더 커져 갔습니다.

이에 순임금은 곤의 아들인 우(禹)에게 다시 물을 다스릴 것을 명하였고, 명을 받은 우는 단순히 제방을 쌓아 물을 막는 것만이 아니라, 막힌 물길을 터서 큰 물길로 소통시키는 새로운 방법을 함께 이용함으로써 이를 통하여 효과적으로 물을 다스렸습니다.

이렇게 하여 치수에 성공한 우는 후에 순임금에 이어서 임금의 자리에 오르게 됩니다.

이 고사에서 볼 수 있듯 예로부터 물을 관리하는 일은 일국을 경영하는 것과 동일시할 수 있을 만큼 대단히 중요한 일이었습니다.

물은 생명입니다.
물이 있어야 동식물들이 살아갈 수 있고, 사람이 농사를 지어서 식량을 생산할 수 있게 되는 것이죠.

그러나 그 소중한 터전에 홍수가 한 번 휩쓸고 지나가면 그 모든 것들이 파괴되고야 맙니다.

'생명의 물'이, 잘못 다루게 되면 자칫 모든 것을 집어삼키는 '파괴의 물'이 되기도 하는 것입니다.

우 임금이 다스린 물, 지금 우리가 살고 있는 현대에 있어서 그러한 '치수'에 해당하는 것은 무엇일까요?

이 물음에 대한 답으로, 저는 감히 '현대의 치수, 그것은 건설부동산'이라고 자신 있게 말하고 싶습니다.

우리 한국의 근현대정치사에서 특히 지난 몇 년간은, '부동산' 문제야말로 가히 생명의 물이자 동시에 파괴의 물이 될 수 있다는 사실을 여실히 보여준 기간이었다고 생각합니다.

지금 와서 돌이켜 보건대, 한때 우리의 청년들에게 '헬 조선'이라고 불렸던 시절은 오히려 황금기였었습니다.

부동산의 난데없는 가격폭등은 우리 젊은이들의 꿈과 희망을 모조리 앗아가 버렸습니다.
들짐승, 날짐승도 둥지가 있고 짝이 있고 새끼가 있는데, 우리 청년들에게는 집이 없고 짝도 없으며 아이도 없게 된 것입니다.

이 모든 것이 바로 철학 없이 경도된 부동산 정책의 예견된 대실패로 인하여 비롯된 일입니다.

지난 과거 5년을 돌아보면, 마치 고대에 곤이 물을 막으려고 제방 쌓기에만 골몰했던 것처럼, 무지한 신념을 가진 무능한 위정자가 부동산 수요자들을 악의 세력인 투기자라고 획일적으로 규정하고, 오로지 부동산에 어떻게든 높은 세금 매길 궁리만을 하였던 것을 알 수 있습니다.

그러자 그 필연적인 결과로 예측할 수 있는 바와 같이, 부동산의 공급이 막히면서 거시적으로 부동산 가격은 천정부지로 뛰어오르게 되었던 것입니다.

생명의 물이 파괴의 물로 된 것처럼, 국민의 소중한 보금자리여야 할 부동산이 모든 국민의 생활을 돌이킬 수 없을 정도로 파괴하고 마는 무시무시한 무기가 되어 버렸습니다.

급기야 그 결과로 현실화된 바, 최근 전국을 휩쓸고 있는 각종 전세사기 사건들을 보면서, 학생과 젊은 직장인 등 우리 대한민국의 미래를 짊어지고 희망을 만들어 나가야 하는 주축이 될 사람들이 가장 피해를 크게 보는 안타까운 일들을 현실로 목도하고 있는 것입니다.

이것이 홍수가 아니면 무엇이겠습니까.

가장 약한 그 순간을 먹잇감으로 삼는 약탈적이고도 파괴적인 부동산 세태를 보며 한숨이 나오지 않을 수 없습니다.

이제 무능한 곤은 보내고, 현명한 우를 선택해 물을 다스려야 할 때입니다.

이번 판에는 최근 저자가 시작한 유튜브 채널의 영상 내용들 중에서 독자들이 꼭 알았으면 하는 최신 부분들을 위주로 하여 증보하였습니다.

이 책이 건설부동산을 처음 마주하거나, 어쩌면 현재 곤란에 빠져 있는 독자들에게 최소한 자신을 방어할 수 있는 도구로 유용하게 이용될 수 있기를 강하게 희망합니다.

재작년 저에겐 하나밖에 없는 친누나가 소천하셨습니다.

장애를 가진 누님은 언제나 저를 다시 돌아보게 해주는 거울이었습니다.

저에게 아무리 어렵고 힘든 역경이 닥쳐오더라도, 남이나 주위 환경을 탓하기보다 저의 사지가 멀쩡하고 몸과 마음이 건강하다는 사실 하나만으로 저 스스로를 최고의 행운아라고 생각하며 살아나갈 수 있게 해준 세상에서 가장 착한 누님이었습니다.

저 자신이 그 어떤 최악의 상황에 처해 있다고 하더라도, 저에게 부족한 것, 그래서 제게 꼭 필요한 것은, 저를 둘러싼 환경이나 물질 따위가 아니라 바로 제 마음속의 지혜와 용기, 오로지 그것뿐이라는 생각을 늘 하면서 살아왔습니다.

누님은 예정된 시간보다 몇 년을 더 사셨습니다.
아무리 오랜 기간 동안 마음의 준비를 미리부터 하고 있었다고는 하지만, 막상 떠나보내는 과정은 결코 쉽지 않았습니다.

저의 하나밖에 없는 원기현 누님과, 언제나 밖으로 벌여놓은 일들이 많아, 안에서는 빵점짜리인 남편의 뒷바라지에 늘 고생이 많은 아내 지은, 시간이 없다는 핑계로 신경을 제대로 쓰지도 못했는데 어느새 훌쩍 커버린 아들 륜, 딸 은서에게 이 책을 바칩니다.

2023년 12월 집무실에서

-원영섭

목   차

PART 1. 건설, 부동산 소송 개괄

◆ Chapter 1 ◆
부동산 소송

◆ Chapter 2 ◆
건설 소송

PART 2. 실전상담사례

◆ Chapter 1 ◆
건축허가 및 분양단계

◆ Chapter 2 ◆
시공단계(시공상 하자포함)

◆ Chapter 3 ◆
완공 후 매매 및 임대차

◆ Chapter 4 ◆

상린관계 및 집합건물

◆ Chapter 5 ◆

기타상담사례

PART 1_

건설, 부동산 소송 개괄

Chapter 1. 부동산 소송

Chapter 2. 건설 소송

◆ Chapter 1 ◆

─────

부동산 소송

1 / 부동산 매매와 관련한 분쟁

가. 계약성립 단계에서 계약금 관련 분쟁

(1) 계약금의 해약금으로서의 성격

민법 제565조 제1항은 '매매의 당사자 일방이 계약 당시에 금전 기타 물건을 계약금, 보증금 등의 명목으로 상대방에게 교부한 때에는 당사자 간에 다른 약정이 없는 한 당사자의 일방이 이행에 착수할 때까지 교부자는 이를 포기하고 수령자는 그 배액을 상환하여 매매계약을 해제할 수 있다'고 규정하고 있는바, 계약금은 다른 약정이 없는 한 해약금으로 추정됩니다.

이는 법률규정에 의한 것이므로 매매계약서에 위와 같은 조항이 기재되어 있지 않더라도 민법 제565조 제1항에 의하여 매매계약을 해제할 수 있으며, 해제를 하기 위해서 이행의 제공으로 족하고 현실지급이나 변제공탁을 요하는 것은 아닙니다(대법원 1981. 10. 27. 선고 80다2784 판결 참조).

(2) 계약금의 위약금으로서의 성격

계약금을 위약금으로 삼기로 하는 특약이 있는 경우 계약금은 위약금의 성질(위약금 특약의 예로는 '매수인이 계약을 위반하는 경우 매도인은 계약금을 몰수, 매도인이 계약을 위반하는 경우 매도인은 계약금의 배액을 위약금으로 상환', '계약위반시 계약금을 손해배상액으로 한다' 등)이 있습니다. 해약금 조항과 달리 위약금 조항은 위약금 특약이 있는 경우에만 효력이 발생합니다.

위약금 조항이 있는 경우 계약금은 상대방의 계약위반시 손해배상액의 예정으로 추정됩니다(민법 제398조 제4항). 따라서 자신의 귀책사유로 계약의무를 불이행한 자의 상대방은 손해발생, 손해액에 대한 입증을 하지 않고 계약금 상당액을 기준으로 계약위반자에 대하여 손해배상을 청구할 수 있으며, 만약 계약금 상당액을 초과하여 손해가 발생하였음을 입증하더라도 계약금 초과분을 손해배상으로 청구할 수 없습니다. 다만, 손해배상액의 예정액으로서 계약금 상당액이 당하게 과도한 경우 법원은 이를 적당히 감액할 수 있습니다.

실제 위약금 관련 소송 과정에서는 재판부가 직권으로 감액을 할 수 있는 권한이 있으므로 조정을 권유하는 경우가 많습니다.

나. 매매계약 실효와 관련하여 매매계약 취소가 가능한 경우, 계약 무효가 되는 경우, 계약 해제가 가능한 경우

(1) 매매계약 취소

민법은 착오로 인한 의사표시, 사기, 강박에 의한 의사표시는 취소할 수 있다고 규정하고 있는바, 실제 매매계약 취소와 관련해서 '동기의 착오'가 문제가 되는 경우가 많습니다.

동기의 착오는 내심의 의사는 존재하지만, 그 내심의사를 형성하는 과정에서 잘못 인식한 사실을 바탕으로 하여 그 의사를 형성하는 것으로, 판례는 '동기의 착오가 법률행위의 내용의 중요부분의 착오에 해당함을 이유로 표의자가 법률행위를 취소하려면 그 동기를 당해 의사표시의 내용으로 삼을 것을 상대방에게 표시하고 의사표시의 해석상 법률행위의 내용으로 되어 있다고 인정되면 충분하고 당사자들 사이에 별도로 그 동기를 의사표시의 내용으로 삼기로 하는 합의까지 이루어질 필요는 없지만, 그 법률행위의 내용의 착오는 보통 일반인이 표의자의 입장에 섰더라면 그와 같은 의사표시를 하지 아니하였으리라고 여겨질 정도로 그 착오가 중요한 부분에 관한 것이어야 한다'고 판시하고 있습니다(대법원 2000. 5. 12. 선고 2000다12259 판결 참조-매매대상 토지 중 20~30평가량만 도로에 편입될 것이라는 중개인의 말을 믿고 주택 신축을 위하여 토지를 매수하였고 그와 같은 사정이 계약 체결 과정에서 현출되어 매도인도 이를 알고 있었는데 실제로는 전체 면적의 약 30%

에 해당하는 197평이 도로에 편입된 경우, 동기의 착오를 이유로 매매계약의 취소를 인정한 사례).

(2) 매매계약 해제

법정해제권의 발생 원인으로는 이행지체, 이행불능, 불완전이행, 담보 책임에 의한 해제(계약의 목적을 달성할 수 없는 경우에 인정) 등이 있으며, 그 이외에 판례는 사정변경으로 인한 해제권의 발생을 인정하고, 부수적 의무의 불이행의 경우 원칙적으로 계약해제를 할 수 없다고 판단하고 있습니다(단, 부수적 의무라 하더라도 그 불이행에 의하여 매매계약의 목적을 달성할 수 없게 되는 등의 특별한 사정이 있는 경우 해제 가능).

다. 매매목적물의 하자로 인한 매매대금 감액 또는 손해배상과 관련한 분쟁

매매목적물의 하자가 존재하는지 여부 및 하자로 인한 손해배상 액수의 산정을 위하여 법원에서 선정한 감정인을 통한 감정절차가 진행이 되어야 합니다. 통상 감정절차는 감정신청을 하는 자가 감정신청을 하게 되면, 재판부에서 복수의 예상감정인 후보자 및 예상감정인 후보자가 산정한 예상감정료를 통지해 주고, 예상감정인 후보자 중 1인이 감정인으로 지정이 되어 감정을 진행하게 됩니다.

라. 부동산 중개과정에서 중개업자의 과실로 손해가 발생한 경우 중개인의 손해배상책임과 관련한 분쟁

(1) 공인중개사의 손해배상책임

공인중개사법 제30조 제1항은 '중개업자는 중개행위를 함에 있어서 고의 또는 과실로 인하여 거래당사자에게 재산상의 손해를 발생하게 한 때에는 그 손해를 배상할 책임이 있다'고 규정하고 있습니다.

(2) 중개보조원의 손해배상책임

판례는 '부동산중개업자가 고용한 중개보조원이 고의 또는 과실로 거래당사자에게 재산상 손해를 입힌 경우에 중개보조원은 당연히 불법행위자로서 거래당사자가 입은 손해를 배상할 책임을 지는 것이고, 구 부동산중개업법(2005. 7. 29. 법률 제7638호 '공인중개사의 업무 및 부동산 거래신고에 관한 법률'로 전부 개정되기 전의 것) 제6조 제5항은 이 경우에 중개보조원의 업무상 행위는 그를 고용한 중개업자의 행위로 본다고 정함으로써 중개업자 역시 거래당사자에게 손해를 배상할 책임을 지도록 하는 규정이다. 따라서 위 조항을 중개보조원이 고의 또는 과실로 거래당사자에게 손해를 입힌 경우에 중개보조원을 고용한 중개업자만이 손해배상책임을 지도록 하고 중개보조원에게는 손해배상책임을 지우지 않는다는 취지를 규정한 것으로 볼 수는 없다'고 판시하고 있습니다(대법원 2012. 2. 23. 선고 2011다77870 판결 참조).

실제 관련 사건에서는 재판부에서 조정을 유도하는 경우가 많고, 공인중개사 또는 중개보조원의 책임이 인정되는 경우에도 손해배상의 범위가 제한적으로 인정되는 경우가 많습니다.

2 / 임대차와 관련한 분쟁

가. 제소전화해의 신청

제소전화해란 민사분쟁이 생겼을 경우 당사자 간의 분쟁이 소송으로까지 번지는 것을 막기 위해 법원에 화해신청을 하여 이에 대해 법원의 성립결정을 받는 제도를 말합니다. 제소전화해로 성립된 제소전 화해조서는 확정판결과 동일한 효력을 가지므로 상대방이 이행하지 않을 경우 재판 절차를 거치지 아니하고 곧바로 집행문을 부여받아 강제집행을 할 수 있습니다.

제소전화해를 하는 대표적인 경우는 부동산임대차관계에서 임차인이 임대인에 대하여 부담하는 부동산명도의무를 불이행할 경우를 대비하는 경우로, 부동산임대차계약을 체결하고 제소전화해를 해 놓으면 추후에 임대차계약이 해지 또는 종료되었을 때 임차인이 임대인에게 부동산을 인도하지 않는 경우 소송 없이 바로 법원에 강제집행을 신청할 수 있습니다.

나. 주택임대차보호법의 적용범위, 임차인의 대항력, 우선변제권과 관련한 분쟁

주택임대차보호법 주요 규정

제2조[적용범위]

이 법은 주거용 건물(이하 '주택'이라 한다)의 전부 또는 일부의 임대차에 관하여 적용한다. 그 임차주택(賃借住宅)의 일부가 주거 외의 목적으로 사용되는 경우에도 또한 같다.

제3조 [대항력 등]

① 임대차는 그 등기(登記)가 없는 경우에도 임차인(賃借人)이 주택의 인도(引渡)와 주민등록을 마친 때에는 그 다음날부터 제삼자에 대하여 효력이 생긴다. 이 경우 전입신고를 한 때에 주민등록이 된 것으로 본다.

④ 임차주택의 양수인(讓受人)(그 밖에 임대할 권리를 승계한 자를 포함한다)은 임대인(賃貸人)의 지위를 승계한 것으로 본다.

제3조의2 [보증금의 회수]

② 제3조 제1항·제2항 또는 제3항의 대항요건(對抗要件)과 임대차계약 증서(제3조제2항 및 제3항의 경우에는 법인과 임대인 사이의 임대차계약증서를 말한다) 상의 확정일자(確定日字)를 갖춘 임차인은 「민사집행법」에 따른 경매 또는는 「국세징수법」에 따른 공매(公賣)를 할 때에 임차주택(대지를 포함한다)의 환가대금(換價代金)에서 후순위권리자(後順位權利者)나 그 밖의 채권자보다 우선하여 보증금을 변제(辨濟)받을 권리가 있다.

③ 임차인은 임차주택을 양수인에게 인도하지 아니하면 제2항에 따른 보증금을 받을 수 없다.

제6조 [계약의 갱신]

① 임대인이 임대차기간이 끝나기 6개월 전부터 1개월 전까지의 기간에 임차인에게 갱신거절(更新拒絶)의 통지를 하지 아니하거나 계약조건을 변경하지 아니하면 갱신하지 아니한다는 뜻의 통지를 하지 아니한 경우에는 그 기간이 끝난 때에 전 임대차와 동일한 조건으로 다시 임대차한 것으로 본다. 임차인이 임대차기간이 끝나기 1개월 전까지 통지하지 아니한 경우에도 또한 같다.

② 제1항의 경우 임대차의 존속기간은 2년으로 본다.

제6조의2[묵시적 갱신의 경우 계약의 해지]

① 제6조 제1항에 따라 계약이 갱신된 경우 같은 조 제2항에도 불구

하고 임차인은 언제든지 임대인에게 계약해지(契約解止)를 통지할 수 있다.
〈개정 2009. 5. 8.〉

② 제1항에 따른 해지는 임대인이 그 통지를 받은 날부터 3개월이 지나면 그 효력이 발생한다.

제6조의3[계약갱신 요구 등]

① 제6조에도 불구하고 임대인은 임차인이 제6조제1항 전단의 기간 이내에 계약갱신을 요구할 경우 정당한 사유 없이 거절하지 못한다. 다만, 다음 각 호의 어느 하나에 해당하는 경우에는 그러하지 아니하다.

1. 임차인이 2기의 차임액에 해당하는 금액에 이르도록 차임을 연체한 사실이 있는 경우

2. 임차인이 거짓이나 그 밖의 부정한 방법으로 임차한 경우

3. 서로 합의하여 임대인이 임차인에게 상당한 보상을 제공한 경우

4. 임차인이 임대인의 동의 없이 목적 주택의 전부 또는 일부를 전대(轉貸)한 경우

5. 임차인이 임차한 주택의 전부 또는 일부를 고의나 중대한 과실로 파손한 경우

6. 임차한 주택의 전부 또는 일부가 멸실되어 임대차의 목적을 달성하지 못할 경우

7. 임대인이 다음 각 목의 어느 하나에 해당하는 사유로 목적 주택의 전부 또는 대부분을 철거하거나 재건축하기 위하여 목적 주택의 점유를

회복할 필요가 있는 경우

　가. 임대차계약 체결 당시 공사시기 및 소요기간 등을 포함한 철거 또는 재건축 계획을 임차인에게 구체적으로 고지하고 그 계획에 따르는 경우

　나. 건물이 노후·훼손 또는 일부 멸실되는 등 안전사고의 우려가 있는 경우

　다. 다른 법령에 따라 철거 또는 재건축이 이루어지는 경우

8. 임대인(임대인의 직계존속·직계비속을 포함한다)이 목적 주택에 실제 거주하려는 경우

9. 그 밖에 임차인이 임차인으로서의 의무를 현저히 위반하거나 임대차를 계속하기 어려운 중대한 사유가 있는 경우

② 임차인은 제1항에 따른 계약갱신요구권을 1회에 한하여 행사할 수 있다. 이 경우 갱신되는 임대차의 존속기간은 2년으로 본다.

③ 갱신되는 임대차는 전 임대차와 동일한 조건으로 다시 계약된 것으로 본다. 다만, 차임과 보증금은 제7조의 범위에서 증감할 수 있다.

④ 제1항에 따라 갱신되는 임대차의 해지에 관하여는 제6조의2를 준용한다.

⑤ 임대인이 제1항제8호의 사유로 갱신을 거절하였음에도 불구하고 갱신요구가 거절되지 아니하였더라면 갱신되었을 기간이 만료되기 전에 정당한 사유 없이 제3자에게 목적 주택을 임대한 경우 임대인은 갱신거절로 인하여 임차인이 입은 손해를 배상하여야 한다.

⑥ 제5항에 따른 손해배상액은 거절 당시 당사자 간에 손해배상액의 예정에 관한 합의가 이루어지지 않는 한 다음 각 호의 금액 중 큰 금액으로 한다.

1. 갱신거절 당시 월차임(차임 외에 보증금이 있는 경우에는 그 보증금을 제7조의2 각 호 중 낮은 비율에 따라 월 단위의 차임으로 전환한 금액을 포함한다. 이하 '환산월차임'이라 한다)의 3개월분에 해당하는 금액

2. 임대인이 제3자에게 임대하여 얻은 환산월차임과 갱신거절 당시 환산월차임 간 차액의 2년분에 해당하는 금액

3. 제1항 제8호의 사유로 인한 갱신거절로 인하여 임차인이 입은 손해액

   [본조신설 2020. 7. 31.]

다. 상가건물임대차보호법의 적용범위, 임차인의 대항력, 우선변제권, 임차인의 권리금 보호, 계약갱신청구권과 관련한 분쟁

상가건물임대차보호법 주요규정

제2조 [적용범위]

① 이 법은 상가건물(제3조제1항에 따른 사업자등록의 대상이 되는 건물을 말한다)의 임대차(임대차 목적물의 주된 부분을 영업용으로 사용하는 경우를 포함한다)에 대하여 적용한다. 다만, 대통령령으로 정하는 보증금액을 초과하는 임대차에 대하여는 그러하지 아니하다.

③ 제1항 단서에도 불구하고 제3조, 제10조 제1항, 제2항, 제3항 본문, 제10조의2부터 제10조의8까지의 규정 및 제19조는 제1항 단서에 따른 보증금액을 초과하는 임대차에 대하여도 적용한다.

제3조 [대항력 등]

① 임대차는 그 등기가 없는 경우에도 임차인이 건물의 인도와 「부가가치세법」 제8조, 「소득세법」 제168조 또는 「법인세법」 제111조에 따른 사업자등록을 신청하면 그다음 날부터 제3자에 대하여 효력이 생긴다.

② 임차건물의 양수인(그 밖에 임대할 권리를 승계한 자를 포함한다)은 임대인의 지위를 승계한 것으로 본다.

제5조 [보증금의 회수]

② 제3조 제1항의 대항요건을 갖추고 관할 세무서장으로부터 임대차계약서상의 확정일자를 받은 임차인은 「민사집행법」에 따른 경매 또는 「국세징수법」에 따른 공매 시 임차건물(임대인 소유의 대지를 포함한다)의 환가대금에서 후순위권리자나 그 밖의 채권자보다 우선하여 보증금을 변제받을 권리가 있다.

③ 임차인은 임차건물을 양수인에게 인도하지 아니하면 제2항에 따른 보증금을 받을 수 없다.

제10조 [계약갱신 요구 등]

① 임대인은 임차인이 임대차기간이 만료되기 6개월 전부터 1개월 전까지 사이에 계약갱신을 요구할 경우 정당한 사유 없이 거절하지 못한다. 다만, 다음 각 호의 어느 하나의 경우에는 그러하지 아니하다. 〈개정 2013.8.13.〉

1. 임차인이 3기의 차임액에 해당하는 금액에 이르도록 차임을 연체한 사실이 있는 경우
2. 임차인이 거짓이나 그 밖의 부정한 방법으로 임차한 경우
3. 서로 합의하여 임대인이 임차인에게 상당한 보상을 제공한 경우
4. 임차인이 임대인의 동의 없이 목적 건물의 전부 또는 일부를 전대(轉貸)한 경우
5. 임차인이 임차한 건물의 전부 또는 일부를 고의나 중대한 과실로 파손한 경우
6. 임차한 건물의 전부 또는 일부가 멸실되어 임대차의 목을 달성하지 못할 경우
7. 임대인이 다음 각 목의 어느 하나에 해당하는 사유로 목적 건물의 전부 또는 대부분을 철거하거나 재건축하기 위하여 목적 건물의 점유를 회복할 필요가 있는 경우
    가. 임대차계약 체결 당시 공사시기 및 소요기간 등을 포함한 철거 또는 재건축 계획을 임차인에게 구체적으로 고지하고 그 계획에 따르는 경우

나. 건물이 노후·훼손 또는 일부 멸실되는 등 안전사고의 우려가 있는
경우

다. 다른 법령에 따라 철거 또는 재건축이 이루어지는 경우

8. 그 밖에 임차인이 임차인으로서의 의무를 현저히 위반하거나 임대차
를 계속하기 어려운 중대한 사유가 있는 경우

② 임차인의 계약갱신요구권은 최초의 임대차기간을 포함한 전체 임
대차기간이 10년을 초과하지 아니하는 범위에서만 행사할 수 있다. 〈개정
2018. 10. 16.〉

③ 갱신되는 임대차는 전 임대차와 동일한 조건으로 다시 계약된 것으
로 본다. 다만, 차임과 보증금은 제11조에 따른 범위에서 증감할 수 있다.

④ 임대인이 제1항의 기간 이내에 임차인에게 갱신 거절의 통지 또는
조건 변경의 통지를 하지 아니한 경우에는 그 기간이 만료된 때에 전 임대
차와 동일한 조건으로 다시 임대차한 것으로 본다. 이 경우에 임대차의 존
속기간은 1년으로 본다. 〈개정 2009.5.8.〉

⑤ 제4항의 경우 임차인은 언제든지 임대인에게 계약해지의 통고를 할
수 있고, 임대인이 통고를 받은 날부터 3개월이 지나면 효력이 발생한다.

제10조의3 [권리금의 정의 등]

① 권리금이란 임대차 목적물인 상가건물에서 영업을 하는 자 또는 영
업을 하려는 자가 영업시설·비품, 거래처, 신용, 영업상의 노하우, 상가건물
의 위치에 따른 영업상의 이점 등 유형·무형의 재산적 가치의 양도 또는 이

용대가로서 임대인, 임차인에게 보증금과 차임 이외에 지급하는 금전 등의 대가를 말한다.

② 권리금 계약이란 신규임차인이 되려는 자가 임차인에게 권리금을 지급하기로 하는 계약을 말한다.

제10조의4 [권리금 회수기회 보호 등]

① 임대인은 임대차기간이 끝나기 3개월 전부터 임대차 종료 시까지 다음 각 호의 어느 하나에 해당하는 행위를 함으로써 권리금 계약에 따라 임차인이 주선한 신규임차인이 되려는 자로부터 권리금을 지급받는 것을 방해하여서는 아니 된다. 다만, 제10조 제1항 각 호의 어느 하나에 해당하는 사유가 있는 경우에는 그러하지 아니하다.

1. 임차인이 주선한 신규임차인이 되려는 자에게 권리금을 요구하거나 임차인이 주선한 신규임차인이 되려는 자로부터 권리금을 수수하는 행위

2. 임차인이 주선한 신규임차인이 되려는 자로 하여금 임차인에게 권리금을 지급하지 못하게 하는 행위

3. 임차인이 주선한 신규임차인이 되려는 자에게 상가건물에 관한 조세, 공과금, 주변 상가건물의 차임 및 보증금, 그 밖의 부담에 따른 금액에 비추어 현저히 고액의 차임과 보증금을 요구하는 행위

4. 그 밖에 정당한 사유 없이 임대인이 임차인이 주선한 신규임차인이 되려는 자와 임대차계약의 체결을 거절하는 행위

② 다음 각 호의 어느 하나에 해당하는 경우에는 제1항 제4호의 정당한 사유가 있는 것으로 본다.

1. 임차인이 주선한 신규임차인이 되려는 자가 보증금 또는 차임을 지급할 자력이 없는 경우

2. 임차인이 주선한 신규임차인이 되려는 자가 임차인으로서의 의무를 위반할 우려가 있거나 그 밖에 임대차를 유지하기 어려운 상당한 사유가 있는 경우

3. 임대차 목적물인 상가건물을 1년 6개월 이상 영리목적으로 사용하지 아니한 경우

4. 임대인이 선택한 신규임차인이 임차인과 권리금 계약을 체결하고 그 권리금을 지급한 경우

③ 임대인이 제1항을 위반하여 임차인에게 손해를 발생하게 한 때에는 그 손해를 배상할 책임이 있다. 이 경우 그 손해배상액은 신규임차인이 임차인에게 지급하기로 한 권리금과 임대차 종료 당시의 권리금 중 낮은 금액을 넘지 못한다.

④ 제3항에 따라 임대인에게 손해배상을 청구할 권리는 임대차가 종료한 날부터 3년 이내에 행사하지 아니하면 시효의 완성으로 소멸한다.

⑤ 임차인은 임대인에게 임차인이 주선한 신규임차인이 되려는 자의 보증금 및 차임을 지급할 자력 또는 그 밖에 임차인으로서의 의무를 이행할 의사 및 능력에 관하여 자신이 알고 있는 정보를 제공하여야 한다.

권리금 회수기회 보호를 위해 신설된 제10조의4 규정에 대하여 법원은 '상가건물 임대차보호법 제10조의4 제2항 제3호에서 정하는 '임대차 목적물인 상가건물을 1년 6개월 이상 영리목적으로 사용하지 아니한 경우'는 임대인이 임대차 종료 후 임대차 목적물인 상가건물을 1년 6개월 이상 영리목적으로 사용하지 아니하는 경우를 말하고, 위 조항에 따른 정당한 사유가 있다고 하기 위해서는 임대인이 임대차 종료 시 그러한 사유를 들어 임차인이 주선한 자와 신규 임대차계약 체결을 거절하고, 실제로도 1년 6개월 동안 상가건물을 영리목적으로 사용하지 않아야 한다. 이때 종전 소유자인 임대인이 임대차 종료 후 상가건물을 영리목적으로 사용하지 아니한 기간이 1년 6개월에 미치지 못하는 사이에 상가건물의 소유권이 변동되었더라도, 임대인이 상가건물을 영리목적으로 사용하지 않는 상태가 새로운 소유자의 소유기간에도 계속하여 그대로 유지될 것을 전제로 처분하고, 실제 새로운 소유자가 그 기간 중에 상가건물을 영리목적으로 사용하지 않으며, 임대인과 새로운 소유자의 비영리 사용기간을 합쳐서 1년 6개월 이상이 되는 경우라면, 임대인에게 임차인의 권리금을 가로챌 의도가 있었다고 보기 어려우므로, 그러한 임대인에 대하여는 위 조항에 의한 정당한 사유를 인정할 수 있다'고 판시하고 있습니다(대법원 2022. 1. 14. 선고 2021 다272346 판결 참조).

라. 임대차 관계 종료 시 보증금 반환, 원상회복, 명도 관련 분쟁

임대차 관계 종료와 관련하여 임대차관계 종료 사유(기간만료, 차임연체) 등을 입증해야 하며, 임대인의 명도청구와 관련해서는 무엇보다 빠른 시간 안에 소송을 종결하는 것이 가장 중요합니다. 또한 임대인 입장에서 임차인이 차임을 연체하는 경우 명도소송에 소요되는 기간(대략 5~6개월)과 보증금소진 시점을 감안하여 명도소송을 제기해야 할 필요가 있습니다.

3 / 아파트 입주권(분양권) 관련 소송

가. 허위 과장 분양광고와 관련한 분쟁

(1) 아파트 분양광고의 일반적인 법적성질

판례는 '청약은 이에 대응하는 상대방의 승낙과 결합하여 일정한 내용의 계약을 성립시킬 것을 목적으로 하는 확정적인 의사표시인 반면 청약의 유인은 이와 달리 합의를 구성하는 의사표시가 되지 못하므로 피유

인자가 그에 대응하여 의사표시를 하더라도 계약은 성립하지 않고 다시 유인한 자가 승낙의 의사표시를 함으로써 비로소 계약이 성립하는 것으로서 서로 구분되는 것이다. 그리고 위와 같은 구분 기준에 따르자면, ○○아파트의 분양광고의 내용은 청약의 유인으로서의 성질을 갖는 데 불과한 것이 일반적이라 할 수 있다. 그런데 선분양·후시공의 방식으로 분양되는 ○○아파트단지의 거래 사례에 있어서 분양계약서에는 동·호수·평형·입주예정일·대금지급방법과 시기 정도만이 기재되어 있고 분양계약의 ○○아파트 및 그 부대시설의 외형·재질·구조 및 실내장식 등에 관하여 구체적인 내용이 기재되어 있지 아니한 경우가 있는바, 분양계약의 ○○아파트에 관한 외형·재질 등이 제대로 특정되지 아니한 상태에서 체결된 분양계약은 그 자체로서 완결된 것이라고 보기 어렵다 할 것이므로, 비록 분양광고의 내용, 모델하우스의 조건 또는 그 무렵 분양회사가 수분양자에게 행한 설명 등이 비록 청약의 유인에 불과하다 할지라도 그러한 광고 내용이나 조건 또는 설명 중 구체적 거래조건, 즉 아파트의 외형·재질 등에 관한 것으로서 사회통념에 비추어 수분양자가 분양자에게 계약 내용으로서 이행을 청구할 수 있다고 보이는 사항에 관한 한 수분양자들은 이를 신뢰하고 분양계약을 체결하는 것이고 분양자들도 이를 알고 있었다고 보아야 할 것이므로, 분양계약 시에 달리 이의를 유보하였다는 등의 특단의 사정이 없는 한, 분양자와 수분양자 사이에 이를 분양계약의 내용으로 하기로 하는 묵시적 합의가 있었다고 봄이 상당하다'고 판시하고 있습니다 (대법원 2007. 6. 1. 선고 2005다5812 판결 참조).

(2) 분양광고의 내용 중 분양계약의 내용이 될 수 있는 것

판례는 '분양계약의 ○○아파트의 외형·재질에 관하여 별다른 내용이 없는 분양계약서는 그 자체로서 완결된 것이라고 보기 어려우므로 위 아파트 분양계약은 목적물의 외형·재질 등이 견본주택(모델하우스) 및 각종 인쇄물에 의하여 구체화될 것을 전제로 하는 것이라고 보아, 광고 내용 중 도로확장 등 아파트의 외형·재질과 관계가 없을 뿐만 아니라 사회통념에 비추어 보더라도 수분양자들 입장에서 분양자가 그 광고 내용을 이행한다고 기대할 수 없는 것은 그 광고 내용이 그대로 분양계약의 내용을 이룬다고 볼 수 없지만, 이와 달리 온천 광고, 바닥재(원목마루) 광고, 유실수단지 광고 및 테마공원 ○○아파트의 외형·재질 등에 관한 것으로서, 콘도회원권 ○○아파트에 관한 것은 아니지만 부대시설에 준하는 것이고 또한 이행 가능하다는 점에서, 각 분양계약의 내용이 된다'고 판시하였습니다 (대법원 2007. 6. 1. 선고 2005다 5812 판결 참조).

(3) 선시공·후분양의 방식으로 분양된 경우

판례는 '선시공·후분양의 방식으로 분양되거나, 당초 선분양·후시공의 방식으로 분양하기로 계획되었으나 계획과 달리 준공 전에 분양이 이루어지지 아니하여 준공 후에 분양이 ○○아파트 등의 경우에는 수분양자는 실제로 ○○아파트 등의 외형·재질 등에 관한 시공 상태를 직접 확인하고 분양계약 체결 여부를 결정할 수 있어 ○○아파트 등 그 자체가 분양계약의 목적물로 된다고 봄이 상당하다. 따라서 비록 준공 전에 분양안내서 등을 통해 분양광고를 하거나 견본주택 등을 설치한 적이 있고, 그러한 광고 내용과 ○○아파트 등이 시공되었다고 하더라도, ○○아파트 등의 현황과 달리 분양광고 등에만 표현되어 ○○아파트 등의 외형·재질 등에 관한 사항은 분양계약 ○○아파트 등의 현황과는 별도로 다시 시공해 주기로 약정하였다는 등의 특별한 사정이 없는 한 이를 분양계약의 내용으로 하기로 하는 묵시적 합의가 있었다고 보기는 어렵다'고 판시하였습니다(대법원 2014. 11. 13. 선고 2012다29601 판결 참조).

나. 분양대행사를 통해 계약을 체결한 경우 발생할 수 있는 분쟁

분양계약체결은 주로 분양회사가 아닌 분양대행사의 직원 등이 담당하는 경우가 일반적입니다. 이 경우 분양대행사 직원들이 분양계약체결을 위하여 프리미엄 보장, 임대수익율 보장 등의 약속을 하는 경우가 있는데, 이를 분양계약서에 명시를 하거나 녹취를 해 두지 않는 한 추후 관련소송에서 이를 입증하기가 매우 어렵습니다.

판례는 '민법 제756조의 사용자와 피용자의 관계는 반드시 유효한 고용관계가 있는 경우에 한하는 것이 아니고, 사실상 어떤 사람이 다른 사람을 위하여 그 지휘·감독 아래 그 의사에 따라 사업을 집행하는 관계에 있을 때에도 그 두 사람 사이에 사용자, 피용자의 관계가 있다고 할 수 있다. 따라서 오피스텔 건축 시행사와 분양대행용역계약을 체결하여 분양대행업무를 수행하는 경우에도 사실상 시행사의 지휘·감독 아래 시행사의 의사에 따라 분양대행업무를 수행하였다면 사용자, 피용자의 관계에 있다고 할 수 있다'고 판시하였는바(대법원 2010. 10. 28. 선고 2010다48387 판결 참조), 분양대행사 직원의 불법행위에 대한 시행사의 사용자 책임을 인정한 바 있습니다.

4 / 토지 수용 및 보상에 관한 행정심판, 행정소송

가. 공익사업으로 인한 토지보상

공익사업을 위한 토지 등의 취득 및 보상에 관한 법률 소정의 공익사업을 사업시행자가 수행하는 경우, 사업시행자는 해당 사업지구 내의 토지들을 협의로 취득하거나 수용하게 됩니다. 이 경우 최초 제시하는 협의가격이 정당한 보상 금액에 미치지 못하는 경우가 많고, 토지 소유자는 수용재결, 이의재결, 행정소송 절차를 통하여 정당한 보상금이 지급되도록 다툴 수 있습니다.

나. 토지수용절차와 구제방법

(1) 사업인정

사업인정은 국토교통부장관이 공익사업의 시행자에게 그 후 일정한 절차를 거칠 것을 조건으로 하여 일정한 내용의 수용권을 설정해 주는 행정처분의 성격을 띠는 것으로서 그 사업인정을 받음으로써 수용할 목적물의 범위가 확정되고 수용권자로 하여금 목적물에 대한 현재 및 장래의 권리자에게 대항할 수 있는 일종의 공법상의 권리로서의 효력을 발생시키는 것입니다.

이로 인해 사업인정고시가 있은 후에 누구든지 고시된 토지에 대하여 사업에 지장을 초래할 우려가 있는 형질의 변경이나 토지와 함께 공익사업을 위하여 필요로 하는 입목, 건물 기타 토지에 정착한 물건 또는 토지에 속한 흙, 돌, 모래, 자갈 등을 손괴 또는 수거하지 못합니다(공익사업을 위한 토지 등의 취득 및 보상에 관한 법률 제25조).

(2) 협의

공익사업을 위한 토지 등의 취득 및 보상에 관한 법률에 의하여 사업

인정을 받은 사업시행자는 토지조서 및 물건조서의 작성, 보상계획의 공고, 통지 및 열람, 보상액의 산정과 토지소유자 및 관계인과의 협의 절차를 거쳐야 합니다(공익사업을 위한 토지 등의 취득 및 보상에 관한 법률 제26조 제1항 이하 '법').

(3) 수용재결

재결이란 협의가 불성립하는 경우 또는 협의가 불가능한 경우에 사업시행자의 신청에 의해 관할 토지 수용위원회가 사업시행자의 토지수용보상금 지급을 조건으로 토지구역, 손실보상, 수용 개시일 등을 결정하여 그 토지에 관한 권리를 사업시행자가 취득하게 하고, 토지소유자 등은 그 권리를 상실하게 하는 효과를 발생하는 형성행위를 말합니다.

협의가 성립되지 아니하거나 협의를 할 수 없을 때(제26조 제2항 단서에 따른 협의 요구가 없을 때를 포함한다)에는 사업시행자는 사업인정고시가 된 날부터 1년 이내에 대통령령으로 정하는 바에 따라 관할 토지수용위원회에 재결을 신청할 수 있습니다(법 제28조 제1항).

그 후 토지수용위원회의 재결이 있으면 공용수용의 절차는 종결되고, 수용의 효과가 발생하게 됩니다. 사업시행자는 보상금의 지급 또는 공탁을 조건으로 수용개시일에 권리를 원시취득하고 피수용자는 목적물을 인도 또는 이전등기할 의무를 부담합니다.

(4) 수용에 대한 소송

(가) 재결에 대한 이의신청(법 제83조)

중앙토지수용위원회의 제34조에 따른 재결에 이의가 있는 자는 중앙토지수용위원회에 이의를 신청할 수 있으며, 지방토지수용위원회의 제34조에 따른 재결에 이의가 있는 자는 해당 지방토지수용위원회를 거쳐 중앙토지수용위원회에 이의를 신청할 수 있습니다. 이의의 신청은 재결서의 정본을 받은 날부터 30일 이내에 하여야 합니다.

제83조에 따른 이의의 신청의 제기는 사업의 진행 및 토지의 수용 또는 사용을 정지시키지 아니합니다(법 제88조).

(나) 재결에 대한 행정소송(법 제85조)

사업시행자, 토지소유자 또는 관계인은 제34조에 따른 재결에 불복할 때에는 재결서를 받은 날부터 60일 이내에, 이의신청을 거쳤을 때에는 이의신청에 대한 재결서를 받은 날부터 30일 이내에 각각 행정소송을 제기할 수 있습니다. 이 경우 사업시행자는 행정소송을 제기하기 전에 제84조에 따라 늘어난 보상금을 공탁하여야 하며, 보상금을 받을 자는 공탁된 보상금을 소송이 종결될 때까지 수령할 수 없습니다. 제85조에 따른 행정소송의 제기는 사업의 진행 및 토지의 수용 또는 사용을 정지시키지 아니합니다(법 제88조).

그리고 제85조 제1항에 따른 기간 이내에 소송이 제기되지 아니하거나 그 밖의 사유로 이의신청에 대한 재결이 확정된 때에는 민사소송법상의 확정판결이 있은 것으로 보며, 재결서 정본은 집행력 있는 판결의 정본과 동일한 효력을 가집니다(법 제86조 제1항).

(다) 보상금증액청구소송(법 제85조 제2항)

보상금증감청구소송은 보상금에 대한 직접적인 이해당사자인 사업시행자와 토지소유자 및 관계인이 보상금의 증감을 소송의 제기를 통해 직접 다툴 수 있도록 하는 당사자소송입니다.

보상금증감청구소송을 제기하는 자가 토지소유자 또는 관계인일 때에는 사업시행자를, 사업시행자일 때에는 토지소유자 또는 관계인을 각각 피고로 합니다.

다. 보상평가기준

(1) 토지의 보상

(가) 평가기준

부동산 가격공시법에 의한 공시지가를 기준으로 하여 보상하되 공시기준일로부터 가격시점까지의 지가변동률 및 평가대상토지의 위치, 현상,

환경, 이용상황 기타 가격형성상의 제 요인을 종합적으로 고려하여 평가한 금액으로 보상액이 결정됩니다. 그리고 가격시점에 있어서의 일반적인 이용방법에 의한 객관적인 상황을 기준으로 평가하며, 토지소유자가 갖는 주관적인 가치나 그 토지 등을 특별한 용도에 사용할 것을 전제로 한 것은 고려하지 않습니다.

무엇보다 당해 공익사업이 공고 또는 고시됨으로 인한 지가의 상승분, 당해 공익사업의 시행을 직접 목적으로 하여 행해진 토지이용계획의 설정, 변경, 해제 등으로 인한 지가의 상승분은 배제되고, 변경 전의 기준으로 평가합니다.

(나) 도로부지의 보상평가

사도법상에 의한 사도 도로법의 적용 또는 준용을 받는 도로가 아닌 것으로서 그 도로에 연결되는 도로로, 개설시 관할 시장, 군수의 사도개설 허가를 받은 도로를 의미하며, 인근 토지에 대한 평가금액의 1/5 이내로 평가합니다.

사실상 사도의 경우 토지소유자가 자기 토지의 이익증진을 위하여 개설한 도로로서 도시계획도로가 아닌 것을 말하며 지적공부상 도로로 표시되고 있는지의 여부와는 상관없으며 인근토지에 대한 평가금액의 1/3 이내로 평가합니다.

(다) 잔여지의 보상평가

동일한 토지소유자에 속한 일단의 토지의 일부가 협의에 의하여 매수되거나 수용됨으로 잔여지를 종래의 목적에 사용하는 것이 현저히 곤란한 때에는 당해 토지소유자는 사업시행자에게 일단의 토지의 전부를 수용해 줄 것을 청구할 수 있으며, 매수 또는 수용되는 잔여지는 일단의 토지의 전체가 격에서 공익사업시행지구에 편입되는 토지의 가격을 뺀 금액으로 평가합니다.

(2) 지장물 보상

(가) 건축물 보상-이전비보상 원칙

건물 등의 구조, 이용상태, 면적, 내구연한, 유용성, 이전가능성 및 이전난이도 기타 가격형성상의 제 요인 등을 종합적으로 고려하여 이전비로 보상하게 됩니다. 예외적으로 건축물 등의 이전이 어렵거나, 이전으로 건축물 등을 종래의 목적대로 사용할 수 없게 된 경우, 건축물의 이전비가 그 물건의 가격을 넘는 경우, 사업시행자가 공익사업에 직접 사용할 목적으로 취득하는 경우에는 취득가격을 기준으로 보상하게 됩니다.

(나) 무허가건축물 보상

건축법상 허가, 신고, 사용승인, 허가 또는 신고 없이 건축된 건축물이거나, 허가 또는 신고를 필한 건축물이라도 사용승인을 받지 못하여 건축물 대장에 등재되지 못한 건축물을 무허가 건축물이라 합니다. 이 경우 적법에 준하는 경우 이전비, 취득비 등을 비교 보상하고, 사업인정 후 무허가 건축물 및 가설건축물인 경우 보상대상이 아니며, 무허가 건축물 세입자에 대한 주거이전비는 1년 이상 거주시 보상합니다.

(3) 영업손실의 보상

(가) 영업손실 보상대상의 요건

1) 보상계획의 공고 또는 사업인정고시가 있는 날 전부터 일정한 장소에서 인적, 물적 시설을 갖추고 계속적으로 영리를 목적으로 영업을 행하고 있어야 합니다.

2) 영업을 행함에 있어서는 관계법령에 의한 허가, 면허, 신고 등을 필요로 하는 경우에는 사업인정고시일 전에 허가 등을 받아 그 내용대로 행하고 있는 영업이어야 합니다.

3) 무허가 건축물 등에서 임차인이 영업을 행하고 있는 경우에는 그 임차인이 사업인정 고시일 등 1년 이전부터 '부가가치세법 제5조'에 따른 사업자등록을 하고 행하고 있는 영업이어야 합니다.

4) 적법한 영업에 해당하지 않는 사업체는 이전비만 지급됩니다.

5 / 재건축, 재개발과 관련한 각종 소송

가. 주택재건축사업 추진절차(출처 : 법제처)

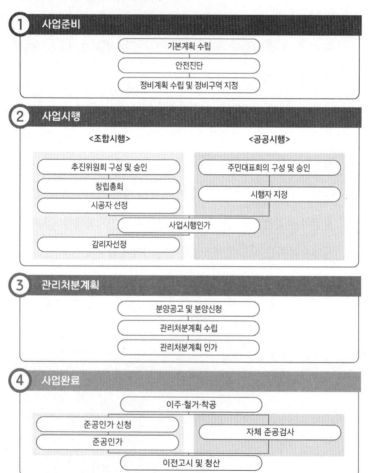

① 사업준비
- 기본계획 수립
- 안전진단
- 정비계획 수립 및 정비구역 지정

② 사업시행

\<조합시행\>
- 추진위원회 구성 및 승인
- 창립총회
- 시공자 선정
- 감리자선정

\<공공시행\>
- 주민대표회의 구성 및 승인
- 시행자 지정

- 사업시행인가

③ 관리처분계획
- 분양공고 및 분양신청
- 관리처분계획 수립
- 관리처분계획 인가

④ 사업완료
- 이주·철거·착공
- 준공인가 신청
- 준공인가
- 자체 준공검사
- 이전고시 및 청산

나. 주택재개발사업 추진절차(출처 : 법제처)

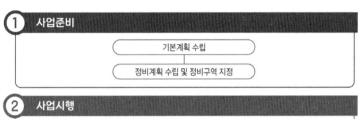

① 사업준비

기본계획 수립

정비계획 수립 및 정비구역 지정

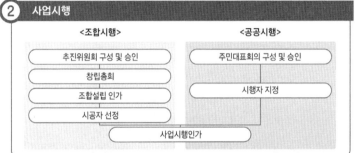

② 사업시행

<조합시행>

<공공시행>

추진위원회 구성 및 승인

주민대표회의 구성 및 승인

창립총회

조합설립 인가

시행자 지정

시공자 선정

사업시행인가

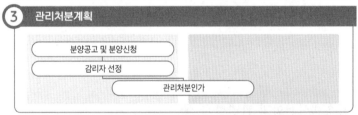

③ 관리처분계획

분양공고 및 분양신청

감리자 선정

관리처분인가

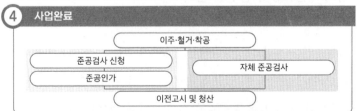

④ 사업완료

이주·철거·착공

준공검사 신청

자체 준공검사

준공인가

이전고시 및 청산

다. 조합설립단계에서 조합원 지위 확인을 구하는 소송, 조합임원
    의 직무집행이 부당한 경우 직무집행정지 및 직무대행자선정
    을 구하는 가처분, 총회결의 하자가 있는 경우 총회결의 무효
    및 부존재 확인소송

라. 사업시행인가단계에서 피수용자, 세입자 등 상대로 명도 관련
    소송, 사업시행자의 매도청구와 관련한 소송

6 / 부동산 상속과 관련한 소송

가. 상속재산분할과 관련한 분쟁

피상속인은 유언으로 상속재산의 분할방법을 정하거나 이를 정할 것
을 제삼자에게 위탁할 수 있고 상속개시의 날로부터 5년을 초과하지 아니
하는 기간 내의 그 분할을 금지할 수 있습니다. 전조의 경우 외에는 공동

상속인은 언제든지 그 협의에 의하여 상속재산을 분할할 수 있고, 이때에는 공유물분할 방법에 관한 규정이 준용됩니다. 상속재산의 분할은 상속개시된 때에 소급하여 그 효력이 있지만, 제삼자의 권리를 해하지는 못합니다.

상속재산의 협의분할은 공동상속인 간의 일종의 계약으로서 공동상속인 전원이 참여하여야 하고 일부 상속인만으로 한 협의분할은 무효라고 할 것이나, 반드시 한 자리에서 이루어질 필요는 없고 순차적으로 이루어질 수도 있으며, 상속인 중 한 사람이 만든 분할 원안을 다른 상속인이 후에 돌아가며 승인하여도 무방합니다. 다만 공동상속재산의 지분에 관한 지분권존재확인을 구하는 소송은 필수적 공동소송이 아니라 통상의 공동소송입니다.

나. 상속회복청구 소송

상속권이 참칭상속권자로 인하여 침해된 때에는 상속권자 또는 그 법정대리인은 상속회복의 소를 제기할 수 있습니다.

이를 상속회복청구권이라고 하는데, 민법은 그 권리가 침해를 안 날부터 3년, 상속권의 침해행위가 있은 날부터 10년을 경과하면 소멸된다고 규정하고 있어 그 행사기간을 제한하고 있는데, 많은 경우 위 기간이 문제 되고 있습니다.

상속회복청구는 자신이 진정한 상속인임을 전제로 그 상속으로 인한 소유권 또는 지분권 등 재산권의 귀속을 주장하면서 참칭상속인 또는 참칭상속인으로부터 상속재산에 관한 권리를 취득하거나 새로운 이해관계를 맺은 제3자를 상대로 상속재산인 부동산에 관한 등기의 말소 또는 진정명의 회복을 위한 등기의 이전 등을 청구하는 것이고, 여기서 참칭상속인이란 정당한 상속권이 없음에도 재산상속인임을 신뢰케 하는 외관을 갖추거나 상속인이라고 참칭하면서 상속재산의 전부 또는 일부를 점유함으로써 진정한 상속인의 재산상속권을 침해하는 자를 말합니다.

다. 기여분, 특별연고자 분여청구 소송

공동상속인중에 상당한 기간 동거·간호 그 밖의 방법으로 피상속인을 특별히 부양하거나 피상속인의 재산의 유지 또는 증가에 특별히 기여한 자가 있을 때에는 상속개시 당시의 피상속인의 재산가액에서 공동상속인의 협의로 정한 그자의 기여분을 공제한 것을 상속재산으로 보고 상속분에 기여분을 가산한 액으로써 그 자의 상속분으로 정합니다. 이때 위 협의가 되지 아니하거나 협의할 수 없는 때에는 가정법원은 기여자의 청구에 의하여 기여의 시기·방법 및 정도와 상속재산의 액 기타의 사정을 참작하여 기여분을 정할 수 있습니다. 기여분은 상속이 개시된 때의 피상속인의 재산가액에서 유증의 가액을 공제한 액을 넘지 못합니다. 공동상속인중에 피상속인으로부터 재산의 증여 또는 유증을 받은 자가 있는 경우에 그 수증재산이 자기의 상속분에 달하지 못한 때에는 그 부족한 부분의 한도에서 상속분이 있습니다.

라. 유류분 청구 소송

상속인의 유류분은 다음 각호에 의합니다.
1. 피상속인의 직계비속은 그 법정상속분의 2분의 1
2. 피상속인의 배우자는 그 법정상속분의 2분의 1
3. 피상속인의 직계존속은 그 법정상속분의 3분의 1
4. 피상속인의 형제자매는 그 법정상속분의 3분의 1

유류분은 ① '피상속인의 상속개시시에 있어서 가진 재산의 가액'에 ② '증여재산의 가액'을 가산하고 ③ '채무의 전액'을 공제하여 이를 산정합니다. 증여는 상속개시 전의 1년간에 행한 것에 한하여 그 가액을 산정합니다. 다만, 당사자 쌍방이 유류분권리자에 손해를 가할 것을 알고 증여를 한 때에는 1년 전에 한 것이라도 그 가액을 산정하고, 조건부의 권리 또는 존속기간이 불확정한 권리는 가정법원이 선임한 감정인의 평가에 의하여 그 가격을 정합니다.

유류분권리자가 피상속인의 위 증여 및 유증으로 인하여 그 유류분에 부족이 생긴 때에는 부족한 한도에서 그 재산의 반환을 청구할 수 있고, 이때 증여 및 유증을 받은 자가 수인인 때에는 각자가 얻은 유증가액의 비례로 반환하여야 합니다. 반환의 청구권은 유류분권리자가 상속의 개시와 반환하여야 할 증여 또는 유증을 한 사실을 안 때로부터 1년 내에 하지 아니하면 시효에 의하여 소멸하고, 상속이 개시한 때로부터 10년을 경과한 때도 같습니다.

7 / 부동산 소유권과 관련한 소송

가. 공유물과 관련한 공유물분할청구, 부당이득반환청구 소송

공유물분할청구권이란 일방 공유자가 타방 공유자에게 공유물의 분할을 청구할 수 있는 권리를 말합니다(민법 제268조). 공유물의 분할은 법률상으로는 공유자 상호 간의 지분의 교환 또는 매매라고 볼 것이나 실질적으로는 공유물에 대하여 관념적으로 그 지분에 상당하는 비율에 따라 제한적으로 행사되던 권리 즉 지분권을 분할로 인하여 취득하는 특정부분에 집중시켜 그 특정부분에만 존속시키는 것으로 그 소유형태가 변경될 뿐이라고 할 것이므로 이를 가리켜 '자산의 유상양도'라고 할 수 없습니다. 또한 공유물분할청구권은 공유관계에서 생기는 형성권으로 공유관계가 존속하는 한 소멸시효에 의하여 소멸되지 않습니다. 공유물분할소송은 실질적으로 비송사건이지만 소송의 형식으로 이루어지는 형식적 형성소송입니다.

재판에 의하여 공유물을 분할하는 경우에는 법원은 현물로 분할하는 것이 원칙이고, 현물로 분할할 수 없거나 현물로 분할을 하게 되면 현저히 그 가액이 감손될 염려가 있는 때에 비로소 물건의 경매를 명하여 대금분할을 할 수 있는 것이므로, 위와 같은 사정이 없는 한 법원은 각 공유자의 지분비율에 따라 공유물을 현물 그대로 수개의 물건으로 분할하고 분할된 물건에 대하여 각 공유자의 단독 소유권을 인정하는 판결을 하여야 하는 것이고, 그 분할의 방법은 당사자가 구하는 방법에 구애받지 아니하고 법원의 재량에 따라 공유관계나 그 객체인 물건의 제반 상황에 따라 공유자의 지분비율에 따른 합리적인 분할을 하면 되는 것이고, 여기에서 공유지분비율에 따른다 함은 지분에 따른 가액비율에 따름을 의미합니다.

나. 취득시효 완성과 관련한 분쟁

취득시효란 권리를 행사하고 있는 사실상태가 일정한 기간 계속한 경우에 권리의 취득을 인정하는 것을 말합니다. 취득시효에 의하여 점유자가 권리를 취득함으로써 진정한 권리자의 권리가 반사적으로 상실되게 됩니다.

취득시효의 종류

(1) 부동산

① 일반취득시효(민법 제245조 제1항) : 20년 + 소유의사 + 평온 + 공연

② 등기부취득시효(민법 제245조 제2항) : 10년 + 소유의사 + 평온 + 공연 + 선의 + 무과실

(2) 동산

① 일반취득시효(민법 제246조 제1항) : 10년 + 소유의사 + 평온 + 공연

② 단기취득시효(민법 제246조 제2항) : 5년 + 소유의사 + 평온 + 공연 + 선의 + 무과실

(3) 권리취득시효(민법 제248조)

민법 제197조 제1항에 의하면, 물건의 점유자는 소유의 의사로 점유한 것으로 추정되므로, 점유자가 취득시효를 주장하는 경우 스스로 소유의 의사를

증명할 책임은 없고, 점유자의 점유가 소유의 의사가 없는 점유임을 주장하여 취득시효 성립을 부정하는 자에게 증명책임이 있습니다. 그리고 점유자의 점유가 소유의 의사 있는 자주점유인지 아니면 소유의 의사 없는 타주점유인지는 점유자 내심의 의사에 의하여 결정되는 것이 아니라 점유 취득의 원인이 된 권원의 성질이나 점유와 관계가 있는 모든 사정에 의하여 외형적·객관적으로 결정되어야 합니다.

판례는, 물건에 대한 점유란 사회관념상 어떤 사람의 사실적 지배에 있다고 보이는 객관적 관계를 말하는 것으로서 사실상의 지배가 있다고 하기 위하여는 반드시 물건을 물리적, 현실적으로 지배하는 것만을 의미하는 것이 아니고, 물건과 사람과의 시간적, 공간적 관계와 본권관계, 타인지배의 배제가능성 등을 고려하여 사회통념에 따라 합목적적으로 판단하여야 하며, 사회통념상 건물은 그 부지를 떠나서는 존재할 수 없는 것이라고 하면서, 건물의 부지가 된 토지는 그 건물의 소유자가 점유하는 것으로 보고 있습니다.

다. 부동산 소유권 침해와 관련한 분쟁

인접 건물이나 구조물의 소유자가 내 소유의 토지를 침범하여 건물, 구조물 등을 축조하여 점유하고 있는 경우, 그 침범한 상대방을 상대로 토지인도 및 부당이득반환청구권 등을 행사할 수 있습니다. 이때 토지를 침범한 상대방이 장기간 이를 점유하고 있었다면 취득시효를 주장하는 경우가 있습니다.

토지를 20년간 소유의 의사로 평온·공연하게 점유한 자는 등기를 함으로써 비로소 그 소유권을 취득하는 것이므로, 점유자가 원소유자에 대하여 점유로 인한 취득시효기간이 만료되었음을 이유로 취득시효완성을 원인으로 한 소유권이전등기청구를 하는 등 그 권리행사를 하거나 원소유자가 취득시효완성 사실을 알고 점유자의 권리취득을 방해하려고 하는 등의 특별한 사정이 없는 한, 원소유자는 점유자 명의로 소유권이전등기가 경료되기까지는 소유자로서 그 토지에 관한 적법한 권리를 행사할 수 있고, 따라서 그 권리행사로 인하여 점유자의 토지에 대한 점유의 상태가 변경되었다면, 그 뒤 소유권이전등기를 경료한 점유자는 변경된 점유의 상태를 용인하여야 합니다.

라. 명의신탁과 관련하여 신탁자, 수탁자, 매도인, 제3자 사이의 각종 분쟁

(1) 명의신탁의 의의 및 효력

명의신탁이란 '대내적 관계에서는 신탁자가 소유권을 보유하여 이를 관리 수익하면서 공부상의 소유명의만을 수탁자로 하여둔 것', '당사자의 신탁에 관한 채권계약에 의하여 신탁자가 실질적으로는 그의 소유에 속하는 부동산의 등기명의를 실체적인 거래관계가 없는 수탁자에게 매매 등의 형식으로 이전하여 두는 것' 등으로 정의하며, 명의신탁목적물의 소유권은 실질적으로 신탁자에게 귀속되는 것으로 보고 있습니다.

부동산실명법상 명의신탁약정이라 함은 부동산에 관한 소유권 기타 물권을 보유한 자 또는 사실상 취득하거나 취득하려고 하는 자(이하 '실권리자'라 한다)가 타인과의 사이에서 대내적으로는 실권리자가 부동산에 관한 물권을 보유하거나 보유하기로 하고 그에 관한 등기(가등기를 포함한다)는 그 타인의 명의로 하기로 하는 약정(위임·위탁매매의 형식에 의하거나 추인에 의한 경우를 포함한다)을 말합니다(부동산실권리자 명의등기에 관한 법률 제2조 제1호).

명의신탁은 헌법상의 사적 자치의 원칙 중 하나인 계약자유의 원칙을 근거로 하여 대법원 판례에 의하여 확립되었고, 개인 간의 명의신탁 약정은 판례에 의하여 사법적으로 유한 것으로 인정되어 왔습니다. 학계에서는 명의신탁의 효력에 관하여는 명의신탁은 허위표시에 해당되어 무효라는 견해와 내심의 효과의사와 표시상의 효과의사가 일치하므로 유효라는 견해가 있어 왔습니다. 그러나 부동산실명법은 부동산에 관한 소유권 등의 권리를 실권리자 명의로 등기하게 함으로써 등기제도를 악용한 투기, 탈세, 탈법행위 등 반사회적 행위를 방지하고, 부동산에 관한 거래의 정상화와

가격의 안정을 추구하기 위하여, 명의신탁에 대한 일반적 금지규정을 두었을 뿐 아니라(부동산실권리자 명의등기에 관한 법률 제3조 제1항), 명의신탁의 채권계약 및 그에 의한 물권적 합의의 사법적 효력까지 무효화하는 효력규정을 두고 있습니다(부동산실권리자 명의등기에 관한 법률 제4조 제1항·제2항).

(2) 2자 간 등기명의신탁

2자 간 등기명의신탁이란 신탁자의 명의로 되어 있는 부동산등기를 명의신탁약정에 따라 수탁자에게 소유권이전등기를 하는 경우로서, 즉, 소유자인 신탁자가 수탁자에게 매매 등의 형식으로 소유권이전등기를 해주면서 명의신탁약정을 하는 것을 말합니다. 2자 간 등기명의신탁의 경우 신탁자·수탁자간 명의신탁약정 및 그 명의신탁약정에 기한 소유권이전등기는 무효가 됩니다(부동산실권리자 명의등기에 관한 법률 제4조 제1항·제2항). 따라서 명의신탁부동산의 소유권은 여전히 신탁자에게 있습니다.

(3) 3자 간 등기명의신탁

3자 간 등기명의신탁이란 매도인과 신탁자가 신탁부동산에 대한 매매계약을 체결하고, 다만 소유권이전등기는 수탁자명의로 하는 경우를 말합니다. 즉, 매도인으로부터 매수인 겸 신탁자가 부동산을 매입하면서 소유권이전등기를 수탁자 앞으로 하는 것입니다. 3자 간 등기명의신탁은 뒤에 살펴보는 계약명의신탁의 구조와 유사한데, 양자의 차이는 신탁자를 매매계약의 당사자로 인정하느냐에 따라 그 차이가 있습니다. 즉, 전자는 신탁자가, 후자는 수탁자가 매매계약의 당사자로 인정되는 것입니다. 이 경우 신탁자·수탁자 간 명의신탁약정은 무효가 되고, 매도인·수탁자 간 소유권 이전등기도 무효가 됩니다(부동산실권리자 명의등기에 관한 법률 제4조 제1항·제2항).

(4) 계약명의신탁

계약명의신탁(契約名義信託)이란 수탁자·신탁자간 명의신탁약정에 의하여 수탁자가 매매계약의 당사자로서 매도인과 매매계약을 체결하고 그 부동산의 소유권을 수탁자명의로 등기하는 경우를 말합니다. 부동산실명법은 등기명의신탁 이외에도 계약명의신탁까지 그 적용대상으로 삼고 있습니다. 신탁자가 매도인과 계약을 체결하는 과정에서, 신탁자가 수탁자를 내세워 매도인으로 하여금 그 매도인 명의로 매도인과 계약을 체결하게 한 경우와 신탁자가 수탁자의 이름을 빌려 자신이 직접 수탁자명의로 매도인과 계약을 체결한 경우 등을 구분하지 않고 계약명의신탁의 법리를 적용하고 있습니다.

계약명의신탁의 경우에도, 신·수탁자 간의 명의신탁약정은 무효입니다. 그러나 부동산실명법은 매도인이 신·수탁자 간의 명의신탁약정사실을 알지 못한 경우에는 예외적으로 그 물권변동, 즉 등기는 유효하게 취급합니다(부동산실권리자명의등기에 관한 법률 제4조 제2항 단서). 따라서 부동산실명법 제4조 제1항 및 제2항에 의하면, 신·수탁자가 이른바 계약명의신탁

약정을 맺고 수탁자가 당사자가 되어 명의신탁약정이 있다는 사실을 알지 못하는 소유자와의 사이에 부동산에 관한 매매계약을 체결한 후 그 매매계약에 따라 당해 부동산의 소유권이전등기를 수탁자 명의로 마친 경우에는 신·수탁자간 명의신탁약정의 무효에도 불구하고 수탁자는 당해 부동산의 완전한 소유권을 취득하게 됩니다. 또한, 경매를 통하여 부동산을 매수하려는 신탁자는 수탁자와 계약명의신탁약정을 하고, 수탁자명의로 경락허가결정을 받기로 약정하여 그에 따라 경락이 이루어진 경우, 경매로 인한 물권변동은 유효하며 부동산의 소유권은 수탁자에게 있습니다.

명의신탁과 관련한 민사분쟁이 발생하는 사안에서는 횡령·배임이나 강제집행면탈 등의 형사처벌 조항이 함께 문제 되므로, 많은 경우 형사사건을 같이 진행하게 됩니다.

마. 종중과 종원 사이의 명의신탁 관련 분쟁

종중이란 공동선조의 분묘수호와 제사 및 종원 상호간의 친목 등을 목적으로 하여 구성되는 자연발생적인 종족집단을 말합니다. 이전에 종중 명의의 등기를 할 수 있는 방법이 없어, 종중의 재산을 종중의 구성원 명의로 등기하여 두는 경우가 많았고, 이를 둘러싸고 많은 분쟁이 발생하였습니다.

종중과 종중원 등 등기명의인 사이에 어떤 토지에 관한 명의신탁 여부가 다투어지는 사건에 있어서, 일단 그 토지에 관하여 등기명의인 앞으로 등기가 경료될 당시 어느 정도의 유기적 조직을 가진 종중이 존재한 사실이 증명되고, 그 다음 그 토지가 종중의 소유로 된 과정이나 내용이 직접 증명된 경우는 물론, 등기명의인과 종중과의 관계, 등기명의인이 여럿이라면 그들 상호 간의 관계, 등기명의인 앞으로 등기가 경료된 경위, 시조를 중심으로 한 종중 분묘의 설치상태, 분묘수호와 봉제사의 실태, 그 토지의 규모와 관리상태, 그 토지에 대한 수익의 수령·지출관계, 제세공과금의 납부관계, 등기필증의 소지관계 등 여러 정황에 미루어 그 토지가 종중소유라고 볼 수밖에 없는 상당한 자료가 있는 경우라면, 그 토지가 종중의 소유로서 등기명의인 앞으로 명의신탁한 것이라고 인정할 수 있습니다.

바. 신탁회사 신탁등기와 관련된 분쟁

'신탁'이라 함은 신탁설정자(이하 위탁자라 한다)와 신탁을 인수하는 자(이하 '수탁자'라 한다)와 특별한 신임관계에 기하여 위탁자가 특정의 재산권을 수탁자에게 이전하거나 기타의 처분을 하고 수탁자로 하여금 일정한 자(이하 '수익자'라 한다)의 이익을 위하여 또는 특정의 목적을 위하여 그 재산권을 관리, 처분하게 하는 법률관계를 말합니다(신탁법 제1조 제2항).

  - 신탁은 위탁자와 수탁자 간의 계약 또는 위탁자의 유언에 의하여 설정

할 수 있습니다(신탁법 제2조).

- 등기 또는 등록하여야 할 재산권에 관하여는 신탁은 그 등기 또는 등록을 함으로써 제3자에게 대항할 수 있습니다(신탁법 제3조 제1항).
- 신탁은 선량한 풍속 기타 사회질서에 위반하는 사실을 목적으로 할 수 없습니다(신탁법 제5조제1항).
- 수탁자로 하여금 소송행위를 하게 하는 것을 주목적으로 하는 신탁은 무효입니다(신탁법 제7조).

신탁과 관련한 사항을 기재한 신탁원부는 위탁자·수탁자·수익자와 신탁인의 성명 및 주소, 신탁의 목적, 신탁재산의 관리방법, 신탁 종료의 사유, 그 밖의 신탁의 조항, 신청인의 기명날인을 포함합니다. 신탁원부는 등기부의 일부로 보고 그 기재는 등기로 보게 됩니다.

신탁 공매란 부동산 소유자(위탁자)가 부동산의 소유권을 신탁회사에 담보신탁한 후, 수익권증서를 교부받아서 이를 담보로 금융기관으로부터 대출을 받고, 신탁회사(수탁자)는 부동산 소유자로부터 부동산을 수탁받아 일정기간 동안 채권자(금융기관)를 위하여 수탁부동산의 담보가치가 유지·보전되도록 관리하다가 채무가 정상적으로 이행되면 수탁부동산을 위탁자에게 환원하고 만약 위탁자가 금융기관에 대출금을 갚지 못하면 부동산을 수의계약 또는 자체 공매로 부동산을 처분하여 대출금을 상환하는데 이때 신탁회사에서 실행하는 공매를 신탁공매라 합니다.

8 / 부동산 강제집행 및 경매와 관련한 소송

가. 청구이의의 소, 제3자 이의의 소

(1) 청구이의의 소

청구이의의 소는 채무자가 집행권원의 내용인 사법상의 청구권이 현재의 실체상태와 일치하지 않는 것을 주장하여 그 집행권원이 가지는 집행력의 배제를 구하는 소로 모든 종류의 집행권원에 대하여 인정이 됩니다.

청구에 관한 이의의 이유가 되는 사항은 집행권원에 표시된 청구권의 전부 또는 일부를 소멸케 하거나, 영구적 또는 일시적으로 그 효력을 잃게 하는 사유로 청구권의 불발생, 집행권원에 표시된 청구권의 전부 또는 일부의 소멸, 청구권의 귀속 변동, 청구권의 효력정지 또는 제한, 부집행의 합의, 한정승인 등이 있습니다.

(2) 제3자이의의 소

제3자이의의 소는 제3자가 집행의 목적물에 대하여 소유권 또는 목적물의 양도, 인도를 막을 수 있는 권리를 가진 때 이를 침해하는 강제집행

Part 1. 건설, 부동산 소송 개괄 · 63

에 대하여 이의를 주장하여 집행의 배제를 구하는 소입니다. 제3자이의의 소의 대상은 제3자의 재산에 대한 침해의 가능성이 있는 한 금전채권의 집행이건 비금전채권의 집행이건, 본집행이건 가집행이건, 또는 만족집행이건 보전집행이건 묻지 않고 인정됩니다.

이의의 원인은 '제3자가 강제집행의 목적물에 대하여 소유권이 있다고 주장하거나 목적물의 양도나 인도를 막을 수 있는 권리가 있다고 주장'하는 것입니다(대표적으로 소유권, 공유권, 점유·사용을 내용으로 하는 제한물권 등).

나. 집행문 부여 소송, 집행문 부여에 대한 이의소송

다. 강제집행정지와 관련한 소송

강제집행정지는 법률상 이유로 인해서 강제집행절차를 개시할 수 없거나 속행하지 못하는 것을 뜻합니다.

판결문을 송달받은 후에 2주일 내에 상소를 하게 되면 판결은 확정이 되지 않으나, 판결에 가집행선고가 있는 경우는 상소가 제기가 되어서 판결이 확정이 되지 않아도 채권자는 집행문을 부여받아서 강제집행을 할

수 있으며, 이 경우 채무자는 강제집행신청을 해서 판결 확정시까지 강제
집행을 정지시킬 수 있습니다.

라. 배당이의 등 배당과 관련한 분쟁

배당이의의 소는 배당표에 대한 이의를 진술한 자가 그 이의를 관철하
기 위하여 배당표의 변경을 구하는 소입니다. 원고는 배당기일에 배당표
의 기재에 대하여 이의를 진술한 채권이며, 집행력 있는 정본이 없는 채권
자에 대하여 채무자가 배당이의를 한 경우에는 채무자도 배당이의의 소의
원고가 됩니다.

배당이의의 소는 원고가 배당이의 소송의 첫 변론기일에 출석하지 아
니하면 소를 취하한 것으로 봅니다. 이는 배당절차의 신속한 종결을 위하
여 둔 특칙입니다. 하지만 실제로 배당이의의 소는 3심까지 진행이 되는
경우도 많기 때문에 배당이의의 소로 인하여 배당이 오랫동안 지연되는
경우도 발생할 수 있습니다.

마. 부동산 권리분석, 유치권 관련 분쟁, 경매부동산 명도업무

(1) 부동산 권리분석

경매의 경우 건물과 물건에 대한 현장조사도 필요하지만, 제일 중요한 것은 권리분석입니다. 특히 부동산 경매물건의 권리분석은 결국 법률에 근거하는 것으로 법률전문가에 의한 권리분석에 관한 조언이 반드시 필요합니다.

(2) 유치권 관련 분쟁

최근 경매과정에서 유치권 악용의 폐해가 심각한바, 유치권의 피담보 채권이 대부분 금액이 크고, 유치권자가 낙찰가를 하락시켜 직접 매수하거나 매수인에게 부담시킬 의도로 허위·과장 유치권을 남발하기도 하며, 이로 인한 채권자 등 이해관계인·매수인 등의 권리침해가 심각한 수준입니다.

특히 허위유치권의 외관을 보임으로써 입찰가를 저감시키는 등 공정한 경매를 방해하면 위계에 의한 경매입찰방해죄(형법 제315조)로, 공사도급계약서 등 사문서를 위조 내지 변조하여 법원에 제출했다면 사문서 위조 내지 변조 및 행사죄(형법 제231조) 등의 죄명으로 형사고소를 할 수 있습니다. 또한 채무자 내지 매수인의 점유를 침탈하려고 시도하는 과정에서 주거(건조물)침입죄, 재물손괴죄, 업무방해죄, 폭행·협박·상해죄 등이 문제 되기도 합니다.

(3) 경매부동산 명도 업무

부동산인도명령신청은 낙찰대금의 전액을 납부한 낙찰인이 대항력이 없는 부동산 점유자를 상대로 집행법원에 신청하는 것으로서 대항력이 없는 점유자가 낙찰자의 부동산인도 요구를 거절하고 임의로 낙찰 부동산을 인도하지 아니하고 있을 때 낙찰자가 낙찰대금을 완납한 후 6개월 이내에 집행법원의 집행관으로 하여금 낙찰부동산을 강제로 낙찰인에게 인도하는 내용의 신청서를 작성하여 집행법원에 인도명령을 신청하여 그 명령의 집행에 기하여 부동산을 인도받을 수 있는 제도입니다.

9 / 부동산 관련 가압류 및 가처분

가. 부동산에 관한 각종 가압류 신청 및 집행 업무

가압류의 신청은 신청의 취지와 이유를 적은 서면으로 해야 하는데, 신청의 이유에는 피보전권리의 존재와 보전의 필요성을 구체적으로 기재를 해야 합니다. 가압류 신청을 하게 되면 가압류 재판부에서 심문기일을 지정하게 되고 심문기일 진행 후 가압류결정을 하게 됩니다(가압류 청구금액이 소액인 경우 심문 절차가 진행되지 않습니다).

법원은 통상 보전처분을 발하기에 앞서 일정한 기간(보통 3일 내지 5일)을 정하여 일정액의 담보를 제공하라는 명령을 발하는데, 통상 채권자가 담보를 제공할 것을 조건으로 하는 정지조건부 보전처분을 하게 됩니다. 담보의 제공은 금전 또는 법원이 인정하는 유가증권을 공탁하거나 대법원규칙이 정하는 바에 따라 지급을 보증하겠다는 위탁계약을 맺은 문서를 제출하는 방법으로 합니다.

나. 부동산에 관한 점유이전금지가처분, 처분금지가처분 등 가처분 신청 및 집행 업무

(1) 부동산 처분금지가처분

위 가처분은 목적물에 대한 채무자의 소유권 이전, 저당권, 전세권, 임차권의 설정, 그 밖에 일체의 처분행위를 금지하고자 하는 가처분입니다. 목적물의 처분을 가처분으로 금지하여 두면 그 이후 채무자로부터 목적물을 양수한 자는 가처분채권자에게 대항할 수 없게 되어 피보전권리의 실현을 위한 소송과 집행절차에서 당사자를 항정시킬 수 있게 되므로 그 목적으로 신청하게 됩니다.

(2) 부동산 점유이전금지가처분

우리 민사소송법은 당사자 승계주의를 취하고 있어 변론종결 전의 승계인에게는 판결의 효력이 미치지 아니하므로 인도청구의 본안소송 중 목적물의 점유가 이전되면 그대로 본안소송에서 패소할 수밖에 없고, 따라서 새로이 그 제3자를 상대로 하여 소송을 제기하든지 아니면 민사소송법 제82조 등에 의하여 위 제3자에게 소송을 인수시켜 소송을 유지할 수밖에 없습니다. 그러나 점유이전금지가처분을 받아 두면 그 이후에 점유를 이전받은 자는 가처분채권자에게 대항할 수 없고, 당사자가 항정되므로 위와 같은 불측의 손해를 예방할 수 있습니다. 특히 명도소송을 진행할 경우 점유이전금지가처분 신청은 필수적이라 할 것입니다.

◆ Chapter 2 ◆

건설 소송

1 / 건설소송 업무

가. 설계 및 감리 관련 분쟁

(1) 설계 및 감리의 뜻

'건축설계'는 건축물의 건축·대수선, 건축설비의 설치 또는 공작물의 축조를 위한 도면·구조계획서 및 공사시방서 기타 서류를 작성하고 그 설계도서에서 의도한 바를 해설하며 지도·자문하는 행위를 말하고, '공사감리'라 함은 건축물·건축설비 또는 공작물이 설계도서의 내용대로 시공되는지의 여부를 확인하고 품질관리·공사관리 및 안전관리 등에 대하여 지도·감독하는 행위를 말합니다.

(2) 관련 분쟁

◇ **건축주가 설계·감리용역비를 지급하지 않는 경우 및 설계계약이 해제·해지되는 경우 용역비 청구 관련 분쟁**

: 설계 및 감리용역비는 공사가 중간에 타절될 경우 그 용역대금의 액수와 관련하여 문제가 가장 많이 발생합니다. 이와 관련하여 소송이 제기되는 경우 재판부는 조정절차를 통하여 문제 해결을 시도하는 경우가 많

지만, 조정이 이루어지지 않을 경우 감정절차를 통하여 기성용역비의 액수를 산정하여야 합니다. 그러나 설계·감리용역의 경우 그 업무가 대부분 인력에 의하여 이루어지고 그 산출물이 명확하게 드러나지 않는 특징이 있어, 기타 기성공사비에 대한 감정절차와 비교하여 많은 한계점이 있으므로, 감정절차 진행시 철저히 대응하여야 합니다.

◇ **설계자의 설계상 하자 관련 분쟁 및 설계자의 잘못으로 인하여 건물에 하자가 발생하고 주변의 제3자에게 피해를 입힌 경우 설계자에 대한 손해배상청구 관련 분쟁**

: 건설공사에서 하자와 관련하여 문제 되는 것은 대부분 시공상의 하자에 의한 것일 경우가 많고, 설계상의 하자가 인정되는 경우는 많지 않습니다. 그러나 설계상의 오류로 인하여 시공상 문제가 발생하는 경우 마찬가지로 설계자에게도 책임을 물을 수 있고, 이 경우 설계자와 시공자를 공동피고로 하여 소송을 제기하여야 합니다. 이 경우 공사감리자는 조언자로서 시공자를 감독하는 역할에 맡는데 불과하므로 감리자가 법적 책임을 부담하는 경우는 많지 않습니다. 소송과정에서도 감리자의 역할은 법정감정인이 대신하게 되기 때문에, 감리자의 증언이 건설소송에서 큰 역할을 하는 경우는 드물다고 보아야 합니다. 궁극적으로 시공자를 중심으로 재판이 진행되어야 하고, 그러한 점에 주목하여 소송을 진행하여야 합니다.

◇ 건축설계 우수현상광고에 당선되었으나 계약이 체결되지 못한 경우 설계비 청구 관련 분쟁

: 판례의 태도에 의할 때, 건축설계 우수현상광고에서 당선자는 '기본 및 실시설계권'을 보수로서 받을 권리가 있고, 이는 당선자가 광고자에게 우수작으로 판정된 계획설계에 기초하여 기본 및 실시설계계약의 체결을 청구할 수 있는 권리를 말하는 것입니다. 광고자로서는 특별한 사정이 없는 한 이에 응할 의무를 지게 되어 당선자 이외의 제3자와 설계계약을 체결하여서는 아니 됨은 물론이고, 당사자 모두 계약의 체결을 위하여 성실하게 협의하여야 할 의무가 있다고 할 것이며, 만약 광고자가 일반 거래실정이나 사회통념에 비추어 현저히 부당하다고 보여는 사항을 계약내용으로 주장하거나 경제적 어려움으로 공사를 추진할 수 없는 등으로 인하여 계약이 체결되지 못하였다면 당선자는 이를 이유로 한 손해배상책임을 물을 수 있습니다. 다만 이 경우 손해액의 산정이 난해하고 입증이 어려워, 관련 입증자료 준비를 철저히 하여야 합니다.

나. 공사대금 관련 분쟁

(1) 공사대금 미지급에 따른 공사대금 청구

건축주가 공사대금을 미지급하여 공사대금과 관련한 분쟁이 발생하는 경우 공사의 완성 여부가 우선적으로 다투어집니다. 원칙적으로 공사

의 완성 여부에 대한 입증책임은 시공자에게 있고, 건축물 같은 경우는 관할관청의 사용승인이 있었는지 여부가 일의 완성 여부 판단에 중요한 역할을 합니다. 기타 인테리어 공사 등과 같이 사용승인 절차가 없는 공사의 경우 기타 관련 자료를 통하여 일의 완성 여부를 입증하여야 합니다.

(2) 도급계약의 해제·해지에 의한 기성고 청구

공사가 중간에 타절된 경우에는 기성고 입증의 문제로 전환되는데, 이때 기성고를 입증하기 위하여는 재판부에 감정을 신청하고 그 감정결과를 받아야 합니다. 통상적으로 당사자가 감정을 신청하면, 법원이 3인의 감정위원을 통하여 예감정료를 산정하고, 다시 3인 중 1인을 감정인으로 추천하여 감정인을 선정하는 절차를 거치게 됩니다.

이때 기성 부분에 대한 공사대금은 당사자 사이에 약정된 총공사비를 기준으로 하여 위 금액에서 수급인이 공사를 중단할 당시의 기성고 비율 즉, 이미 완성된 부분에 소요된 공사비에다 미시공 부분을 완성하는 데 소요될 공사비를 더한 금액 중에서, 완성된 부분에 소요된 비용이 차지하는 비율에 의한 금액으로 산정하게 됩니다.

(3) 건축주 지시 또는 설계변경에 의하여 실시한 추가공사대금 청구

설계변경에 의하여 추가공사가 이루어지는 경우에는 그 변경계약에서 정한 공사대금을 청구하므로 문제가 생길 소지가 적습니다. 그러나 공사진행 과정에서 그때그때 설계변경 사유가 발생하고 그때마다 설계변경 절차가 철저히 이루어질 수 없는 공사현장의 특성 및 건축주의 요구에 의하여 구두로 추가공사지시가 이루어지는 경우가 많이 발생하는데 이때에는 그 추가공사대금의 정산 문제가 남습니다.

일반적으로 정액도급계약의 경우, 시공자에게 추가로 비용이 발생하였다고 하더라도 이는 당초 계약에 포함된다고 보는 것이 원칙이지만, 실제로 추가공사가 이루어졌고 그 추가공사가 건축주와 시공자 사이에 (명시적 또는 묵시적) 증액합의에 의한 것이라는 사정이 입증되면 그 추가공사대금을 지급할 의무가 발생합니다. 다만 그 증액 합의에 대하여는 시공자 측에서 입증하여야 합니다.

다. 하도급계약 관련 분쟁

(1) 하도급대금의 직접지급청구권

하도급거래공정화법은 원사업자가 하도급대금을 지급하지 않는 등 일정한 사유가 발생한 경우 수급사업자가 발주자에 대하여 하도급대금을 직접 청구할 수 있도록 하는 권리를 규정하고 있습니다. 이를 하도급대금의 직접지급청구권이라고 하는데 이 경우 원사업자의 발주자에 대한 대금지급채무와 수급사업자에 대한 원사업자의 하도급대금 지급채무는 그 범위에서 소멸하게 됩니다. 이와 관련한 분쟁에서는 그 직접지급청구권의 발생 사유의 존부가 문제 되고 이에 대한 입증책임은 수급사업자가 부담합니다.

(2) 하도급거래공정화법 위반에 대한 제재

하도급거래공정화법은 경제적 약자인 하수급인을 보호하고 기타 하도 급거래의 투명성 및 공정성을 담보하기 위한 여러 규정을 두고 있습니다. 예를 들어 하도급거래공정화법은 원사업자에게 부당한 하도급대금결정 금지, 부당한 위탁취소·수령거부·반품금지, 감액 금지, 부당한 대물변제금 지 등의 의무를 부과하고 있고, 이를 위반할 경우 공정거래위원회는 원사 업자 및 발주자에 대하여 대금 등의 지급, 법위반행위의 중지, 기타 시정에 필요한 조치를 권고·명령, 시정명령, 공표명령, 하도급대금의 2배 이내 범 위에서 과징금 부과 등의 행정적 제재를 가할 수 있습니다. 또한 하도급거 래공정화법은 행정 제재에 더하여 하도급대금 2배 상당 금액의 벌금, 1억 5,000만 원 이하의 벌금 등 형사처벌까지 규정하고 있습니다.

다만 수사기관이 하도급거래공정화법위반과 관련하여 공소를 제기하 기 위하여는 공정거래위원회의 고발을 요건으로 하므로, 발주자나 원사업 자 등이 하도급거래공정화법을 위반하는 경우 수사기관에 형사고소를 하 는 외에 공정거래위원회에 신고하는 절차를 거쳐야 합니다. 이러한 신고가 접수되는 경우 공정거래위원회는 분쟁조정협의제도를 적극 활용하게 되 고, 조정이 불성립되는 경우 공정거래위원회의 조사 절차를 거쳐 수사기관에 고발하는 절차가 이루어지게 됩니다.

(3) 분쟁조정협의회의 분쟁조정절차

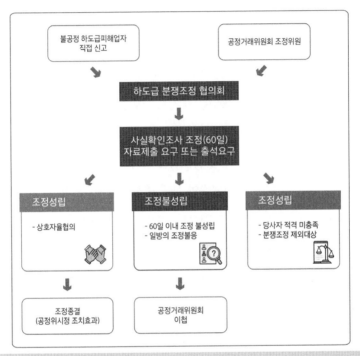

※ 법령의 개정으로 상이해질 수 있으니 구체적인 사안에 대해서는 반드시 현행 법령 등을 확인하시기 바랍니다

라. 하자 관련 분쟁

(1) 도급계약에 의하여 완성된 건물에 하자가 있는 경우 이로 인한 하자보수비용 청구

시공자가 시공한 건설공사에 오시공·미시공·변경시공 등의 하자가 발생한 경우 수급인은 하자담보책임을 지게 되고 이는 법이 특별히 인정한 무과실책임입니다. 또한 수급인은 하자보수에 갈음하는 손해 이외에 하자로 인하여 손해가 확대된 경우 그 확대된 손해에 대하여도 손해배상책임을 부담하게 될 수도 있습니다. 도급인은 하자보수를 청구하는 대신 손해배상을 청구할 수 있고, 하자보수와 함께 손해배상을 청구할 수도 있는데, 이는 선택적 또는 중복적으로 행사할 수 있습니다. 그러나 수급인의 잘못으로 인하여 하자가 발생하게 되면 도급인은 수급인의 시공능력을 믿지 못할 것이기 때문에 하자보수청구보다는 손해배상을 선호하는 것이 일반적입니다.

하자보수와 관련한 소송이 진행되는 경우, 그 하자보수비를 입증하기 위하여는 법원의 감정절차가 이루어져야 합니다. 그런데 이 경우 실제 민간 건설공사 도급계약은 시공자들의 수많은 경쟁으로 인하여 낮은 이윤과 저가의 계약금액으로 이루어지는데 반하여, 하자감정에 따른 하자보수비용은 법원의 감정기준 및 표준품셈, 물가기준 등에 의하여 이루어지므로 실제 공사비용보다 높게 나오는 경우가 많습니다. 그리고 법원의 감정절차에 의하여 하자보수비용이 산정되더라도 하자가 감정되는 시점의 건물수명을 고려하여 법원의 직권으로 책임을 제하여 감액하는 경우가 많이 있습니다.

(2) 집합건물에 발생한 하자와 관련한 보수비용 청구

아파트, 상가, 오피스텔 등과 같이 집합건물법이 적용되는 집합건물은 그 하자 관련 분쟁이 일반적인 건물과 차이를 보이게 됩니다. 집합건물법은 집합건물 분양자의 수분양자에 대한 하자담보책임은 민법 규정을 준용한다고 하는 한편, 분양자의 담보책임에 관하여는 민법에 규정한 것보다 매수인을 불리하게 한 특약의 효력을 부인하는 강행규정을 두고 있고, 시공자 또한 같은 담보책임을 진다고 규정하는 등 집합건물의 수분양자를 보호하고 있습니다.

집합건물의 하자보수와 관련한 소송이 진행되는 경우, 당사자가 다수가 되는 경우가 많고 건축물의 규모에 비추어 하자보수비용의 액수가 크다는 점 때문에 그 감정절차를 진행하는 데 있어 신중을 기하여야 합니다. 하자보수비용을 청구하는 당사자는 소송을 진행하기에 앞서 전문적인 적산업체 등을 통하여 그 하자내용 및 예상되는 보수비용을 철저히 파악하고 이를 반영하여 감정을 신청하여야만 대단위 아파트 등 대규모 집합건물의 하자사항을 빠짐없이 반영하고 그 하자보수비를 충분히 책정받을 수 있습니다.

마. 건설보증 관련 분쟁

(1) 분쟁의 유형

거액이 소요되는 건설사업에서 상대방의 계약이행을 담보하기 위한 목적으로 건설보증을 하게 되는 경우가 발생하는데, 이러한 건설보증의 형태는 크게 ① 도급계약 당사자가 자기의 채무에 관하여 전문기관이나 금융기관으로부터 보증서를 발급받아 제출하는 방법, ② 당사자가 자신의 채무이행에 관하여 보증인을 세우는 방법, ③ 당사자가 자기 채무의 이행을 담보할 만한 금액을 보증금으로 지불하는 방법이 있습니다. 실무상으로는 ① 보증서를 발급받아 제출하는 방법이 가장 많이 사용되고 있습니다. 흔히 볼 수 있는 건설보증은 건설산업기본법 및 국가를 당사자로 하는 계약에 관한 법률 등에 따른 계약이행보증, 선급금보증, 하자보수보증, 하도급보증, 하도급대금지급보증, 주택법에 따른 주택분양보증 등이 있습니다.

(2) 대표적인 보증기관

(가) 건설공제조합

건설공제조합은 1963년 건설회사의 자주적인 경제활동 지원과 건설산업의 발전을 위해 설립된 국내 최초의 건설보증기관입니다. 조합원이 건설업을 영위함에 필요한 각종 보증, 조합원의 건설업영위에 필요한 자금의 융자, 민간투자사업법인을 위한 보증 및 융자, 조합원이 건설공사대금으로 받은 어음의 할인, 조합원의 공사용 기자재의 구매알선, 조합원에 고용된 자의 복지향상과 업무상 재해로 인한 손실을 보상하는 공제사업 및 조합원이 영위하는 사업에 필요한 건설공사손해공제사업, 조합의 목적달성에 필요한 관련사업에의 투자 등 조합원을 위한 금융사업과 건설업 경영 및 건설기술의 개선·향상과 관련한 연구 및 교육에 관한 사업, 건설관련 법인에의 출연, 조합원 공동이용시설의 설치·운영 기타 조합원의 편익증진을 위한 사업, 조합원의 정보처리 및 컴퓨터 운용과 관련한 서비스의 제공 등 조합원 편익 증진사업 등을 주 업무로 하고 있습니다.

(나) 전문건설공제조합

전문건설공제조합은, 건설업을 영위하는 조합원의 경제적 지위 향상과 건설업의 건전한 발전을 목적으로 1988년 건설산업기본법에 의해 설립되어 각종 건설 보증과 자금의 융자, 어음할인, 공제상품 등 다양한 금융서비스를 제공하고, 교육·임대·투자 사업을 수행하는 건설전문 금융기관입니다.

조합원이 건설업을 영위하는 과정에서 부담하는 의무 또는 채무를 이행하지 아니하는 경우조합이 각종 보증을 통해 그 의무 또는 채무의 이행을 부담하는 보증업무, 조합원의 출자금과 조합의 수익금을 재원으로 하여 조합원이 도급받은 공사의 원만한 시공과 기업운영에 필요한 자금을 적극 지원하는 융자업무, 조합원의 사업장에 고용된 근로자가 업무수행 중에 불의의 재해를 당하거나 질병에 걸렸을 경우, 산재보험의 보상금액을 초과하여 조합원이 부담하여야 할 민법상의 배상책임으로 인한 다음의 손해를 보상하는 근로재해보상업무 등을 수행하고 있습니다.

(다) SGI서울보증

SGI서울보증은 1998. 11. 25. 대한보증보험과 한국보증보험이 합병하여 출범하였으며, 대한민국의 유일한 전업 보증보험회사입니다. SGI서울보증은 보험업법 제2조 및 4조를 근거로 경제 활동 시 발생하는 각종 채권, 채무관계에서 채무자에게 부족한 신용을 보완해 주고 있고, 채권자에게 신원보증, 채무이행보증, 신용보험 등 69개의 보증보험 및 신용보험 상품을 판매하고 있습니다. 건설사업과 관련하여, 보험계약자인 수주자가 건설공사계약, 용역계약에 따른 의무 또는 채무를 이행하지 아니한 경우 발주자인 피보험자에게 보험계약자를 대신하여 주채무를 이행하거나 보험금을 지급하여 드리는 공사이행보증보험, 상가, 오피스텔 등을 분양하는 분양사업자가 보험가입 후 부도, 파산 등의 사유로 분양계약을 이행할 수 없는 경우에 보증보험회사가 분양사업자를 대신하여 분양계약을 이행하거나 기납부된 분양대금을 수분양자에게 반환하여 줌으로써 보증채무를 이행하는 분양보증보험, 설계(감리)업자가 설계(감리)관련 용역업무 수행과 관련하여 발주기관에게 입힌 손해를 보상하는 설계감리 보증보험, 주택재개발 및 주택재건축사업의 시공자로서 선정된 자가 도급받은 공사의 계약상 의무를 이행하지 못하거나 의무이행을 하지 아니할 경우 보증기관이 시공자를 대신하여 계약이행을 부담하거나 보험금을 지급하는 방법으로 보증채무를 이행하는 시공보증보험, 건설공사 등 각종 계약과 관련하여 채무자의 성실한 채무이행을 보증하는 보험으로서, 입찰보증금, 계약보증금, 차액보증금, 하자보증금, 선금급지급에 대한 담보, 물품(외상)판매대금, 기타 각종 지급보증에 대한 담보를 대신하여 활용되는 이행보증보험 등의 업무를 수행하고 있습니다.

(라) 주택도시보증공사

주택도시보증공사(변경 전 명칭 : 대한주택보증, 주택사업공제조합)의 전신인 주택사업공제조합은 구 주택건설촉진법(1997. 12. 13. 법률 제5451호로 개정되기 전의 것)에 의하여 주택사업에 관한 의무이행에 필요한 각종 보증 및 자금의 융자 등을 행하기 위한 목적으로 같은 법에 따라 설립된 법인이며, 대한주택보증은 주택사업공제조합이 같은 법 개정법률(1999. 2. 8. 법률 제5908호) 부칙 제5조에 의하여 1999. 6. 3. 전환된 법인이며, 주택도시보증공사는 주택도시기금법 제16조에 근거하여 설립된 법인으로 주택도시기금법 부칙 제4조에 따라 대한주택보증의 명칭이 변경된 법인입니다. 주택도시보증공사는 주거복지 증진과 도시재생 활성화를 지원하기 위한 각종 보증업무 및 정책사업 수행과 주택도시기금을 효율적으로 운용·관리함으로써 국민의 삶의 질 향상에 이바지함을 목적으로 설립되었으며, ① 주택에 대한 분양보증, 임대보증금보증, 조합주택시공보증 등 보증업무, ② 전세보증금반환보증, 모기지보증 등 정부정책 지원을 위한 보증업무, ③ 공유형모기지 수탁 등 국가 및 지방자치단체가 위탁하는 업무, ④ 주택도시기금법에 따른 기금의 운용·관리에 관한 사무 등의 업무를 수행하고 있습니다.

바. 일조권·조망권 관련 분쟁

(1) 일조권 관련 분쟁

'일조권'은, 일조, 즉 직사광선의 이익을 향수할 권리를 말하는 것으로, 구체적으로 말하자면 북쪽 건물의 거주자가 인접한 남쪽 토지상의 공간을 통하여 햇빛을 받고 있었는데, 남쪽 토지의 사용권자가 그 토지 위에 건물 기타 공작물을 설치함으로써 이를 방해받는 경우에 북쪽 거주자가 일정한 햇빛을 받을 권리를 주장할 수 있는 것을 말합니다.

헌법 제35조 제1항은 '모든 국민은 건강하고 쾌적한 환경에서 생활할 권리를 가지며 국가와 국민은 환경보존을 위하여 노력하여야 한다'라고 규정하여 인간으로서의 존엄을 유지하기 위한 기본권 중의 하나로 환경권을 천명하고 있으며, 위와 같은 헌법의 규정에 따라 인간은 누구나 일조권을 향유할 수 있고 이에 대한 침해를 배제할 권리를 인정받고 있습니다. 또한, 일조권과 관련된 현행 법령으로는 건축법 제53조, 건축법 시행령 제86조, 서울특별시 건축조례 제60조 등이 있으나, 위 법령은 전용주거지역 및 일반주거지역 안에서 일조 등의 확보를 위하여 정북방향의 인접대지경계선으로부터 일정한 이격거리와 건축물의 높이에 대한 제한을 두고 있을 뿐 인간다운 생활을 하기 위하여 필요한 일조량 및 시간에 관하여는 구체적인 기준을 두지 않고 있습니다.

판례는 일조권 침해 및 이로 인한 손해배상청구권의 발생과 관련하여 '건물의 신축으로 인하여 그 이웃 토지상의 거주자가 직사광선이 차단되는 불이익을 받은 경우에 그 신축행위가 정당한 권리행사로서의 범위를 벗어나 사법상 위법한 가해행위로 평가되기 위해서는 그 일조방해의 정도가 사회통념상 일반적으로 인용하는 수인한도를 넘어야 하고, 건축법 등 관계 법령에 일조방해에 관한 직접적인 단속법규가 있다면 그 법규에 적합한지 여부가 사법상 위법성을 판단함에 있어서 중요한 판단자료가 될 것이지만, 이러한 공법적 규제에 의하여 확보하고자 하는 일조는 원래 사법상 보호되는 일조권을 공법적인 면에서도 가능한 한 보장하려는 것으로서 특별한 사정이 없는 한 일조권 보호를 위한 최소한도의 기준으로 봄이 상당하고, 구체적인 경우에 있어서는 어떠한 건물 신축이 건축 당시의 공법적 규제에 형식적으로 적합하다고 하더라도 현실적인 일조방해의 정도가 현저하게 커 사회통념상 수인한도를 넘은 경우에는 위법행위로 평가될 수 있으며, 일조방해행위가 사회통념상 수인한도를 넘었는지 여부는 피해의 정도, 피해이익의 성질 및 그에 대한 사회적 평가, 가해 건물의 용도, 지역성, 토지이용의 선후관계, 가해방지 및 피해 회피의 가능성, 공법적 규제의 위반 여부, 교섭경과 등 모든 사정을 종합적으로 고려하여 판단하여야 한다'는 입장입니다.

일조권을 침해당한 당사자는 가해 건물의 건축주를 상대로 손해배상 청구 등의 소송을 진행할 수 있고, 예외적으로 건축공사의 수급인이 스스로 또는 도급인과 서로 의사를 같이 하여 타인이 향수하는 일조를 방해하려는 목적으로 건물을 건축한 경우, 당해 건물이 건축법규에 위반되었고 그로 인하여 타인이 향수하는 일조를 방해하게 된다는 것을 알거나 알 수 있었는데도 과실로 이를 모른 채 건물을 건축한 경우, 도급인과 사실상 공동사업주체로서 이해관계를 같이 하면서 건물을 건축한 경우 등 특별한 사정이 있는 때에는 수급인에 대하여도 일조방해에 대하여 손해배상책임을 물을 수 있습니다. 또한 손해배상청구소송과 별도로 공사금지가 처분신청, 관할관청에 건축허가취소 청구 등의 소송을 제기할 수 있습니다.

(2) 조망권 관련 분쟁

조망권 또는 전망권이란 토지나 건물의 소유자가 종전부터 밖을 바라다 볼 때 보여지는 경관에 대한 권리를 말합니다. 토지나 건물의 소유자가 종전부터 향유하고 있던 아름다운 경관이나 조망 등이 인접대지 위에 건물 등이 신축됨으로써 방해 또는 차단되는 경우에 이를 법적으로 보호받을 수 있는가가 문제 되고 있습니다. 실제로 공동주택에서 조망권이 문제되는 사안에서 특별한 조망요인(예를 들면 강, 호수, 공원 등 녹지공간 등이 조망됨으로 쾌적성이 확보됨)이 없는 경우 조망과 압박감은 동일한 의미로 이해되고 있으며, 수평, 수직 시야의 범위 안에 마주 보는 건물 외에 외부공간(天窓)의 조망이 가능한가에 따라 주거환경의 양·부가 결정됩니다.

또한 압박감은 심리적 요인으로서 시야의 시설이 위험 또는 기피시설

(변전소, 고압선, 위험물 저장고, 고가도로 등)인 경우에는 위험시설에 대한 심리적 압박감이 가중되는 것으로 나타나고 있습니다. 실무상 조망권을 문제삼는 경우로는 특별한 사정으로 어떠한 경관에 대한 조망이 독립적인 가지를 갖는다고 주장하면서 그 보호를 구하는 경우와 그러한 특별한 사정이 없이 일조권 및 사생활, 조망을 포함한 생활환경의 침해가 있다고 주장하는 경우로 나누어 볼 수 있습니다.

조망권과 관련하여 판례는 '어느 토지나 건물의 소유자가 종전부터 향유하고 있던 경관이나 조망이 그에게 하나의 생활이익으로서의 가치를 가지고 있다고 객관적으로 인정된다면 법적인 보호의 대상이 될 수 있는 것인바, 이와 같은 조망이익은 원칙적으로 특정의 장소가 그 장소로부터 외부를 조망함에 있어 특별한 가치를 가지고 있고, 그와 같은 조망이익의 향유를 하나의 중요한 목적으로 하여 그 장소에 건물이 건축된 경우와 같이 당해 건물의 소유자나 점유자가 그 건물로부터 향유하는 조망이익이 사회통념상 독자의 이익으로 승인되어야 할 정도로 중요성을 갖는다고 인정되는 경우에 비로소 법적인 보호의 대상이 되는 것이라고 할 것이고, 그와 같은 정도에 이르지 못하는 조망이익의 경우에는 특별한 사정이 없는 한 법적인 보호의 대상이 될 수 없다'고 판시하고 있습니다.

사. 건설관련 보전처분

(1) 공사금지가처분 관련 분쟁

건물 신축공사 중 터파기로 인하여 인접대지에 균열이 발생하거나 기타 소음·분진 등이 발생하는 경우 또는 인·허가상의 하자로 인하여 신청하는 공사금지가처분은 임시의 지위를 정하기 위한 가처분에 해당합니다. 임시의 지위를 정하기 위한 가처분이란 당사자 간에 현재 다툼이 있는 권리 또는 법률관계가 존재하고 그에 대한 확정판결이 있기까지 현상의 진행을 그대로 방치한다면 권리자가 현저한 손해를 입거나 급박한 위험에 처하는 등 소송의 목적을 달성하기 어려운 경우에 그로 인한 위험을 방지하기 위해 잠정적으로 권리관계에 대하여 임시의 지위를 정하는 보전처분입니다. 안전상의 이유로 공사금지가처분을 신청하는 경우 그 진행과정에서 안전진단 등의 절차가 이루어지게 됩니다.

(2) 공사방해금지가처분 관련 분쟁

공사방해금지가처분은 실무상 토지의 이용권을 둘러싼 분쟁과 관련하여 청구하는 경우가 대부분으로서, 공사금지가처분의 반대당사자로부터 선행적으로 또는 공사금지가처분신청에 대한 대항수단으로서 행하여지고 있습니다. 인접대지에서 건축공사로 인하여 주변 주택에 피해가 발생하였을 경우 또는 피해가 발생할 가능성이 있는 경우에 법원에 공사금지가처분신청이라는 적법한 방법이 있음에도 공사장을 점거하는 등의 방법으로 불법행위를 할 경우에는 건축주 또는 시공사도 적극적으로 대응할 필요성이 있습니다. 공사장 주변의 사람들이 공사장을 점거하는 등 적극적인 공사방해행위를 할 경우에는 법원에 공사방해금지가처분신청을 할 수 있습니다. 물론 시공사의 잘못으로 주변 주택에 균열이 발생하게 하는 등의 피해가 있는 경우에는 시공사가 솔선하여 보강공사를 하여야 공사방해금지가처분이 받아들여질 수 있습니다.

아. 건설회사 회생 및 파산 관련 업무

건설회사의 재정적 어려움으로 인한 회생절차개시신청 및 회생계획안 제출, 파산신청 등의 업무를 처리합니다.

가. 건설공사 도급계약서 검토

건설공사는 거액의 계약금액에 체결되는 경우가 많고 도급계약의 특성상 일반적인 제품판매계약 등과는 달리 그 과업의 내용이 정형화되지 않은 특징이 있습니다. 이러한 이유 때문에 건설공사 도급계약서를 작성하는 데에는 신중을 기하여 미연에 법률분쟁의 소지를 제거하여야 합니다. 일반적으로 건설공사 도급계약이 체결되는 경우, 표지 및 일반계약조건, 특수계약조건으로 이루어진 도급계약서, 원가계산서, 공종별 집계표, 공종별 내역서, 일위대가, 수량산출서, 단가조사서 등으로 이루어진 내역서, 건축·토목·설비·전기도면 및 구조계획서 등으로 이루어진 설계도면, 일반공사시방서 및 특수시방서 등으로 이루진 공사시방서 등을 구비하여야 합니다. 그러나 이를 철저히 요구하는 국가계약과 달리 일반적인 민간건설공사 계약의 경우 필요한 계약서류 대부분을 생략한 채 단 몇 장으로 이루어진 계약서만으로 계약이 체결되는 경우가 비일비재합니다.

건축주는 시공사와 달리 건설에 비전문가인 일반인들인 경우가 대다

수이고 도급계약서에 대한 검토가 미진한 경우 향후 건설공사와 관련하여 문제가 발생하는 경우 큰 피해를 보는 경우가 많이 발생합니다. 비교적 적은 금액에 전문가의 도움을 받아 향후 계약과 관련하여 막대한 피해를 미연에 예방하는 것이 필요합니다.

나. 계약체결시 입회 서비스의 필요성

당사자가 건설공사 도급계약을 체결하는 경우 건설에 비전문가인 건축주 뿐 아니라 경제적 약자인 시공자는 계약 체결 과정에서 불리한 입장에 놓이게 됩니다. 법률관계의 전문가인 변호사가 그 계약 체결 현장에 입회함으로써 계약 체결과정에서 당사자에게 불리한 독소조항을 검토하여 제거하는 역할을 하는 한편, 향후 계약과 관련한 분쟁이 발생하는 경우 사회적으로 신뢰성을 확보하고 있는 변호사가 계약 당시 상황에 대한 결정적 증인이 될 수 있습니다.

다. 건설공사수행중 자문

그때그때의 상황에 따라 급변하는 건설현장의 특성 때문에, 건설공사 도급계약이 체결된 이후에도 공사 진행과정에서는 수많은 변수가 발생합니다. 계약과 관련하여 당초 예상할 수 없었던 상황이 발생한 경우 건설의 비전문가인 일반인은 그에 적절한 대처방안이 무엇인지 등에 대하여 알 수 없습니다. 각종 설계변경 등 어떻게 대응하여야 하는지에 대한 지속적인 자문이 필요하며 이 경우 건설전문 변호사의 도움이 필요합니다.

PART 2_

실전상담사례

Chapter 1

건축허가 및 분양단계

상담사례

- 1 -

사실관계

아버지 명의로 되어있는 토지에 건축허가를 내서 1년 정도 후에 건축을 하려고 했더니 시청에서 공사중지 명령이 나왔습니다. 그래서 알아봤더니 저희가 위 토지에 건축허가를 내기 한 달 정도 전에 위 토지를 포함하여 일대 토지에 공동주택 사업허가를 받은 사실을 알게 되었습니다. 그런데 공무원은 사업허가를 받고 시청 인터넷으로 공지를 하고 관보에도 알렸기 때문에 절차상으로는 아무 문제가 없다고 합니다.

질 의

1. 그런데 우리 같은 사람들은 공지를 보지도 않을뿐더러 관보라는 것도 보지 않는데 절차상 문제가 없는 것인지요.

2. 그리고 공동주택사업은 사업자가 사업부지의 3분의 2를 확보해야 하는 것으

로 알고 있는데 그 허가서류를 보니까 시유지와 국유지를 포함해서야 요건을 충족할 수 있는데 그렇게 해도 문제는 없는 것인가요.

3. 그리고 만약에 토지가 수용된다면 매도청구권 행사제한 요건인 보유기간 산정 시 아버지로부터 증여받은 것은 아버지가 보유하신 기간이 보유기간에 포함되는지 여부를 알고 싶습니다.

답변

1. 행정처분은 일반적으로 그 행정처분의 대상자에게 개별적으로 통보하는 방법으로 통지를 하게 됩니다. 다만, 관계인이 많은 경우 법률의 규정이 있는 경우에 한해 행정청은 행정처분을 관보에 고시하는 방법으로 개별통보를 갈음할 수 있습니다. 이는 많은 이해관계인들이 존재할 경우 획일적이고 신속한 행정처리를 위해 불가피한 면이 있습니다.

주택법 제16조 제6항은 공동주택건설사업의 사업계획승인을 '고시'의 방법으로 하도록 규정하고 있습니다. 따라서 고시의 방법으로 행정처분을 발하였다면, 공무원의 말대로 어떤 절차적인 하자가 있다고 보기 힘듭니다.

---

2. 원칙적으로 주택건설사업계획의 승인을 받으려는 자는 해당 주택건설대지의 소유권을 확보하여야 합니다. 다만, 예외적으로 「국토의 계획 및 이용에 관한 법률」 제49조에 따른 지구단위계획(이하 '지구단위계획'이라 한다)의 결정[제17조 제1항 제5호에 따라 의제(擬制)되는 경우를 포함한다]이 필요한 주택건설사업의 해당 대지면적의 100분의 80 이상을 사용할 수 있는 권원[제10조 제2항에 따라 등록사업자와 공동으로 사업을 시행하는 주택조합(리모델링주택조합은 제외한다)의 경우에는 100분의 95 이상의 소유권을 말한다. 이하 제18조의2 및 제18조의3에서 같다]을 확보하고, 확보하지 못한 대지가 제18조의2 및 제18조의3에 따른 매도청구 대상이 되는 대지에 해당하는 경우, 소유권확보가 안 되더라도 그 대지를 사용할 수 있는 권원을 확보하거나 국가나 지방자치단체가 주택건설사업을 하는 경우 등에는 사업주체가 해당 부지에 대한 소유권을 확보할 필요가 없습니다. 만약 해당 부지의 일부가 시유지나 국유지라면 위 예외 요건에 해당하여 사업승인이 된 것으로 판단됩니다.

---

3. 사업주체가 주택건설대지면적 중 100분의 95 이상에 대하여 사용권원을 확보한 경우는 사용권원을 확보하지 못한 대지의 모든 소유자에게 매도청구 가능합니다. 그러나 그 외의 경우 사용권원을 확보

하지 못한 대지의 소유자 중 지구단위계획구역 결정고시일 10년 이전에 해당 대지의 소유권을 계속 보유하고 있는 자에 대해서는 매도청구권행사가 제한됩니다. 이때 대지의 보유기간 산정은 원칙적으로 해당 명의자의 소유기간으로 한정되고, 직계존속 등으로부터 상속받아 소유권을 취득한 경우만 피상속인의 소유기간을 합산하여 대지의 소유기간을 주장할 수 있습니다.

귀하가 아버님으로부터 부동산을 증여받은 것은 엄밀히 말하면 상속과는 구별되는 법률행위입니다. 그러므로 귀하가 아버님으로부터 부동산을 증여받은 경우 아버님의 대지소유기간을 귀하의 대지 소유기간과 합산하여 주장할 수는 없습니다.

※ 구체적인 사실관계의 상이성과 판례와 법률의 변동으로 의견은 달라질 수 있으니 반드시 전문가와 상의하여야 합니다.

상담사례

- 2 -

사실관계

제 소유의 임야인 경남 창녕군 대합면 신당리 A 토지(이하 '본건토지')에 축사를 지으려고 하니 진입로가 없어 경남 창녕군 대합면 신당리 B 토지(이하 '이 사건 국유재산토지')의 사용 승낙서가 필요하였으며, B 토지 등본을 열람하니 기획재정부소속 임야임을 확인하였습니다.

현재 이 사건 국유재산토지의 3분의 2 지점까지는 폭 1.8m의 도로가 개설되어 동네주민들이 이용하고 있는 상태이며, 이에 저는 위 도로를 확장하여 진입로를 요구하였습니다. 그러나 이 사건 국유재산토지를 관리하고 있는 한국자산관리공사는 이 사건 국유재산토지의 매수 및 대부는 불가능하다고 답변하였습니다.

질 의

한국자산관리공사의 답변에 대한 반박 및 행정소송 시 승소가능성 여부를 알고
싶습니다.

답 변

1. 매각가능여부

2011년도 국유재산관리처분 기준 제7조 제1항 제1호에 의하면 '일
단의 토지[경계선이 서로 맞닿은 국유일반재산(국가와 국가 이외의 자가 공
유한 토지는 제외한다)인 일련(一連)의 토지를 말한다. 이하 같다]의 면적
이 특별시·광역시 지역에서는 500㎡ 이하, 그 밖의 시 지역에서는
1,000㎡ 이하, 시 외의 지역[군지역(광역시에 소재한 군을 포함한다)과 도
농복합형태의 시(행정시를 포함한다)에 소재한 읍·면 지역을 말한다. 이하 같
다]에서는 2,000㎡ 이하인 토지. 이 경우 그 위치와 형태 및 용도 등
을 고려할 때 불가피한 경우(농어촌 등의 마을회관이나 경로당 등 공동이
용시설의 건립에 필요한 토지를 수의계약으로 매각하는 경우 등을 말한다) 외
에는 일반경쟁입찰의 방법으로 매수자를 결정하여야 한다'라고 규

정하고 있습니다.

하지만 이 사건 국유재산토지는 3,107㎡이므로 매각가능면적을 초과하고 있으므로 매각이 불가능하다는 한국자산관리공사의 답변은 타당하다 할 것입니다.

2. 대부가능여부

한국자산관리공사는 '국유재산은 주거용, 경작용에 한하여 수의의 방법으로 대부계약이 가능하며 특정인에 대한 특혜를 방지하고자 일반경쟁입찰을 원칙으로 하고 있으며, 국유지상에 건축,영업허가 등을 위한 도로(진출입로)를 개설하는 경우 해당 국유지는 계속 같은 목적으로 사용되도록 그 용도가 제한되어 국가의 소유권 행사와 장래 행정 및 기타 목적 사용에 장애가 되므로 일반적으로 진출입로 개설을 목적으로 하는 국유지의 대부는 허용되지 않습니다'라고 답변하였습니다.

원칙적으로 한국자산관리공사의 답변은 타당한 것이며, 진출입로 개설을 위한 국유재산 대부는 허용되지 않고 있습니다. 하지만 사경제적 거래의 대상이 되는 일반재산인 국유지는 이른바 사유지가 맹지에 해당하여 해당 국유지를 사용하지 않고 진입할 수 없는 경우에 한하여 잔여 국유지의 효용감소가 크게 초래되지 않는 범위 내에서 예외적으로 진입로 개설 목적의 대부가 가능합니다.

이 사건 국유재산토지의 경우 행정재산이 아닌 일반재산인 국유지에 해당하므로, 해당 국유지를 사용하지 않고 본건 토지에 진입할 수 없는 경우에는 예외적으로 진입로 개설 목적의 대부가 가능한 바, 이러한 예외적인 경우에 해당함을 주장해야 할 듯합니다.

3. 결론

본 사안의 경우 진출입로 개설을 위한 국유재산의 대부는 허용하지 않는다는 원칙에 대한 예외를 주장하는 경우이므로 승소가능성은 높지 않다 할 것입니다. 다만, 본건 토지가 맹지에 해당하고 이 사건 국유재산토지 이외에는 진입할 수 있는 방법이 없으며, 이 사건 국유재산토지의 효용감소를 크게 초래하지 않는 범위 내에서 진출입로 개설이 가능하다면 그 가능성은 조금 더 증가한다 할 것입니다.

※ 구체적인 사실관계의 상이성과 판례와 법률의 변동으로 의견은 달라질 수 있으니 반드시 전문가와 상의하여야 합니다.

상담사례

- 3 -

사실관계

본인은 2010년도에 18세대 아파트를 분양받으면서 분양표를 받았는데, 그 분양표에는 등기부 상의 전용면적이 12.72평, 실평수(확장포함)가 17.95평으로 표시되어 있었습니다.

매매가는 1억 9,000만 원이며 분양계약서 특약사항에 '건물 및 토지면적은 등기부 등본 및 공부에 준한다'라고 분양사무실에서 기재하였고, 본인도 특약사항의 내용을 확인 후 도장을 날인하였습니다.

본인은 계약서 작성 시 등기부 등본을 보고 전유부분이 12.52평임을 확인했으며, 이 후 실평수(확장포함)가 외벽의 중심선을 기준으로 실측한 결과 1.12평이 모자라 금액 할인 조정을 요구하였으나, 상대방이 응하지 않았습니다. 이에 본인은 분양실의 직원 인적사항을 확보하고 권리 보전 차원에서 분양실 직원 2명에 대하여 분양사기로 고소하였습니다.

분양사무실에서는 전용면적 12.72평, 실평수(확장포함) 17.95평으로 표시된 분양표를 건축주로부터 건네받아 분양표를 만들었다고 하며, 3명의 건축주 중 분양사무실에 분양위임을 한 1명의 건축주는 그 분양표에 대해서는 전혀 모른다고 하여 건축주와 분양사무실이 서로 책임을 회피하고 있는 상태입니다.

질 의

1. 위와 같은 경우 분양실 직원에 대한 죄의 성립 여부가 궁금합니다.

   ----

2. 그리고 건축주 3인에 대한 고소가능 여부를 알고 싶습니다.

   ----

3. 20세대 미만의 공동주택 전용면적 산정 시 기준에 대하여 알고 싶습니다.

   ----

4. 제3자가 2010. 본인에게 전화하여 '의뢰인의 집을 가압류 신청했으며 매매 계약금과 위약금 2,760만 원, 전세계약 위약금 2,000만 원 등을 받기 위해 경매 신청도 불사하겠다'라고 말을 하였는데 위 행위가 공갈, 협박 등에 해당하는지 궁금합니다.

답변

1. 분양실 직원에 대한 죄의 성립여부

가. 면적이 부족한 경우 대금감액청구

현재 의뢰인의 경우 분양받은 아파트의 면적이 계약상 표시된 면적보다 실제로 부족한 경우인 바, 매매계약이 수량지정매매에 해당하는 경우에는 매수인은 부족한 면적 부분에 대하여 매도인에게 대금을 감액해 줄 것을 청구할 수 있습니다.

판례는 '목적물이 일정한 면적(수량)을 가지고 있다는 데 주안을 두고 대금도 면적을 기준으로 하여 정하여지는 아파트분양계약은 이른바 수량을 지정한 매매라 할 것이다'라고 판시하여 아파트분양계약은 수량지정매매에 해당한다고 판시하고 있습니다.

이에 계약상 면적과 실제 면적의 차이가 있는 경우, 의뢰인은 매도인인 건축주에게 민법 제574조에 의하여 부족한 면적만큼의 대금감액청구를 할 수 있습니다.

나. 형사상 죄책 성립여부

의뢰인의 경우 실제 면적이 1.12평이 부족한 바, 이를 가지고 형사상 사기죄로 의율하는 것은 어렵습니다. 사기죄는 사람을 기망하여 재물의 교부를 받거나 재산상의 이익을 취득하는 것을 말하는데 결과적으로 의뢰인이 분양받은 아파트의 면적이 계약상 면적보다 조금 부족하기는 하지만 건축주가 고의적으로 의뢰인을 기망한 것으로 볼 수는 없기 때문입니다.

분양실 직원의 경우에도 계약 체결 당시 의뢰인에게 분양표를 근거로 아파트의 면적을 설명해 주기는 하였으나, 당시 의뢰인을 기망하려는 고의를 인정하기 힘들기 때문에 분양실 직원에게 사기죄가 성립하지 않습니다.

2. 건축주 3인에 대한 고소 여부

건축주의 경우에도 1.항에서 진술한 바와 같이 사기의 고의를 인정할 수 없으므로 사기죄가 성립하지 않습니다. 의뢰인의 경우와 같이 전용면적이 부족한 경우 이를 민사상 감액청구를 통해서 해결해야 하는 것이지 형사고소를 통해서 해결할 성질의 문제가 아닙니다.

현재 실제 면적이 계약상 면적보다 부족한 것이 사실이므로 매도인인 건축주에게 부족한 면적만큼의 매매대금 감액을 청구하는 것이

올바른 해결방법이 될 것입니다.

3. 20세대 미만의 공동주택 전용면적 산정 시 기준

건축법 시행령 제119조는

> **2. 건축면적** : 건축물의 외벽(외벽이 없는 경우에는 외곽 부분의 기둥을 말한다. 이하 이호에서 같다)의 중심선으로 둘러싸인 부분의 수평투영면적으로 한다. 다만, 다음 각 목의 어느 하나에 해당하는 경우에는 해당 각 목에서 정하는 기준에 따라 산정한다.

> **3. 바닥면적** : 건축물의 각 층 또는 그 일부로서 벽, 기둥, 그 밖에 이와 비슷한 구획의 중심선으로 둘러싸인 부분의 수평투영면적으로 한다. 다만, 다음 각 목의 어느 하나에 해당하는 경우에는 각 목에서 정하는 바에 따른다.

라고 규정하고 있는바, 전용면적 산정 시 외벽 중심선을 기준으로 하여 면적을 산정하는 것이 원칙입니다. 다만, 20세대 이상의 공동주택의 경우 주택법상 사업승인계획의 대상이 되며, 안목치수를 기준으로 전용면적을 산정합니다. 의뢰인이 분양받은 아파트의 경우 20세대 미만의 공동주택이므로 안목치수 기준이 아닌 외벽 중심선을 기준으로 전용면적을 산정하는 것입니다.

4. 형사책임검토

형법 제350조에 의하면 사람을 공갈하여 재물의 교부를 받거나 재산상의 이익을 취득한 자는 10년 이하의 징역 또는 2,000만 원 이하의 벌금에 처한다고 규정하고 있습니다. 공갈죄의 수단으로서 협박은 사람의 의사결정의 자유를 제한하거나 의사실행의 자유를 방해할 정도로 겁을 먹게 할 만한 해악을 고지하는 것을 뜻합니다(대법원 2005. 7. 15. 선고 2004도1565 참조).

특정인이 2010. 의뢰인에게 전화하여 '의뢰인의 집을 가압류 신청했으며 매매 계약금과 위약금 2,760만 원, 전세계약 위약금 2,000만 원 등을 받기 위해 경매 신청도 불사하겠다'라고 말을 하였다 하더라도 이는 협박에 해당하지 않으며, 공갈죄에 해당하지도 않습니다.

> ※ 구체적인 사실관계의 상이성과 판례와 법률의 변동으로 의견은 달라질 수 있으니 반드시 전문가와 상의하여야 합니다.

상담사례

- 4 -

사실관계

본인은 중문학과를 졸업하고 중국에서 10여 년 근무하다 작년 7월 귀국하며 노후대책을 마련코자 인천 ○○역 앞에 오피스텔을 항공사 승무원 전용의 서비스드 레지던스로 개조해 분양하는 사업주와 2채를 계약하여 계약금 및 2차 중도금까지 지급을 하였는데, 지난 4월 26일 대법원 판결로 레지던스 영업이 불법이라는 기사를 접하고 3, 4차(6. 9월) 중도급 지급을 보류해 놓은 상황입니다(4차의 중도금은 은행이자를 사업주 측에서 부담조건).

본인이 외국에 나가 있어 레지던스가 불법 영업이라는 논란이 오래전부터 있어 온 것을 몰라 사업주에 해약을 요구했더니 계약서상에는 분명히 오피스텔이라고 적혀 있어 해약을 못해주겠다고 답을 하였습니다. 사업주 측은 항공사 승무원들을 대상으로 장기계약을 계획하고 있기 때문에 여타 레지던스와는 다르다며 계약이행을 종용하나, 은행 측 말로는 사업주 측에서도 3차 중도금을 은행에서 인출을 안 해나갔다고 하는 바, 사업주 측도 이후 전망에 대하여 비관적이지 않나 하는 생각도 듭니다. 인천 ○○역 현장을 가보니 골조는 다 올라갔으나, 노무비 지급과 관련하여 분쟁이 있는 듯하고, 공사현장이 너무 조용하여 연말완공까지는 힘들지 않을까 하는 느낌도 받았습니다.

질 의

사업주는 오피스텔 내에 숙식이 가능하도록 내부 인테리어를 꾸미어 모델하우스를 지어 놓고 아직도 분양한다고 광고를 띄우는바 계약 해지할 수 있는 방안이 없을까 문의드립니다. 사업주의 광고 문안을 첨부해 드립니다.

답 변

의뢰인과 사업주가 분양계약을 체결할 당시 명시적으로 레지던스 영업이 가능함을 조건으로 분양계약을 체결한 것이라면 당연히 분양계약을 해제할 수 있습니다. 또한, 착오 등을 이유로 분양계약을 취소할 수도 있습니다. 무엇보다 분양계약서의 내용상 레지던스 영업이 명시적으로 나타나 있는지 여부가 중요하며, 광고 전단지의 내용도 계약의 내용으로 볼 가능성이 있으니 그 내용도 확인해야 합니다. 그리고 분양관계자와 레지던스 영업에 대해 합의가 있었음을 확인하는 녹취를 하시는 것도 필요하리라 판단됩니다.

> ※ 구체적인 사실관계의 상이성과 판례와 법률의 변동으로 의견은 달라질 수 있으니 반드시 전문가와 상의하여야 합니다.

◆ Chapter 2 ◆

시공단계(시공상 하자포함)

상담사례

- 5 -

사실관계

본인은 2010년 9월 27일 박○○을 지인으로부터 소개받아 전화통화 후 당일 저녁에 만나서 도면을 전달받았습니다. 그리고 박○○이 요구하는 공사에 관하여 견적서를 작성하여 박○○의 e-mail로 견적서를 보냈으며, 추가로 현장측량 및 기능공도 지원요청을 받아 견적서 비고란에 단가를 제시하여 전화로 승인을 받고서 다음날인 09월28일부터 현장에 투입하여 공사를 시작하였습니다.

공사를 시작한 이후 박○○이 ○○(주)이 도급사 □□건설(주)에서 하도급 받은 공사를 재하도급 받은 사실을 처음 알게 되었습니다. 본인은 박○○으로부터 부분공사를 의뢰받았기에 관례적으로 재하도급을 한 현장이라고 생각하고 있었습니다.

그런데 박○○이 자신의 개인사업자는 세금미납문제로 ○○(주)에서 공사대금 받기가 어렵다고 하여, 본인의 세금계산서로 청구받을 것을 부탁받았고, 본인은 이를 승낙하여 박○○에게 09월분 대금 입금일에 통장 및 도장을 전달했으며, 박○○은 거래처별로 입금을 하고 남은 금액(2천만 원)을 박○○의 개인농협통장으로 입금 후 본인에게는 부가세 잔금을 남기고서 통장과 도장을 전달해 주었습니다.

본인은 ○○(주)의 현장소장에게 결제관계를 보고하고서는 앞으로 본인이 직접 입금을 하겠다고 통보를 하고, 10월분을 입금 받았는데 박○○은 자재대금을 급히 줘야 한다며 입금을 요청하여, 2,000만원 상당을 박○○의 농협통장으로 입금을 하였으나, 그 후 15일간 전화도 안 받고 연락이 두절이 되었습니다.

그래서 ○○(주)의 현장소장과 함께 수소문을 하던 중 ○○(주)가 본인에게 재하도급을 준 사실 및 ○○(주)의 현장소장과 박○○이 동네 선후배 사이란 것도 알게 되었습니다. 그 후 박○○을 찾아서 지급이행각서를 받아 2,000만 원 상당은 미지급업체에 결제를 해주었으며, 박○○과 ○○(주) 현장소장에게 ○○(주) 본사의 책임자에게 사실관계를 알려서 계약해제해 줄 것을 요구하였으나, 오히려 본인이 계약 당사자이니, 계약이행 보증 및 하자보증서를 주지 않으면 본인이 시공 완료한 부분의 공사대금 및 박○○ 계약분 공사의 적자분까지도 본인에게 책임전가를 시킨다고 하고 있습니다.

본인이 박○○과 ○○(주)를 처음 본 것은 2010년 9월 27일인데, 본인이 2010년 12월 14일 박○○에게 요구하여 확인한 계약서는 계약일자가 2010년 9월 20일입니다. 그리고 박○○은 본인 모르게 ○○(주)와 계약서를 작성하였습니다.

질 의

위와 같은 상황에서 어떻게 조치를 해야 하나요?

답 변

1. 전제사실

현재 □□건설㈜ - ○○㈜ - 박○○ - 의뢰인 순서로 하도급계약이 체결되어 있는 상태입니다. 하지만 ○○㈜는 자신이 하도급 받은 공사를 박○○에게 일괄재하도 하였고, 박○○과 의뢰인 사이에 명시적으로 체결된 공사계약서는 없으며 단지 의뢰인이 박○○에게 제시한 견적만이 존재하고 있습니다.

또한 박○○이 의뢰인의 도장을 가지고 가서 2010. 9. 20.자로 ○○㈜와 의뢰인 명의로 체결된 공사내역이 없는 공사계약서가 있습니다.

2. ○○㈜와 의뢰인 명의로 체결된 계약서의 효력

위 계약서는 박○○이 임의로 의뢰인의 인장을 도용하여 작성한 것
으로 위조된 계약서라 할 것이며 그 효력이 없다할 것입니다.

3. ○○㈜와 박 ○사이에 불법일괄재하도에 대하여

○○㈜가 □□건설㈜로부터 도급받은 공사부분을 전부 박○○에
게 일괄재하도 하였다면 이는 건설산업기본법 제29조 제1항의 일괄
재하도 금지규정 위반이지만 이로 인하여 하도급계약이 무효가 되
지는 않습니다. 다만 관할 지방자치단체로부터 불법하도급을 이유
로 영업정지처분을 받을 수는 있습니다.

4. 계약이행보증 및 하자보증서 요구에 대하여

앞서 언급했듯이 ○○㈜와 의뢰인 명의로 체결된 계약서는 무효이
므로 의뢰인은 ○○㈜에서 요구하는 계약이행보증 및 하자보증서
를 발행해 줄 의무가 없습니다.

5. 향후 분쟁의 예방을 위한 조치

향후 분쟁을 예방하기 위한 가장 좋은 조치는 박○○을 제외하고
○○㈜ 측과 직접 공사대금을 책정하여 새로운 계약을 체결하는 것
입니다. ○○㈜ 측 현장소장과 각종 합의서 등을 작성하여 놓는 것
도 좋은 방법일 수도 있으나 행여 법적 분쟁이 발생하였을 때 ○○

㈜ 측 현장소장의 대리권 존부가 문제될 수 있으므로 가급적 현장소장이 아닌 ○○㈜ 본사 측과 합의서 등을 작성하는 것이 도움이 될 것입니다.

만약 ○○㈜ 측에서 이를 거부하는 경우에는 불법하도급(일괄재하도급)사실에 대하여 관할구청 등에 신고한다는 경고 등의 압박을 통해서라도 ○○㈜ 측과 일정한 공사대금으로 계약이나 합의서 등을 작성하는 것이 가장 좋은 방법이 될 것입니다.

그리고 새로운 계약을 체결하는 것이 불가능한 경우에는 향후 발생할지도 모르는 법적분쟁에 대비하기 위한 목적으로 의뢰인이 하고 있는 공사에 대하여 사진, 일지 등을 통하여 상세하게 자료로 남겨놓는 것이 필요합니다.

※ 구체적인 사실관계의 상이성과 판례와 법률의 변동으로 의견은 달라질 수 있으니 반드시 전문가와 상의하여야 합니다.

상담사례

- 6 -

사실관계

[1. 공사 도급계약 내용]

① 발주자 : 본인

② 수급자 : ○○건설

③ 계약내용 : 벽체 도장공사 2억 6천만 원, 옥상 방수공사 1억 4천만 원

④ 공사기간 : 2010. 4. 1~2010. 7. 31.

[2. 공사 진행 상황]

① 대금지급 상황 : 2010. 4. 1. 8천만 원, 2010. 4. 30. 8천만 원, 합계 1억 6천만

원 지급

② 공사중단 : 2010. 8. 11. 이후 공사중단 사유는 ○○건설 대표이사의 공사비 유

용으로 인한 체불(6천만 원 상당) 추정

③ ○○건설 부도 : 2010. 8. 20.

④ 이후 수차례 이행독촉 후, 2010. 10. 21. 계약해제(해지)통지

(계약 상 도급자가 공사를 완공할 능력 없는 경우 해당)

⑤ 공사기성고 : 중단 시점에서,

- 도장공사는 외형상 75% 정도 진행되었으나, 하자가 심하여 이를 감안할 때 실제 기성고는 50% 정도로 추정

- 방수공사는 외형상 10% 정도로 추정(상대적 하자 경미)

질 의

1. 도장공사 하자 감정을 미리 하여 나중에 재판상 인정받을 수 있는 방법이 있나요? 가능하다면 ①방법과 ②비용을 대략 말씀하여 주시기 바랍니다.

2. 지체상금에 관한 문의

① 지체상금의 계산기간은 어떻게 되나요? (새로운 업체의 예상 공사 종료일은 2010. 11. 30. 경입니다.)

② 지체상금은 재판상 어떤 방식으로 (몇 %) 조정되나요?

3. 2의 공사하자와 3의 지체상금은 손해배상 성격으로 함께(중복) 청구함에 장애는 없는지요?

4. 착오로, 쌍방 모두 계약서와 해(제)지통지서에, '해제'라는 용어 대신 줄곧 '해지'라는 용어를 써 왔는데, 이로 인하여 향후 문제가 될 수 있는지요?

답 변

1. 하자감정을 미리 해서 재판상 인정받는 방법에 대해

법원은 사설감정을 인정하지 않으므로, 어떻게 사설감정을 하든지 별도의 법원감정을 받으셔야 됩니다. 법원감정을 최대한 빨리 받기 위해서라면 본안소송을 제기하기 이전에 증거보전신청을 통하여 현장검증 및 감정절차를 본안 재판보다 먼저 진행할 수 있는 방법이 있습니다.

2. 지체상금의 기간계산

① 계산기간 :

지체상금 발생의 시기는 완공기한 다음날이고, 종기는 수급인이 공사를 중단하거나 기타 해제사유가 있어 도급인이 이를 해제할 수 있었을 때를 기준으로 하여 도급인이 다른 업자에게 의뢰하여 같은 건물을 완공할 수 있었던 시점입니다.

② 지체상금 조정 :

　　지체상금은 손해배상예정으로서 법원이 직권으로 감액할 수 있
　　는데, 법원은 여러 가지 사정을 종합하여 감액여부 및 감액정도
　　를 결정하므로 현재 상황에서는 어디까지 감액될지 예상하기가
　　어렵습니다.

3. 하자와 지체상금은 중복청구 가능합니다.

4. 법원은 비법조인이 사용하는 용어에 대해 크게 구애되지 않습니다.
　　향후 문제될 가능성은 거의 없습니다.

> ※ 구체적인 사실관계의 상이성과 판례와 법률의 변동으로 의견은 달라질 수 있으니 반
> 　드시 전문가와 상의하여야 합니다.

상담사례

- 7 -

사실관계

　본인은 2008. 10. 13. 건축주와 종로구 ○○동 근린생활시설 및 주택신축공사

에 관하여 공사대금 770,000,000원(부가세 포함)으로 하는 공사도급계약을 체결하여

2009. 5. 8. 위 공사를 완료하였습니다. 공사를 완료한 이후 본인은 2009. 5. 20. 경

공사대금을 745,000,000원으로 변경하는 변경계약을 체결하고, 745,000,000원

에 대한 완불 영수증을 작성해 주었습니다. 하지만 변경계약 작성 당시 추가공사 내역

이 빠져 있고, 물가상승도 반영하지 않았는데, 현재 추가공사대금 및 물가상승분에

따른 공사대금 증액분에 대한 청구를 하고 싶습니다.

답변

　우선 귀하는 공사를 완료한 이후에 도급인과 사이에 공사대금에 대한

분쟁을 하고 있었으므로 귀하가 작성한 위 완불영수증은 추가공사비 등

공사대금에 대한 다툼을 일체 정리하는 의미로 작성되었다고 판단 받을 가능성이 높습니다.

다음으로 귀하는 공사비 결정에 있어 착오가 있었다고 주장할 여지도 있습니다. 그러나 귀하가 공사업체로서 전문가라는 점을 고려하면 그와 같은 주장도 받아들여지기는 어려울 것입니다.

마지막으로 더 이상의 잔여공사가 없고 그에 대한 기성을 받은 것이라면 물가인상분을 추가적으로 청구하실 수는 없습니다. 귀하가 공사대금을 받으면서 추후 물가인상분을 청구하기 위해서는 사전에 공사대금을 받으면서 물가인상분에 대한 청구를 유보한다는 내용의 내용증명을 발송하였어야 합니다. 따라서 완불영수증을 발행한 귀하의 물가인상분 주장은 받아들여지기 어렵습니다.

아쉽지만 귀하가 소송을 진행한다고 하더라도 승소할 가능성은 높지 않다고 판단됩니다.

※ 구체적인 사실관계의 상이성과 판례와 법률의 변동으로 의견은 달라질 수 있으니 반드시 전문가와 상의하여야 합니다.

상담사례

- 8 -

사실관계

저는 지금 서울에 살고 있으나 장차 고향(충청도)에서 노모를 모시고 살기 위하여 단독주택(이하 건물)을 스틸하우스로 짓고 있는 건축주입니다. 노모가 살던 구옥은 철거하였고 새 건물은 1차공사(골조/수장/미장), 2차공사(전기/설비/외장), 3차공사(인테리어) 등으로 구분하여 각 부문의 전문시공업체와 도급계약을 맺어 건축하는 방식으로 진행하고 있습니다.

1차공사는 한국스틸하우스기술인협회(이하 KSEA)의 회원사이며 경기도 수원에 소재한 모 업체(이하 '시공사')와 공사도급계약(이하 '공사도급계약')을 체결하고 시공 중입니다. 그런데 시공사는 공사 준공기간인 2010. 5. 9.을 1달 이상 넘긴 현재 골조 공사만 마치고 공사를 중단한 채 수장, 미장 공사를 시작하지 않고 있습니다. 그리고 제가 선지급 한 8,600만 원의 공사비도 정산하지 않고는 추가 금액을 요구하고 있습니다. 저는 중단된 1차 공사를 속개하고, 선지급한 8,600만 원의 공사비를 정산하기 원합니다.

시공사가 내세우는 공사중단의 첫째 이유는 감리자에게 공사비의 증빙 자료(일위

대가표, 거래명세표, 세금계산서, 영수증 등)를 제출하는 것이 과중한 의무라는 것입니다. 감리를 받는 것은 공사계약상의 의무사항이고, 공사비의 증빙 자료도 몇 개 거래처의 자재비 영수증과 노무비계산서뿐인바 시공사의 주장은 전혀 타당하지 않은 주장입니다. 시공사가 공사를 중단한 실제 이유는 시공사가 공사계약서에 첨부한 견적서의 공사비 계산, 공사비의 증빙 등에 허위 자료가 포함되어 있는 점을 건축주인 제가 알게 되었는데, 감리자도 그 점을 확인하게 되면 공사비의 차액 환급, 손해배상 및 형사처벌 등의 가능성이 높아지므로 막무가내로 버티는 것 같습니다.

시공사가 내세우는 공사중단 둘째 이유는 1차 공사의 수장/미장공사를 2차 공사의 전기/설비공사와 함께 해야 하므로(1차 공사도 끝내지 않은 채) 2차 공사를 먼저 계약해야 한다는 것입니다. 시공사는 2차 공사까지 도급받기 위하여 당초 1차 공사에 포함되어야 할 전기/설비공사를 2차 공사로 넘겨놓았던 것으로 보입니다. 어쨌든 시공사에게 2차 공사 견적을 받아서 전기, 설비, 창호, 지붕, 외벽 등 5개 공사를 타 업체 견적과 비교했더니 무려 59,777,302원(=시공사 142,747,302-타사 82,970,000원)이 더 비쌌습니다. 품명과 사양이 동일한데도 이건창호는 2천만 원, 테릴기와는 8백만 원, 전기/통신은 6백만 원이 더 비쌌으며 설비, 외벽은 건축주의 이익과 무관한 제품을 선택하여 2,500만 원이 더 비쌌습니다. 이러한 금액 차이를 시공사에게 알려주고 설명을 요구하자 연락도 안 오고 있습니다.

질 의

1. 타 업체를 선정하여 1차 공사를 속개하려고 알아봤더니 어떤 업체는 시공사로부터 공사포기각서를 받아야만 법에 저촉되지 않고 타 업체가 공사할 수 있다고 합니다. 기존 시공사가 공사계약조항을 다수 위반하고 감리도 거부하면서 공사기간을 한 달 이상 넘긴 채 연락이 없는데도 그 업체에게 공사포기각서를 받지 않으면 타 업체에게 공사를 시킬 수 없나요?

2. 시공사가 1차 공사비 산출 근거로 제출한 견적서의 품명별 수량이 터무니없이 부풀려져 있고, 공사비의 증빙 자료도 신빙성 없는 것이 다수 있습니다. 시공사에게 선지급한 8,600만 원은 이러한 허위 자료 때문에 발생한 것입니다. 2차 공사의 견적서에도 품명별 수량이 고의적으로 부풀려져 있는 것이 다수 포함되었습니다. 품명별 수량을 속인 것인데 시공사 대표를 1차 공사의 견적 및 시공에 대해서는 사기, 2차공사 견적에 대해서는 사기미수 등의 혐의로 형사 고발할 수 있나요?

답변

1. 공사포기각서에 대해

반드시 공사포기각서를 받으실 필요는 없습니다. 공사계약을 해제하시고 다른 공사업체를 선정하여 진행하시면 됩니다. 시공사에게 공사계약해제의 의사표시를 담은 내용증명을 발송하시기 바랍니다.

공사포기각서를 받는 것은 기존 공사업자가 해당 공사현장에 대한 유치권을 포기하도록 하기 위한 것일 경우가 많은 바, 현재 공사업자가 연락도 안 되고 현장을 점유하지 않은 상태라면 유치권은 성립하지 않은 경우이므로 바로 공사계약을 해제하고 다른 공사업체를 선정하여 진행하실 수 있습니다.

---

2. 사기에 의한 형사고소에 대해

일반적인 도급계약은 정액도급계약으로 시공회사가 얼마의 비용이 소요되든지 해당 건물을 지어야 하는 것이어서, 시공회사의 원가관계에 대해 건축주가 왈가왈부할 수 없습니다. 100원으로 공사하기로 약정하였으면 200원의 비용이 소요되더라고 시공회사는 해당 공사를 완료해야 하고, 50원의 비용이 소요되더라도 공사를 완료한 이상 건축주가 이에 대해 차액을 감액해달라고 요구할 수 없습니다.

즉, 원가내역을 기망하는 행위는 공사대금청구권발생 및 규모와 관계가 없으므로 사기죄가 성립하지 않습니다.

그런데 첨부하신 주택신축공사도급계약서 사본을 보면 일반적인 공사도급계약과 달리 실비정산계약으로 볼 여지가 있는 것 같습니다. 공사비가 특정된 것이 아니라 원가내역과 연동이 되어 있으므로 원가내역에 따라 공사비가 결정됩니다. 그러므로 원가내역을 기망하는 행위는 건축주에 대한 공사대금청구권발생 및 규모에 영향을 미치므로 사기죄가 성립할 가능성이 있습니다. 결론적으로 제반 증거자료를 첨부하여 사기죄로 형사 고소할 수 있습니다.

※ 구체적인 사실관계의 상이성과 판례와 법률의 변동으로 의견은 달라질 수 있으니 반드시 전문가와 상의하여야 합니다.

상담사례

- 9 -

사실관계

안녕하십니까? 저희 회사는 □□건설입니다.

작지만 열심히 공사를 하는 토공/철콘 전문 토목회사입니다. 저희 원청사인 ○○ 종합건설이 공사 대금을 마음대로 감축하고 지연시켜 이렇게 글을 올립니다.

□□건설은 ○○종합건설과 인천 아파트 토목공사에 관하여 구두 합의로 공사대 금을 35억 원으로 정하고, 2008년 2월 시공 착수하였지만 3개월 뒤인 5월에 계약서 를 작성하였는데, 계약서 작성 당시 일방적으로 기성금액의 10%를 유보시켜 계약을 체결하여 공사수행에 어려움이 있습니다(현 유보금액 약 3억 2,500만 원). 또한, 주변 민원 처리에 대한 원청사(종합건설, 개발)의 무관심으로 인하여 민원 보상 처리 및 민원 처리 로 인한 3개월간의 공사 중단으로 인하여 원가상승의 부담을 안고 있습니다. 또한 유 보금액 약 3억 2,500만 원을 차후 공정에 분배한 현실적인 계약서를 만들었지만 ○ ○종합건설은 이를 또 다시 무시하고 1년 후 모든 공사가 종료되면 유보금액을 지급 한다는 일방적인 통보를 하였습니다.

이에 본 회사는 계속적인 공사 수행이 너무 어려워 협의 요청을 하였으나, 일방적인 공사 타절 지시를 받았고, 기성 정산금을 몇 차례 걸쳐 요청하여 기 발생된 자재, 노무, 장비비를 지급받고자 하였으나 아직까지 공식적인 답변을 듣지 못한 상태입니다.

답변

귀사와 ○○종합건설이 체결한 공사계약은 유보금액 3억 2,500만 원을 차후 공정에 분배한 계약서가 기준이 됩니다. 그리고 공사계약은 해제가 된다고 하더라도 원상회복의무가 발생하지 않으므로 귀사는 ○○종합건설을 상대로 기성부분에 대한 공사대금을 청구할 수 있습니다.

그리고 귀사는 소송에 대비하기 위하여 우선 공사현장에 대한 유치권을 행사해야 합니다. 그리고 유치권 행사가 여의치 아니하다면 귀사가 공사한 부분에 대한 사진 촬영을 꼼꼼히 함으로써 추후 기성고 감정에 대비하셔야 합니다. 그리고 ○○종합건설과 구두로 대화하는 경우 그 대화를 녹취를 하도록 하고 귀사 직원 역시 상대방의 녹취에 대비하여 말을 아껴야 할 것입니다. 나아가 기성부분을 제외하고 추가로 발생한 부분이 있다면 감정을 통해 그 금액을 산정한 후 청구를 할 수 있습니다.

이 경우 그 추가 공사로 인한 가액은 감정으로 평가될 것이므로 별도로 산출내역서를 작성하여 ○○종합건설에 보내서는 안 됩니다. 마지막으로 ○○종합건설이 현재와 같이 기성금 정산을 사실상 거부하고 있다면 임의로 변제할 가능성은 매우 낮다고 판단됩니다.

※ 구체적인 사실관계의 상이성과 판례와 법률의 변동으로 의견은 달라질 수 있으니 반드시 전문가와 상의하여야 합니다.

상담사례

- 10 -

사실관계

다름이 아니오라 저는 이번에 공사에 최저가 입찰하여 준공 완료 하였습니다. 그런데 문제는 설계도서대로 공사를 완료하였는데 건축주가 시공사에게 하자 책임을 묻고 있습니다.

우선 본인은 설계도서대로 일자 지붕으로 시공하였는데, 물이 안 흐른다고 단높이 조정하여 (구베)사선으로 모양을 바꿔 재시공해달라고 요청하고 있고, 설계도서에는 각 파이프 구조 위에 3mm 렉산시공이며, 그대로 시공을 하였는데, 빗물에 렉산이(3mm) 하중을 받아 가운데 처지는 현상이 생겼고, 건축주가 이를 하자라 하여 재시공하라고 요청하고 있습니다.

저희는 설계도서대로 수주하여 시공하였는데, 위와 같은 경우에는 위 하자에 대하여 누가 책임을 져야 하나요. 참고로 감리자와 설계자는 같은 분으로 각 파이프 구조틀까지 직접 보고 확인하였으나 이에 대하여 아무 말도 없었고, 건축주는 다른 장소에 똑같은 구조물을 세웠다가 하자가 발생한 점을 잘 알고 있었습니다.

답변

1. 전제사실

의뢰인은 설계도서에 기재되어 있는 대로 공사를(각파이프, H-빔, C형 강을 구조로 만들고 3T렉산) 시공 완료하였는데, 건축주는 다음과 같은 요구를 하고 있습니다.

⑴ 지붕에 물이 안 흐른다고 단높이 조정하여 (구베)사선으로 모양을 바꿔 재시공

⑵ 빗물에 렉산이(3mm) 하중을 받아 가운데 처지는 현상이 생기는데 이는 하자이므로 재시공

2. 검토의견

가. 수급인의 하자담보책임

민법 제667조 제1항은 '완성된 목적물 또는 완성 전의 성취된 부분에 하자가 있는 때에는 도급인은 수급인에 대하여 상당한 기간을 정하여 그 하자의 보수를 청구할 수 있다. 그러나 하자가 중요하지 아니한 경우에 그 보수에 과다한 비용을 요할 때에는 그러하지 아니하다'고 규정하고 있으며, 제2항은 '도급인은 하자의 보수

에 갈음하여 또는 보수와 함께 손해배상을 청구할 수 있다'고 규정하고 있습니다.

나. 이 사건 건축물의 하자 인정 여부

건축물의 하자는 일반적으로 완성된 건축물에 공사계약에서 정한 내용과 다른 구조적, 기능적 결함이 있거나 거래관념상 통상 건축물이 갖추어야 할 내구성, 강도 등의 품질을 제대로 갖추고 있지 아니한 결과 그 사용가치 또는 교환가치를 감쇄시키는 결점을 뜻합니다.

이 사건 건축물은 지붕에 구베가 이루어지지 않고, 구베불량으로 인하여 렉산이 하중을 받아 처지는 현상이 발생하였는바, 이는 건축물의 하자에 해당한다 할 것입니다.

다. 하자담보책임의 제한

(1) 수급인은 자신이 시공한 건축물에 하자가 발생한 경우 이에 대한 담보책임을 부담하지만 민법 제669조는 '목적물의 하자가 도급인이 제공한 재료의 성질 또는 도급인의 지시에 기인한 때에는 적용하지 아니한다. 그러나 수급인이 그 재료 또는 지시의 부적당함을 알고 도급인에게 고지하지 아니한 때에는 그러하지 아니하다'고 규정하고 있습니다.

(2) 판례는 '건축 도급계약의 수급인이 설계도면의 기재대로 시공한 경우, 이는 도급인의 지시에 따른 것과 같아서 수급인이 그 설계도면이 부적당함을 알고 도급인에게 고지하지 아니한 것이 아닌 이상, 그로 인하여 목적물에 하자가 생겼다 하더라도 수급인에게 하자담보책임을 지울 수는 없다'고 판시하고 있습니다(대법원 1996. 5. 14. 선고 95다24975 판결 참조).

(3) 즉, 의뢰인이 이 사건 건축물을 설계대로 시공하였음에도 건축주가 구베불량 하자를 이유로 의뢰인에게 하자담보책임을 묻는 경우 의뢰인은 설계도면의 기재대로 시공을 하였으므로 이는 도급인의 지시에 따른 것과 같아서 하자담보책임을 지지 않을 수 있습니다. 다만 위와 같이 도급인의 지시에 따른 것이므로 하자담보책임을 지지 않기 위해서는 의뢰인이 시공 당시 도급인에게 설계도면이 부적당함을 알려주었어야 합니다.

(4) 왜냐하면 수급인은 도급인의 지시가 있었다고 하더라도 그것이 부적당하면 이에 따를 필요가 없고, 부적당한 지시에 따른 경우 그로 인한 하자에 대하여는 책임을 면할 수 없으므로, 의뢰인은 설계도면대로 시공할 경우 구베의 문제가 발생할 수 있다는 사실을 알 수 있었으므로 위와 같은 사실을 도급인에게 고지를 해야 하는 것입니다.

라. 의뢰인의 하자담보책임 부담여부

의뢰인은 시공 당시 설계도면대로 시공할 경우 구베에 이상이 생길 수 있다는 사실을 도급인에게 알려준 경우에는 이사건 건축물에 대하여 하자담보책임을 부담하지 않습니다.

또한 시공 당시 위와 같은 사실을 도급인이 아닌 감리인에게 고하고 그의 지시에 따라 원래의 설계도서대로 공사를 계속한 경우에는 의뢰인은 하자담보책임을 부담하지 않습니다(대법원 1995. 10. 13. 94다31747판결 참조).

※ 구체적인 사실관계의 상이성과 판례와 법률의 변동으로 의견은 달라질 수 있으니 반드시 전문가와 상의하여야 합니다.

상담사례

- 11 -

사실관계

안녕하세요. 법에 대해 잘 알지 못하는 저에게 건축에 관한 복잡한 소송이 들어와 어찌할 바를 몰라 조언 부탁드립니다. 당시 계약내용과 소송내용을 간략히 말씀드립니다.

[계약내용]

① 공사명 : 시골 주택신축공사

② 착공년월일 : 2008년 8월 8일

③ 착공완료일 : 2008년 11월 25일

④ 계약금액 : 1억 8천 5백

⑤ 계약 결재조건 :

   – 선금(철근 등 자재비) : 6천

   – 1차기성(골조공사 완료시) : 5천

   – 2차기성(건축공사 완료시) : 5천

   – 잔금(준공필증 교부시) : 2천 5백

⑥ 하자담보책임

　– 하자보증금율 : 3%

　– 하자담보기간 : 5년

⑦ 지체상금율 : 공사완료 예정일에 대하여 지체되는 1일에 대하여 계약금액의

　1/1000

[소송내용]

– 공사대금의 2차 기성 일부와 잔금의 공사대금 이행 청구소송

다음은 제가 지금까지 공사대금을 주지 않은 이유입니다.

① 시공자는 건축공사장에서 상주하며 시공관리를 하여야 하나 시공자가 공사 마무리를 하지 않고 철수하여 11월 23일(추정일) 이후 현장에서 볼 수 없었습니다. 저는 가족들이 임시거처로 사용하는 폐가에서 겨울철 추위에 고생하고 있어서 빠른 공사완료를 위해 건축업자에게 상주하면서 공사관리를 해 줄 것을 요청하였으나 건축업자는 하도급 업자들만 뒤늦게 보내서 공사가 계속 지연되었습니다.

하도급업체만 와서 공사를 진행하여 공사가 지연되더니 급기야 전기공사 하도급 업체는 건축주인 저에게 공사대금을 요구하며 공사 중 마무리를 하지 않아 공사완료를 할 수가 없었습니다. 결국 저는 따로 한전을 통해 심야전기업체에

의뢰하여 긴급하게 한전 전기를 입전할 수가 있었습니다.

② 건축주인 저는 신축공사가 완료되지 않은 상태에서 11월 23일(추정일) 이후 건축업자를 만날 수가 없었으며 하자보수보증서도 받을 수가 없었습니다. 따라서 공사대금 2차기성 일부와 잔금을 줄 수도 없는 상황이었습니다.

③ 건축업자는 준공지연이 건축주인 저의 잦은 설계변경과 설계사의 설계 부적합으로 인한 잘못이라고 주장하고 있습니다. 하지만 저는 ○○설계사무소의 설계사를 신축공사 계약 전에 본 적도 없고 설계사와 설계계약을 체결한 일도 없으며, 공사계약 후 설계변경을 지시한 사실도 없습니다(1차 준공검사 후 설계사가 준공을 위해 설계변경했을 것으로 생각됨). 그리고 3년이 지난 지금도 1층 반지하는 전기가 안 되는 등 전기공사는 공사완료가 되지 않았다고 생각하고 있습니다.

④ 건축업자는 건축주가 계약금액인 기성금액을 건축업자에게 성실히 지급했음에도 불구하고 철근 콘크리트공사 시에는 하도급업체 직원들이 공사대금을 건축주에게 요구하며 3일 동안 동네에 소란을 피워 건축주인 제가 경찰에 신고하는 등 스트레스에 시달리게 하였으며, 이후 공사도 지연되게 하였고, 또한 하도급 전기업자는 건축주인 저에게 수차례 전화, 방문하여 공사대금 지급을 요구하고 이어 전기공사도 중단하여 더 이상 공사진행이 안 돼 스트레스를 받게 한 적도 있습니다.

⑤ 저는 치장벽돌공사 시 건축업자가 추천하는 팸플릿을 보고 건축업자와 벽돌 모델을 선정하였으나, 모델과 다른 자재가 납품되어 저는 이를 시정요구하다가 반품의 어려움을 하도급업자로부터 듣고 건축업자의 공사 진행 요구를 들어 주었으며, 주방가구는 건축업자의 사촌형이 사장이라며 특정회사제품 이상의 중급제품으로 계약서에 명시되었으나 건축업자는 일반 주방가구점의 저가제품으로 시공하려 하여 이를 시정요구 하였으나 시정한다고 하고는 2번이나 거짓으로 하도급업체와 특정 주방가구직원이라고 거짓말까지 하며 저를 속이려 한 적도 있었지만 겨울이 다가와 추위에 고생하고 있는 가족 때문에 공사를 늦출 수 없어 건축업자의 요구를 들어 줄 수밖에 없었습니다.

질 의

저는 위와 같은 이유로 공사대금을 주지 않는 것이 당연하다고 생각하고 있으나 법으로는 많이 불리한 것이 아닌지 의문이 생깁니다. 많이 불리하다면 어떻게 해야 최선의 방법인지 조언 부탁드리고 제가 잘못 생각하고 있는 부분과 법적으로 문제가 될 만한 부분 등 검토해 보시고 성실한 조언 부탁드립니다.

답 변

　우선 공사대금은 공사진척상태에 의해 결정됩니다. 전화로 귀하와 확인한 결과 다소의 하자에도 불구하고 공사진행과정이 일응 종료된 것으로 판단됩니다. 따라서 원칙적으로 귀하는 공사업자에게 계약상의 잔대금을 지급하여야 합니다.

　귀하가 공사대금을 주지 않은 이유는 법적으로 인정받기 어렵습니다. 다만, 귀하는 건축물의 하자 및 지체상금을 주장하면서 계약상 잔대금과 상계주장을 할 수 있습니다. 그리고 하자금액을 확정하기 위해 소송과정에서의 하자감정절차를 거쳐야 합니다.

　※ 구체적인 사실관계의 상이성과 판례와 법률의 변동으로 의견은 달라질 수 있으니 반드시 전문가와 상의하여야 합니다.

상담사례

- 12 -

사실관계

저는 작년 6월부터 전원주택 공사를 진행하여 12월 경 준공을 받았습니다. 지금 시공사와 잔금 및 추가공사를 둘러싸고 분쟁 중입니다.

① 시공사인 ○○사와 작년 4월에 계약서를 작성하였습니다. 이때 ○○사 영업부 직원 1명과 경기지사장이라는 분과 논의를 통해 견적서와 계약서를 작성하였습니다. 그런데 착공 전 저희 설계사와 시공사 간에 분쟁이 생겼고, 이 과정에서 저희는 ○○사가 소개한 경기지사장이라는 분이 ○○사와는 무관한 하도급자라는 것을 알게 되었습니다. 이분은 (주)□□사의 사장이며 경기지사장이라는 것은 ○○사의 공식적인 직함이 아니라는 것을 확인하였습니다. 이때 저희는 ○○사에게 현장소장으로 정직원을 파견하고, 다른 시공팀을 파견해 달라고 요구했으나, ○○사는 현실적으로 불가능하고 자신들이 책임지고 관리를 하겠으니 다시 기회를 달라고 했습니다. 속았다는 느낌에 화가 났지만 이사일정 상 공사는 중단할 수 없었고, 당시 ○○사 공사관리팀의 부장이 관리를 책임지겠다는 말을 믿었기에 공사는 진행하였습니다.

그러나 그 이후 ○○사의 관리감독이 전무하였으며 (주)□□사가 공사를 대행했습니다. 심지어 준공과정에서 시공사의 이름에 ○○사가 아니라 건축주인 제 이름이 올라 있다는 것에 놀라기도 했습니다. 울며 겨자 먹기 식으로 참았으나 이것이 불법인 일괄하도급이라는 것을 알게 되었습니다.

위와 같은 상황이 일괄하도급이 맞는지요? 이것은 형사인가요, 아니면 민사인가요?

② 우선 저희는 시공사에 남은 잔금(전체 공사의 10%, 2천7백 정도)를 지급할 수 없다고 주장하고 있습니다. 저희의 근거는 다음과 같습니다.

· **근거 1.** 불법인 일괄하도급으로 공사를 진행하였음(○사와 계약을 하였으나 모든 공사과정은 (주)□□사가 진행하였으며, 이에 대한 ○○사의 관리 감독은 전무함. 결국 ○○사 이름으로 계약하고 계약일체를 건축주의 동의 없이 다른 업체에 양도한 것임).

· **근거 2.** 계약서 내용을 이행하지 않았음.
2-1. 현장 대리인을 임명하고, 상주해야 한다는 제4조 제1, 2항을 어겼음.
2-2. 현장 대리인의 교체에 응하지 않음. 제4조 제2항.
2-3. 하도급자의 교체에 응하지 않음. 제20조 제2항.
2-4. '乙'이 산출한 물량이 실제 시공상의 물량과 차이가 있을 경우 도급금액을 변경할 수 없다는 제6조 제2항을 어겼음.

2-5. 공사기한 내 공사를 완성하지 못함(9월 27일), 이사하면서 공사함.

· **근거 3.** 시공사가 홈페이지를 통해 약속한 사항을 일체 진행하지 않음.

3-1. 자체품질검사 및 건축주와 함께하는 품질검사 및 행사(착공식, 상량, 인도 행사) 일체 없었음.

3-2. 인도전 준공청소 서비스, 입주고객 친환경 농산물 선물팩 제공 없었음.

· **근거 4.** 관리, 감독 부재로 인한 공사오류와 마감 부실, 건축과정에서 건축주에 주는 스트레스.

4-1. 공사 2~3일 전 견적을 맞출 수 없고 추가비용 발생한다고 해서 건축주가 직접 섭외.

4-2. 공사 일정을 고려하여 미리미리 샘플을 보여주고 확인받지 않음. 공정계획표는 보여주기에 불과함.

4-3. 공사하자

    (1) 2층 계단, 화장실 배관공사오류로 인한 천장 돌출

    (2) 2층 화장실 창문쪽 턱

    (3) 2층 테라스 출입구 현관 조성

    (4) 1층 오디오룸 바닥 돌출 콘센트

    (5) 1층 화장실 단차

    (6) 도면에서 삭제한 창이 추가되고(2층 화장실), 도면보다 창이 축소되었음(2층 화장실, 별채).

4-4. 관리감독 부실

(1) 1층 가구 줄 그은 흔적 안 지워짐.

(2) 1층 마루, 현관, 계단 작업 후 보양작업 없이 이후 작업 진행하여 손상을 입힘.

(3) 지나치게 일찍 설치한 자작합판이 비에 썩었음.

(4) 각 화장실 마감(줄눈 및 배수 수도라인 마감).

(5) 각 방의 통신 라인.

(6) 1층 침실 앞 강화마루, 문 닫힘.

(7) 2층 테라스 시스템도어 열고 닫힘.

(8) 2층 테라스 난간 : 방부목이 아닌 실내용인 집성목 사용으로 인해 헤지고 삭았음.

· **근거 5.** 건축주에게 주는 정신적 피해

(1) 합의된 착공일에 비해 이유 없이 1달이나 착공이 늦어졌음.

(2) 설계자와의 갈등, 불화.

(3) 공사 중 현장대리인을 건축주와 동의 없이 해고.

(4) 10월부터는 비상주, 현장 대리인조차 없음.

(5) 6개월간 하자 부분에 대한 처리지연.

만약 시공사에서 잔금을 요구하며 법적 대응을 하는 경우 저는 어떻게 하는 것이 좋을까요? 맞소송을 했을 경우 제가 이길 가능성이 있나요?

③ 공사진행과정에서 (주)□□사의 이부장이라는 분을 현장소장으로 내세웠습니다. 공사 처음부터 이분은 설계자와 갈등을 빚었고, 현장소장을 바꾸어 달라는 저의 요구는 받아들여지지 않았습니다. 결국 설계자가 감리를 포기했습니다. 고민 속에 결국 이부장을 현장소장으로 인정하고 공사를 진행하게 되었습니다. 이부장 역시 과정이 미안했는지 저희와 좋은 관계를 유지하기 위해 노력했고 관계는 원만하게 회복되었습니다. 그리고 이 과정에서 추가공사와 자재변경에 따른 금액변동에 대한 대부분의 합의를 진행하였습니다.

그러나 골조가 완성될 무렵 (주)□□사의 사장이 이부장을 해고했다는 통보를 해왔고 나머지 공사는 자신이 현장소장을 하겠다고 했습니다. 그리고 이부장과 합의된 부분은 수용하겠다고 이야기를 했습니다.

그런데 공사가 끝난 후 (주)□□사는 합의된 금액을 무시하는 금액을 청구하였고 현재 이것과 관련된 분쟁이 진행 중입니다. 저는 계약서를 근거로 ''乙'이 산출한 물량이 실제 시공상의 물량과 차이가 있을 경우 도급금액을 변경할 수 없다'는 항목을 근거로 물량변경에 따른 추가금액을 부정하고 있습니다. 또한 이부장과 합의된 사항을 근거로 더 청구된 금액을 부정하고 있습니다. 그리고 지출된 실제 비용내역과 거래내역을 청구하고 있으나 받아들여지지 않고 있습니다.

질 의

이 경우 법적 분쟁으로 갈 경우 어떻게 조정되는가요?

답 변

1. 사실관계

甲은 유명 시공업체 乙의 경기지사장이라는 직함을 가지고 있는 丙을 통하여 乙에게 전원주택공사를 도급하여 주는 계약을 체결하였다. 그러나 甲은 도급계약 후 丙이 실제로는 丁이라는 업체의 사장이며 시공업체 乙과는 무관하다는 것을 발견하게 되었다. 이에 甲은 乙에게 실제 乙에서 근무하고 있는 직원을 파견하여 직접 공사를 진행할 것을 요구하였으나 乙은 丙이 공사를 수행하되 책임지고 공사를 관리하겠다고 약정하였다. 그러나 이후 乙은 공사에 전혀 관여한 바 없고 丙이 사장으로 있는 업체 丁이 모든 공사를 수행하였다. 이후 공사는 약정된 공기를 맞추지 못하여 지연되었고 많은 하자가 발생하고 있는 상태임에도 하자보수가 제대로 이루어지지 않고 있다. 甲은 실제로 시공한 물량이 당초 계약내용을 초과하더라도 도급금액을 변경할 수 없다는 계약내용에 따라 일부 추가공사분에 대하여 공사대금을 증액하지 않기로 丁의 현장소장과 협의하였고, 丁 또한 이를 인정하였으나 나중에 말을 바꾸어 위 협의내용을 무시하고 추가공사에 따른 공사대금을 청구하고 있다. 또한 乙은 공사진행과 관련하여 도급계약서와 홈페이지 광고 등을 통하여 약정한 계약내용을 전혀 지키지 않고 있다. 현재 공사잔대금은 전체공사대금의 10% 정도인 2,700만 원 가량이 남아 있다.

2. 검토의견

가. 명의대여 행위에 따른 문제점

(1) 형사상 문제점

(가) 건설산업기본법 위반

건설산업기본법은 건설업자의 명의대여나 일괄하도급을 금지하는 규정을 두면서 이를 위반할 경우 건설업자나 그 상대방에 대하여 '3년 이하의 징역 또는 3천만원 이하의 벌금'에 처하도록 규정하고 있습니다. 乙, 丙, 丁의 위와 같은 행위는 건설산업기본법 제21조에서 규정한 '건설업 등록증 등의 대여 및 알선 금지' 위반 또는 같은 법 제29조에서 규정한 '건설공사의 하도급 제한' 위반에 해당할 수 있습니다[1]. 사

---

1) 건설산업기본법 제21조(건설업 등록증 등의 대여 및 알선 금지) ① 건설업자는 다른 사람에게 자기의 성명이나 상호를 사용하여 건설공사를 수급 또는 시공하게 하거나 건설업 등록증 또는 건설업 등록수첩을 빌려주어서는 아니 된다.
    제29조(건설공사의 하도급 제한) ① 건설업자는 도급받은 건설공사의 전부 또는 대통령령으로

안은 丙, 丁이 처음부터 乙의 명의를 사용하여 계약에 직접 관여하였으므로 이 중 '건설업 등록증 등의 대여 및 알선 금지'(명의 대여)에 해당할 것으로 보입니다.

(나) 사기

丙, 丁이 당초 甲과 도급계약을 체결할 당시 마치 자신이 유명 시공업체인 乙의 직원이고 乙의 기술력과 자본 등을 활용하여 공사품질관리, 서비스 등을 받을 수 있을 것처럼 기망하였고 이를 이용하여 甲과 공사도급계약을 체결하였다면 형법상 사기죄가 성립할 수 있습니다[2]. 乙 또한 丙, 丁의 이러한 행위에 관여하였다면 사기죄의 공범 내지 방조범이 성립할 수 있습니다.

(다) 甲이 취할 수 있는 조치

甲은 乙, 丙, 丁의 위와 같은 명의대여 및 사기 행위에 대하여 경찰서, 검찰청 등의 수사기관에 형사 고소·고발을 할 수 있습니다.

정하는 주요 부분의 대부분을 다른 건설업자에게 하도급 할 수 없다.
제96조 (벌칙) 다음 각 호의 어느 하나에 해당하는 자는 3년 이하의 징역 또는 3천만 원 이하의 벌금에 처한다.
3. 제21조를 위반한 건설업자와 그 상대방
4. 제25조제2항 및 제29조제1항부터 제3항까지의 규정을 위반하여 하도급한 자

2) 형법 제347조(사기) ① 사람을 기망하여 재물의 교부를 받거나 재산상의 이익을 취득한 자는 10년 이하의 징역 또는 2천만 원 이하의 벌금에 처한다.

(2) 민사상 문제점

乙, 丙, 丁이 위와 같이 명의를 대여하여 공사를 수행하였는데 이러한 행위에 의하여 갑에게 손해가 발생하였고 위 행위와 甲의 손해 발생사실 사이에 인과관계가 인정된다면, 甲은 민사소송을 통하여 乙, 丙, 丁 등에게 계약에 따른 손해배상책임[3] 내지 불법행위에 따른 손해배상책임[4]을 물을 수 있습니다. 또는 甲은 다음에서 살펴보는 것처럼 乙의 공사대금청구소송에서 이러한 손해배상책임에 따른 손해액을 공제할 것을 주장할 수 있습니다.

나. 공사의 부실한 수행으로 인한 문제점

(1) 공사지연에 따른 손해배상책임

수급인이 계약에 따른 예정된 공사기간 내에 공사를 마치지 못하는 경우 도급인은 수급인에게 손해배상을 청구할 수 있습니다. 도급계약 체결 당시 지체상금약정을 하였다면 '전체 공사대금 × 지체상금율 × 지체일수'에 해당하는 금액을 손해배상으로 청구할 수 있고, 지체상금약정이 없다면 손해발생사실을 입증하여 이에 대한 손해배상을 청구할 수 있습니다.

---

3) 민법 제390조(채무불이행과 손해배상) 채무자가 채무의 내용에 좇은 이행을 하지 아니한 때에는 채권자는 손해배상을 청구할 수 있다. 그러나 채무자의 고의나 과실 없이 이행할 수 없게 된 때에는 그러하지 아니하다.

4) 민법 제750조(불법행위의 내용) 고의 또는 과실로 인한 위법행위로 타인에게 손해를 가한 자는 그 손해를 배상할 책임이 있다.

(2) 하자발생에 따른 손해배상책임

수급인이 실시한 공사에 하자가 발생하였다면 도급인은 수급인에게 하자보수를 청구하거나 하자보수에 갈음하는 손해배상을 청구할 수 있습니다[5]. 현재 '2층 계단, 화장실 배관공사 오류로 인한 천장 돌출', '1층 화장실 단차', '자작합판 썩음' 등 다수의 하자가 발생하고 있고 이러한 하자에 대하여 손해배상을 청구할 수 있습니다.

(3) 홈페이지 광고에 따른 서비스 미이행으로 인한 손해배상책임

을은 홈페이지 광고 등을 통하여 '자체품질검사 및 건축주와 함께 하는 품질검사 및 행사(착공식, 상량, 인도행사)', '인도 전 준공청소 서비스, 입주고객 친환경 농산물 선물팩 제공' 등의 서비스를 제공하기로 하였으나 이를 이행하지 않았다면, 갑은 위와 같은 광고에 따른 서비스를 이행할 것을 청구하거나 계약불이행으로 인한 손해배상을 청구할 수 있습니다. 단, 이는 홈페이지 광고에 따른 서비스가 양 당사자의 계약 내용으로 인정될 정도(계약서에 구체적으로 표시되어 있거나, 양 당사자가 홈페이지 광고 내용을 계약 내용으로 삼기로 명시적으로 합의)에 이르러야 할 것입니다.

---

5) 민법 제667조(수급인의 담보책임) ① 완성된 목적물 또는 완성 전의 성취된 부분에 하자가 있는 때에는 도급인은 수급인에 대하여 상당한 기간을 정하여 그 하자의 보수를 청구할 수 있다. 그러나 하자가 중요하지 아니한 경우에 그 보수에 과다한 비용을 요할 때에는 그러하지 아니하다. ② 도급인은 하자의 보수에 갈음하여 또는 보수와 함께 손해배상을 청구할 수 있다.

다. 추가공사분에 대한 공사금액과 관련한 문제점

　(1) 도급인은, 수급인이 실제 공사를 수행한 결과 시공물량이 추가되는 등 당초 계약내용과 다소 상이한 부분이 발생하였다고 하더라도 추가공사분에 대한 공사금액을 지급할 의무가 없습니다. 다만 실제 공사진행 중 도급인의 요청에 따라 수급인이 추가공사를 실시하고 이러한 추가공사분에 대하여 도급인이 설계변경 등을 통하여 공사비를 증액하거나 추가공사대금 지급을 약정하는 등의 예외적인 경우에는 이를 지급하여야 할 의무가 발생할 수 있습니다.

　(2) 사안에서 甲은 丁의 현장소장과 사이에 공사비 증액없이 일부 추가공사를 실시하기로 약정하였고 丁 업체의 사장 또한 이러한 협의사항을 인정한 바 있으므로, 丁이 이후 이러한 협의사항을 무시하고 추가공사분에 대한 공사대금을 청구한다고 하여도 甲은 이를 지급할 의무가 없습니다(물론 실제 소송에서는 전 현장소장과 추가공사비를 지급하지 않기로 합의하였음을 입증하는 것이 문제가 될 것입니다).

라. 결론 : 질의사항에 대한 답변 요약

　(1) 乙이 직접 공사를 수행하지 않고 丙, 丁이 공사를 수행한 것이 일괄하도급에 해당하는지 여부 및 이러한 행위가 민사상 또는 형

사상 어떠한 문제점이 있는지 여부

乙, 丙, 丁의 위와 같은 행위는 형사상 명의 대여에 의한 건설산업기본법위반죄, 사기죄 등이 성립할 수 있습니다. 또한 민사상으로는 甲에 대한 손해배상책임이 성립할 가능성이 있습니다.

(2) 乙이 소송 등을 통하여 공사잔대금을 요구하는 경우 대응방안 및 승소가능성

乙, 丙, 丁은 甲에 대하여 명의대여행위, 공사지연, 하자발생, 홈페이지 서비스 미이행 등에 따른 손해배상책임을 부담합니다. 乙이 소송 등을 통하여 공사잔대금을 요구하는 경우 甲은 공사잔대금 2,700만 원에서 위와 같은 손해배상액을 공제한 잔대금만을 지급하겠다고 항변할 수 있습니다. 또한 손해배상액이 오히려 공사잔대금인 2,700만 원을 초과할 경우 같은 소송과정에서 반소를 제기하여 해당 금액을 청구할 수 있습니다. 공사지연에 따른 지체상금, 하자발생에 따른 손해배상액은 객관적인 자료에 의하여 인정되는 것이므로 무리 없이 인정될 가능성이 크고, 서비스 미이행에 따른 손해배상책임 또한 홈페이지 등의 증거가 존재하므로 인정될 여지가 크다고 볼 수 있습니다. 다만 그 손해배상의 액수는 하자발생의 정도, 서비스 이행에 소요되는 비용 등에 따라 결정될 것이므로 구체적인 사실관계에 따라 달라질 수 있습니다. 이 밖에 甲은 건설산업기본법위반, 사기 등으로 乙, 丙, 丁을 형사고소하여 민사소송에서 유리한 위치를 점할 수도 있습니다.

(3) 추가공사분에 대한 공사금액이 법적 분쟁으로 이어질 경우 인정 여부

丁 측에서, 설계변경사실 내지 甲이 추가공사분에 대하여 공사대금을 지급하겠다고 약정하였다는 사실 등에 대하여 입증하지 못하는 한 추가공사대금이 인정되기는 어려워 보입니다. 甲이 공사비 증액 없이 일부 추가공사를 실시하기로 약정하였다는 사실을 입증한다면 추가공사대금이 인정될 여지는 더욱 없습니다.

※ 구체적인 사실관계의 상이성과 판례와 법률의 변동으로 의견은 달라질 수 있으니 반드시 전문가와 상의하여야 합니다.

상담사례

- 13 -

사실관계

저는 며칠 전에 4층 건물에 1층 벽을 헐어서 공간을 넓히는 공사를 하기로 하고, 400만원 견적을 내고 공사를 진행하던 시공업자입니다. 어제 막상 벽 철거를 하려고 보니 철거를 하려던 벽에 안쪽 보와 바깥쪽 보가 하나로 되어있지 않고 얼기설기 틀어져있는 것을 발견했습니다.

이에 안전상 위험하다고 판단되어서 한나절 작업하고 중단한 상태인데요, 건물주 측에서 안전을 위한 역설계 및 건물감리를 받고 공사를 진행하기를 바라지만 견적에 설계비 감리비가 포함되어 있지 않고 후에 철거를 완료해도 하자보증 등의 부담으로 인해서 계약을 파기하고 싶습니다.

방으로 쓰던 집과 임시주차공간을 합쳐 카페로 사용하려던 모양인데, 현재 방의 천장과 거실의 벽 일부를 철거한 상태입니다. 착수금으로 200만 원을 받았고 계약서 는 따로 만들지 않았습니다.

질 의

위 상황의 경우 저희 쪽에서 일방적으로 계약을 파기할 시 지불해야 할 위약금과 원상복구를 어디까지 해주어야 하는지 궁금합니다. 또는 위약금과 원상복구를 둘다 이행해야 하는지도 궁금합니다.

답 변

1. 질문의 요지

건물주와 4층 건물 1층 공간을 넓히는 공사에 관하여 공사대금 400만 원에 도급계약을 구두로 체결하고 공사를 진행하던 중 철거를 해야 하는 벽 내부에 보가 하나로 되어 있지 않고 틀어져 있는 것을 발견하여 건물 안전상 위험하다고 판단되어 작업이 중단된 상태임. 이 경우 수급인이 일방적으로 도급계약을 해제할 수 있는지, 해제할 수 있다면 해제에 대한 책임을 얼마나 부담하는지 여부

2. 검토의견

가. 일방적으로 도급계약을 해제할 수 있는지 여부

해제권을 행사하기 위해서는 우선 해제권이 발생해야 하는데, 해제권 발생원인을 기준으로 약정해제권, 법정해제권이 있습니다.

(1) 약정해제권 행사 가부

현재 건물주와 수급인 사이에 공사도급계약서가 존재하지 않고, 양 당사자 사이에 구두로 어떠한 경우에 해제권이 발생한다는 약정을 한 것으로 보이지 않으므로 약정해제권을 행사할 수 있는 여지는 없습니다. 또한 민법 제673조는 '수급인이 일을 완성하기 전에는 도급인은 손해를 배상하고 계약을 해제할 수 있다'고 규정하고 있는바, 도급계약의 경우 도급인은 일방적으로 계약을 해제할 수 있으나, 수급인은 일방적으로 도급계약을 해제할 수 없습니다.

(2) 법정해제권 행사 가부

(가) 그렇다면 법정해제권이 발생하는지가 문제 될 수 있는데, 본 사안의 경우에는 수급인의 일을 완성하는 의무의 이행이 이행불능에 이르렀다고 볼 수 있는지가 문제 됩니다. 만약 현재 벽 내부의 보가 틀어져 있어 건물의 안전성 때문에 벽을 철거할 수 없는 상황이 수급인의 일의 완성의무가 이행불능에 이르렀다고 볼 수 있으면, 수급인은 이를

이유로 해제권을 행사할 수 있을 것입니다.

(나) 하지만, 현재 벽 내부의 보가 틀어져 있어 그대로 벽을 철거할 경우 건물의 안정성에 문제가 생길 여지가 있는 경우라 하더라도 수급인의 일의 완성의무가 객관적으로 이행불능에 이르렀다고 볼 수는 없는 상황입니다. 왜냐하면 건축주의 요구대로 안전을 위한 설계를 새로해서 일을 완성할 수 있는 상황이기 때문입니다.

(다) 결국, 현재 수급인의 입장에서는 적법하게 해제권이 발생했다고 볼 수 없는 상황이므로 현재 상태에서 일방적으로 해제권을 행사할 수는 없다 할 것입니다.

나. 신의칙상 계약의 변경요구권 내지 해지권 행사 가부

(1) 현재 수급인이 일방적으로 해제권을 행사할 수 없는 상황이라 하더라도 약정된 공사대금 범위 내에서 추가로 설계 및 감리업무를 통해 일을 완성해야 하는 것은 아닙니다. 즉, 건물주와 수급인 사이의 공사도급계약에는 설계 및 감리업무가 포함되어 있지 않고(물론 설계 및 감리업무가 포함되어 있지 않다는 점은 추후 분쟁이 발생할 경우 이를 주장하는 수급인 측에서 입증을 해야 할 것입니다), 계약 체결 당시에 예상할 수 없는 사유가 발생하였음에도 수급인이 이러한 사정변경으로 인한 손해를 모두 감수하는 것은 쌍무계약에 있

어 양 급부의 정도가 현저히 차이가 나는 부당한 상황으로 볼 수 있기 때문입니다.

(2) 즉, 양 당사자의 예견 범위를 넘는 사정변경이 생겼고, 위와 같은 사정변경은 당사자들의 책임 없는 사유로 발생하였으며, 이러한 상황에서 수급인에게 기존 도급계약의 구속력을 강요하는 것은 신의칙에 현저히 반하는 상황에 해당하므로 수급인에게는 신의칙상 계약의 내용을 변경할 수 있는 계약 변경요구권이 인정될 수 있습니다.

(3) 따라서 수급인이 위와 같은 상황에서 당초 공사대금인 400만 원의 범위 내에서 일을 완성하는 것이 불가능한 사정의 변경이 발생하였으므로 수급인에게는 사정변경에 따른 계약변경 요구권이 인정될 수 있으며, 계약변경 요구권의 내용은 건축주가 건물의 안전성에 문제가 없는 방안을 강구한 이후에 수급인이 공사를 진행하는 방안이라든지, 수급인이 설계 및 감리업무를 부담하는 대신 공사대금을 조정하는 방안이 될 수 있을 것입니다.

(4) 만약 도급인인 건물주가 수급인의 위와 같은 요구를 거부하는 경우에는 수급인에게 사정변경이 있었음에도 계약의 구속력을 인정하는 것은 신의칙에 반하는 것이므로 신의칙상 해지권을 행사할

수 있을 여지도 있습니다(다만, 신의칙상 해지권은 일방 당사자에게 계약의 구속력을 인정하는 것이 현저히 부당한 경우에 예외적으로 인정되는 것이므로 사후 분쟁이 발생할 경우 이를 인정받기 위해서는 도저히 약정 공사대금 만으로는 현재의 상황에서 공사를 완성하는 것이 불가능한 것에 가깝다는 사실을 입증해야 할 필요가 있습니다).

(5) 예외적으로 신의칙상 해지권이 인정되는 경우라면, 수급인은 현재 도급인에게 일방적으로 해지권을 행사하여 도급계약을 종결할 수 있고, 원상복구의무를 부담하지 않으며, 현재 진행한 공사만큼의 공사대금을 지급받은 상태로 계약의 구속력에서 벗어날 수 있습니다(일방의 귀책사유로 인한 해지권 행사가 아니므로 건물주는 수급인을 상대로 손해배상청구권을 행사할 수 없는 것입니다).

다. 현실적인 대응방안

(1) 위에서 언급한 바와 같이 예외적으로 신의칙상 계약변경 요구 또는 해지권을 행사할 수는 있으나, 실제로 법원으로부터 사정변경에 따른 계약변경 요구 또는 해지권을 인정받는 일은 쉬운 것이 아닙니다.

(2) 현재로서는 건물주에게 계약 당시 예측할 수 없었던 사정변경이 발생하였으므로 당초 계약조건으로는 일을 완성할 수 없다

는 사실을 통지하고, 원상복구를 해 주는 것으로 합의해제 제의를 하는 것이 가장 현실적인 방안이라 할 것입니다. 합의해제는 말 그대로 양 당사자 사이에 합의에 대한 새로운 약정을 하는 것인바, 현재 상황에서 원상복구를 해주되, 적정한 일부 철거비용과 원상복구 비용을 산정하여 철거비용과 원상복구 비용을 제외한 나머지 대금을 돌려주는 것으로 합의를 하는 것이 가장 상식에 부합하는 합의라 할 것입니다.

(3) 만약 건물주가 위와 같은 합의제안을 거절하고 기존 공사대금으로 일을 완성해 줄 것을 요청하는 경우라면 일단 원상회복을 한 후, 일방적으로 공사를 중단하고 건물주의 해제 주장을 기다릴 수밖에 없다 할 것입니다(위와 같은 경우 수급인의 귀책사유로 인한 해제로 볼 수 있어 건물주는 수급인을 상대로 손해배상청구권을 행사할 수 있으나, 실제 건물 1층 벽이 잠깐 철거되었다가 다시 원상복구가 된 상태이므로 그 손해액은 크지 않을 것으로 예상됩니다).

※ 구체적인 사실관계의 상이성과 판례와 법률의 변동으로 의견은 달라질 수 있으니 반드시 전문가와 상의하여야 합니다.

상담사례

- 14 -

사실관계

안녕하세요?

저는 김○○이라고 합니다.

신축주상복합아파트 배관이 구멍 난 줄을 모르고 시공사가 그대로 설치하였는데 윗층 입주자가 입주하여 생활하면서 위 구멍에서 약 50여 일간 누수가 되어 저희 집 내부 석고보드가 젖고 곰팡이가 피는 피해가 발생하자 시공사가 먼저 집을 건조시켜야 된다며 자발적으로 벽지 등 벽체를 뜯어내고 건조시킨 후 곰팡이가 있는 단열재와 석고보드를 그대로 사용하여 공사를 하다가 철수하였습니다. 그래도 시공사 외에는 고쳐줄 사람이 없겠다 싶어 공사하여 줄 것을 요청하다가 소송을 해야 문제가 해결될 수 있다는 답변을 듣고 할 수 없이 소송을 하게 되었습니다.

그러나 감정을 받고 보니 생각보다 공사비용에 있어서 차이가 많아 여러 차례 사실조회를 하였으나 감정인이 더 이상 감정을 할 수 없다하여서 다른 감정인에게 추가 감정을 신청하려고 합니다. 그런데 재판을 진행하다 보니 처음에 감정 신청을 제대로 하지 못하여 여러 가지 아쉬운 부분이 있었는데 이번에 변호사님을 알게 되어 꼭 도움을 받고 싶어 상담을 신청합니다. 이미 재판중이라 하더라도 꼭 도움을 주시기 간청합니다.

① 저는 지금까지 2년 동안 입주를 하지 못하여 피해가 많습니다. 그래서 이번 감정에서 어느 정도 인정만 받으면 빨리 소송을 끝내고 싶은 심정입니다.

② 지금은 시공사가 벽체를 곰팡이 도포제라며 하얗게 칠을 해놓고 그동안 문을 열어 놓아서 곰팡이도 많이 날아간 데다 크기가 많이 줄었지만 저는 처음부터 집안 전체가 까맣게 곰팡이가 핀 것을 보았기에 아예 다 뜯고 공사를 해야 맘이 편해질 것 같습니다. 지금도 바닥 쪽에는 곰팡이가 그대로 남아 있습니다.

③ 나중에 알게 되어 뒤늦게 감정인에게 준공도면(석고보드 품질, 두께, 단열재, 경량받침재)과 실제 시공된 내용이 다르다며[이때 관청에 착공도서 신고서 도면(석고보드두께 12.5T)도 첨부했습니다] 준공도면시방서의 재료대로 공사할 수 있도록 감정을 요청하였으나 석고보드 두께는 감정신청사항이 아니며 설계자와 감리업체에게 조회하라고 하였습니다. 그러면서 본인은 건강상 이유를 들어 수행하기 어렵다고 답변하였습니다. 이런 상태에서 추가 감정을 신청하기 전에 제가 먼저 해야 할 것이 어떤 게 있는지 아니면 제가 알고 있는 대로 추가감정을 신청해도 무방한 것인지 여쭙고자 합니다(참고로 시공사에게 드라이월 상세도를 요청하였으나 시공사는 다 폐기하고 없었다고 재판 중에 판사님께 말씀드린 적이 있습니다).

④ 감정인은 감정사항에서 주방벽체는 천장부터 바닥까지 나머지 드라이월 벽체는 1M 높이로 절단하되 스터드는 런너로 감싸서 나사못으로 이어 사용하라고 하면서 이에 따른 문틀, 바닥, 마루, 천장, 몰딩 등 관련된 공사를 누락시켰기에 누락된 부분에 대한 설명과 문제점을 제시하면서 원상복구에 따른 공사비용을 산정하여 주도록 요청하려고 합니다.

⑤ 또한 도배, 가구, 대리석상판, 가구문짝 간격, 아트월에 관련된 공사도 누락되거나 금액이 현저하게 차이가 있어 추가감정을 신청하게 되었습니다.

답 변

우선 감정이 선행된 상태에서 추가감정을 하는 것은 쉽지 않습니다. 서로 다른 감정결과가 발생할 경우 재판부가 어떤 감정을 믿고 결정할지 판단을 할 수 없게 될 수 있기 때문입니다. 다만, 기존에 감정되지 않은 새 항목을 감정할 경우 재판부는 추가감정을 받아들이게 됩니다. 이때 추가감정신청이 재판지연의 방편으로 사용되는 것으로 인정되는 경우 재판부는 추가감정을 거부할 수 있습니다.

사안에서, 기존에 감정되지 않는 항목에 대해 감정을 요청한 경우 추가

감정을 하실 수 있습니다. 재판부가 감정 추가할 것이 있으면 요청하라고 하였다면, 추가감정이 인용될 가능성도 높습니다.

그러나 재판부가 이미 감정가가 나온 항목에 대해-그 감정가가 본인의 예상과 달리 적게 나왔다고 하더라도-추가감정(정확히 재감정)을 인용할 가능은 극히 낮습니다.

또한, 감정가란 기본적으로 수리비용이지 교체비용이 아닙니다. 그러므로 설사 기존에 피고업체에서 교체하는 방식으로 수리를 하겠다고 하더라도 감정가는 사실상 사용이 완전 불가능한 상태를 제외하고는 교체가 아닌 수리를 전제한 비용이 산출될 수밖에 없습니다. 우선 기존에 감정되지 아니한 추가항목부터 정리하셔서 감정을 재차 신청하시기 바랍니다.

※ 구체적인 사실관계의 상이성과 판례와 법률의 변동으로 의견은 달라질 수 있으니 반드시 전문가와 상의하여야 합니다.

상담사례

- 15 -

사실관계

다름이 아니오라 본인은 2008년 6월 14일 ○○주택건설 대표이사 김○○, 이○
○과 부천시 원미구 나대지에 다가구 주택신축공사계약을 하면서 다음과 같은 계약
서를 작성하였습니다.

- 민간건설공사 표준도급 계약서 -

1. 공사명 : 중동 다가구 주택 신축공사

2. 공사장소 : 경기도 부천시 원미구 중동 ○○○○-○○

3. 착공 년월일 : 2008년 6월 14일

4. 준공 예정 년월일 : 2008년 10월 14일

5. 공사금액 : 일금 이억팔천오백만 원

6. 계약금 : 일금 일억천사백만 원(착공 시)

7. 1차 중도금 : 일금 팔천오백만 원(골조공사 완료 후)

   2차 중도금 :

8. 잔금 : 일금 팔천육백만 원(입주 시)

9. 하자보수 책임기간은 2년으로 한다.

10. 지체 상금율 :

11. 대가 지급 지연 이자율 :

도급인과 수급인은 합의에 따라 붙임의 계약문서에 의하여 계약을 체결하고, 신의에 따라 성실히 계약상의 의무를 이행할 것을 확약하며, 이 계약의 증거로서 계약문서를 2통 작성하여 각 1통씩 보관한다.

붙임서류 : 민간건설공사 도급계약 일반조건 1부

2008년 6월 14일

도급인 ○○주택건설 대표이사 김○○, 이○○ 인

수급인 ○○○ 인

　본인은 건축에 문외한이고 현장에 자주 나가볼 수도 없는 상황이어서 ○○주택건설(이하 '시공사')을 믿고 설계 및 공사일체를 모두 맡겼습니다. 계약 당시 위 도급계약서 10, 11항목에 대해 시공사 측에서 언급한 적은 없었으며 본인은 그 내용을 당시 잘 몰랐습니다. 이 주택의 준공허가일은 2008년 11월 28일입니다.

　2009년 1월 말 신축주택의 3층(당시 공실) 뒷 베란다에 설치한 보일러의 온수배관이 동파되어 시공사 측에서 수리한 사실이 있습니다. 당시 베란다 바닥만 콘크리트인 채로 노출된 상태였는데, 샷시유리로 4면(지붕 겸 처마, 앞, 좌, 우) 모두 마감해 주기로 했는데 시공사측에서 지체하다가 발생한 사건입니다.

그동안 시간이 지나면서 여러 하자들이 발생하여 수차례의 보수를 해 왔습니다
만, 다음과 같은 큰 사건이 발생하여 변호사님의 고견과 자문을 청하려 합니다.

① 2010년 9월 30일 본인은 뒷집과의 경계옹벽에 균열과 변위가 생긴 것을 발견
하였습니다.
옆집에 의하면 9월 중순 집중폭우가 쏟아진 후 발생한 것이라 합니다(본인은 이
주택을 모두 임대했고 주거지는 다른 곳입니다).

② 본인의 주택은 뒷집에 비해 지대가 1.5m 높습니다. 뒷집은 13년 전에 건축되
었으며 본인의 주택은 준공일로부터 2년이 조금 안 되었습니다. 뒷집에서 13
년 전에 신축 시 자기의 비용으로 옹벽 담장을 시공하였습니다.

③ 경계담장의 높이는 본래 1.5m였으며 본인의 주택 신축 시 기존의 담장(길이 약
13m, 높이 약 1.5m, 폭 약 20cm)위에 높이 약 50cm 정도 조적조로 증축하면서
그 위에는 철제인지 알루미늄으로 된 난간이 약 30cm 설치되어 있습니다. 본
인 집의 뒷마당(폭 약2m, 길이 12m 정도)은 잔디를 깔았고 아직은 어린 조경수(준
공 허가용)가 담장에서 20cm 정도 떨어져 5그루 나란히 심어져 있습니다.

④ 본인의 주택을 설계했던 건축사 말에 의하면 당시 경계 측량시 옹벽담장 폭

20cm 중의 10cm는 본인의 대지로 넘어와 시공돼 있었다고 합니다.

⑤ 현재 이 담장옹벽의 상부(시공사가 시공한 부분)에 가로 및 세로의 균열이 수군데 발생하였고 무엇보다도 좌측단 상부1/3이 후방으로 약 6~7cm 변위를 일으켰고 우측단은 2cm 정도 후방으로 변위를 일으킨 상태입니다.

⑥ 경기도청 재난관리과에 붕괴위험 여부를 일차적으로 진단해 달라고 신청하였고, 답신결과는 안전진단 전문업체의 진단을 받은 후 그에 합당한 보수 혹은 재시공하는 것이 좋겠다는 결론입니다. 뒷마당의 나무를 모두 제거하고 뒷마당의 흙도 좀 덜어내면서 콘크리트로 주택 뒷벽부분을 보강하는 것이 좋겠다고 했습니다.

질의

다음은 궁금한 문제에 대한 질의입니다.

1. 이 옹벽담장의 재시공 시 뒷집도 책임이 있는 것 아닌지요?

   뒷집 주인 및 뒷집 시공업체는 전부 본인 측이 원인 제공자라고 합니다.

   시공사 측이 이 담장에 대한 안전도 검사를 시행했어야 했고, 또한 그에 따른 적절한 보강시공을 하지 않은 잘못이 있다고 합니다. 안전진단비용과 보수비용을 적절히 협의하여 공동으로 부담하자고 하였으나 자기들은 그 어떤 책임도 없다고 합니다.

2. 본인의 집을 시공한 시공사는 옹벽담장에 대해서 얼마만큼의 하자에 대한 책임이 있는지요? 현재 현장에 나와서 상황을 보지도 않고 계속 비협조적입니다. 옹벽담장 하자 보수를 요구하는 수십 통의 전화(문자발송포함, 9월 말~10월 말까지), 3차례의 내용증명발송에도 불구하고 와서 상황을 보지도 않아, 지난번(10월 중순) 내용증명에서는(4번째) 하자 보수하지 않으면 법적인 책임을 묻겠다고 했더니 처음으로 답신이 왔는데, 시공사 측은 증축한 부분에만 책임이 있으며 기존의 옹벽에 대한 책임은 전혀 없다는 내용이었습니다.

3. 계약당시 하자 보수기간을 2년으로 한다고 했는데 기간 산정시 준공허가일로부터 2년이 아닌가요? 현재 1층 주택 방과 마루거실에 누수현상이 있는데 하자보수기간이 끝났다고 상관없다고 합니다.

4. 뒷집은 물론 시공사 측도 전혀 협조를 안 하는데 어떤 수순으로 이 문제를 처리해야 할까요?
또한 본인은 시공사에게 신축주택의 준공허가가 나기 전에 우선 하자보수 보증금을 주거나 보증서를 발행해 줄 것을 강력히 요구하였으나 막무가내로 본인을 무시하면서 이행하지 않았습니다. 현재도 요구하고 있지만 전화도 안 받습니다.

5. 민사조정을 신청하라는 제안도 받았는데 현재 안전진단도 받지 못했고, 공사 비용견적도 못 받았는데 어떻게 절차비용을 정할 수 있을까요?
현재 안전진단 비용은 330에서 550만 원까지(2~3군데 견적결과)이고 공사비 용은 진단결과를 봐야 견적이 나온다고 하는데 한 업체에선 약 6천만 원이 예 상가격이라고 합니다.

6. 겨울이 다가오기 전에 공사를 해야 한다고(해빙기에 더 위험하다고) 하는데 어떤 방법으로 해결할 수 있을까요?
뒷집 주인과 시공사 측 본인은 서로 어떻게 책임을 나누어 해결할 수 있습니 까? 변호사님의 고견을 부탁드립니다. 감사합니다.

답 변

1. 옹벽담장 재시공 시 뒷집의 책임여부

가. 옹벽담장 재시공에 대한 책임

뒷집의 경우 옹벽담장 재시공에 대하여는 책임을 묻기 어려워 보입니다. 의뢰인의 말씀을 들어보아서는 옹벽담장의 변위의 원인은 시공사의 옹벽 증축으로 인한 것으로 보이므로 이에 대하여 책임을 추궁하기는 힘들어 보입니다.

나. 옹벽이 경계를 침범한 것에 대하여

뒷집에서 설치한 옹벽이 의뢰인의 대지를 약 10cm 넘어와 있으므로 그 부분에 한하여는 의뢰인의 소유권의 행사를 방해하고 있는 것입니다.

따라서 소유권에 기한 방해배제청구권을 근거로 하여 넘어온 부분에 대하여 철거청구를 할 수 있습니다. 하지만 현재 의뢰인의 말씀에 의하면 경계를 침범한 부분이 옹벽 중 10cm에 불과하고 옹벽길이는 13m이므로 경계를 침범한 부분은 $1.3㎡(0.1m \times 13m)$에 불과합니다. 법적으로 침범한 부분에 대하여 철거청구를 할 수 있는 것이 원칙이지만, 이렇게 미미한 부분이 침범한 경우 판례는 철거청구가 이른바 권리남용에 해당한다고 하여 이를 인정하고 있지 않습니다.

대신 침범한 부분 $1.3㎡$는 의뢰인의 땅을 점유하고 있는 것이므로 이 부분에 대하여 뒷집은 부당이득을 취하고 있는 것이고, 위 부분에 대한 부당이득을 청구할 수 있습니다. 이 경우 부당이득청구는 의뢰인이 소유권을 취득한 때로부터 기산하여 청구할 수 있으며, 부당이득액수는 의뢰인 소유 토지의 1.3㎡에 대한 임대료 상당 금액입니다(면적이 좁은 관계로 액수는 미미할 것으로 보입니다. 하지만 뒷집이 의뢰인의 토지를 점유하고 있고 부당이득을 취하고 있는 것은 사실이므로 법적으로 부당이득청구를 하는 것에는 아무 지장이 없습니다).

2. 시공사의 책임여부 및 범위

의뢰인은 시공사와 건설도급계약을 체결하였고 공사를 시공한 시공사는 '수급인'에 해당합니다. 시공사가 기존옹벽담장의 증축을 하였고 이후 증축부분의 균열이 발생하고 옹벽 전체가 변위를 일으킨 상태이므로 이는 수급인이 시공한 증축부분의 하자로 인한 것으로 보입니다.

옹벽담장은 시공사가 시공한 것은 아니지만 시공사의 증축으로 인하여 하자가 발생하였을 확률이 높아 보이며, 이런 경우 옹벽 전체가 변위를 일으킨 것은 '하자로 인한 확대손해'로 볼 수 있습니다.

대법원 판례는 수급인이 도급계약에 따른 의무를 제대로 이행하지 못하여 도급인에게 재산상 손해가 발생하였을 경우 수급인이 귀책사유가 없다는 점을 스스로 입증하지 못하는 한 도급인에게 그 손해를 배상할 의무가 있다(2005. 11. 10. 선고 2004다37676판결)고 보고 있습니다. 즉, 수급인의 시공으로 인한 하자로 인하여 확대손해가 발생하였을 때 이에 대한 손해배상을 청구하기 위해서는 수급인의 귀책사유(쉽게 설명 드리면 '잘못')가 있어야 하는데 수급인 스스로 확대손해에 대여 귀책사유가 없음을 증명하지 못하는 한 이에 대한 책임 있다는 뜻입니다.

의뢰인의 경우 10여 년이 넘게 멀쩡하게 있던 옹벽이 시공사가 증축공사를 한 이후 하자가 발생한 것이므로 시공사에게 충분히 귀책사유가 있다고 보이므로 시공사는 증축으로 인하여 변위를 일으킨 옹벽을 원래대로 회복해야 할 책임이 있습니다.

3. 하자보수기간에 대하여

하자보수기간의 기산점(시작되는 시점)은 시공사가 등록건설업자인 경우에는 공사의 완공일부터이고, 등록건설업자가 아닌 경우에는 공사를 끝내고 의뢰인이 건물을 인도받은 날입니다. 이 경우 준공허가일과 거의 일치할 것이므로 아직 하자보수기간은 끝나지 않았습니다.

4. 문제처리수순

가. 시공사에 대하여

우선 옹벽이 변위를 일으켜 위험한 상태이므로 시공사 측에 '시공사가 시공한 옹벽증축으로 인하여 현재 옹벽전체가 변위를 일으켰고, 10년 동안 멀쩡하던 옹벽에 하자가 발생한 것은 시공사 측의 시공으로 인한 것으로 보인다. 수급인인 시공사는 증축공사로 인한 확대손해에 대한 책임이 있다'는 내용으로 내용증명을 발송하시고, 현재 시공사가 전혀 대화를 할 의도가 없어 보이는 관계로 일단 시공사에 대하여 손해배상청구의 소를 제기하는 것이 가장 현실적이고 효과적인 방안으로 보입니다.

또한, 옹벽 이외의 각종 하자에 대하여는 아직 하자보수책임기간 중이므로 현재 의뢰인의 주택에 존재하는 하자들이 하자보수책임기간 중에 발생한 점에 대한 증거자료를 남겨두실 필요가 있습니다. 각종 하자에 대하여 사진, 동영상 등을 통하여 증거자료로 남겨두시는 것이 중요합니다. 이 경우 사진 등에 날짜가 표시되도록 하는 것도 효과적인 방법입니다.

이렇게 각종 하자에 대하여 증거를 남겨놓으신 뒤 시공사에 대하여 하자보수청구를 하셔야 합니다. 이 경우 시공사 측에 대하여 하자보수를 청구할 수 있고 또는 하자보수에 갈음하는 손해배상 청구를 할 수도 있습니다. 단 하자보수기간이 끝나기 전에 하자보수청구를 하여야 하므로(하자보수기간이 끝나기 전까지 소송을 제기할 필요는 없지만 재판 외에서 하자를 보수해 달라는 청구는 하여야 합니다.) 시공사 측에 시공사가 시공한 건물에 하자가 존재하므로 이에 대한 보수를 청구한다는 내용으로 내용증명을 보내셔야 합니다.

즉, 시공사 측에 현재 건물에 존재하는 하자에 대하여 하자보수를 청구하고 더불어 옹벽증축으로 인해 옹벽이 변위를 일으키고 있으므로 이에 대한 손해배상을 청구한다는 내용으로 내용증명을 발송하세요.

나. 뒷집에 대하여

우선 앞에서도 말씀드렸듯이 옹벽에 대하여 뒷집에 책임을 추궁하기에는 힘들고 일단 경계침범에 대하여는 당신들이 우리 토지를 침범하여 점유하고 있고 이는 부당이득에 해당한다는 식으로 말씀을 하고 적당한 선에서 경계침범에 대한 합의를 보시는 것이 좋을 듯합니다.

왜냐하면 이에 대하여 소송을 진행하기에는 부당이득액수가 미미하기 때문입니다.

5. 절차비용산정

우선 시공사에 대하여 각종 하자에 대한 하자보수청구(또는 이에 갈음하는 손해배상청구) 및 하자로 인한 확대손해에 대한 손해배상의 소를 제기하시면 소송 진행 중에 의뢰인 주택의 하자에 대하여 감정을 실시하고 감정으로 손해배상액이 산정될 것입니다.

---

6. 기타

옹벽이 무너지는 등의 더 큰 손해가 발생하기 전에 시공사에 대하여 소송을 제기하는 것이 가장 효과적인 방법일 듯합니다. 시공사 측이 대화의 여지가 있는 상태라면 합의를 보는 것이 좋겠지만, 의뢰인의 말씀대로 연락도 받지 않는 상태라면 소송을 진행하는 것이 효과적일 것입니다. 또한 무엇보다 하자보수기간이 얼마 남지 않은 관계로 조속히 의뢰인의 건물에 존재하는 각종 하자에 대하여 하자보수를 해달라는 내용의 내용증명을 발송하시기 바랍니다.

> ※ 구체적인 사실관계의 상이성과 판례와 법률의 변동으로 의견은 달라질 수 있으니 반드시 전문가와 상의하여야 합니다.

Chapter 3

완공 후 매매 및 임대차

상담사례

- 16 -

질 의

본인이 건물 매입 후 2년 6개월이 지나서 건물의 2층 공간이 무허가인 사실을 알 았습니다. 이에 본인이 양성화 작업을 진행하였으며 비용이 발생하였는데, 매도인에 게 비용을 청구할 수 있는지요?

답 변

애초 매매계약 시 소유자가 귀하에게 미등기부분을 고지하지 않고 매 도하였다면 귀하는 그 미등기부분을 하자로서 이전 소유자에게 손해배상 청구할 수 있습니다(다만, 하자 사실을 안 날로부터 6개월 이내에 행사하여야 합니 다). 이 경우 손해배상액이 당연히 양성화비용 상당 금액으로 판단되는 것 은 아니지만, 손해배상액 감정 시 위 양성화비용이 상당부분 고려될 것입 니다.

나아가 귀하는 이전 소유자를 미등기부분이 존재함을 고지하지 아니하였다는 이유로 사기죄로 형사 고소할 수 있습니다. 조사결과 이전 소유자가 미등기부분이 존재함을 알고 있었고, 미등기부분이 매매계약에 있어 중요한 부분이며, 그 미등기사실을 귀하가 고지 받았을 경우 매매계약을 체결하지 아니하였거나 적어도 동일한 매매금액으로 매수하지 않았을 것이라고 판단되면 이전 소유자는 사기죄로 처벌받을 수 있습니다.

※ 구체적인 사실관계의 상이성과 판례와 법률의 변동으로 의견은 달라질 수 있으니 반드시 전문가와 상의하여야 합니다.

상담사례

- 17 -

사실관계

저는 2010년 12월에 목욕탕으로 사용하던 지하 1층 지상 3층의 건물을 평당 1,560만 원에 구입을 하였습니다. 1월에 잔금을 다 지불하고 어린이집 시설로 리모델링을 진행하였습니다. 그런데 리모델링 중 현장소장으로부터 하나의 이야기를 전해 들었습니다. 측량도상의 ㄱ - ㄴ - ㄷ - ㄹ의 면적을 우리가 임의로 사용할 수 없다는 것이었습니다. 저는 처음 듣는 이야기인지라 소장에게 좀 더 자세히 알아볼 것을 부탁하고 부동산에 전화를 하여 전 주인에게 물어볼 것을 부탁하였는데, 다음날 답변은 잘 모른다는 것이었습니다. 2주가 흘렀습니다. 사실은 임의로 사용할 수 없다는 부분에 비상계단을 내려고 하는데 이를 설치하려다가 위 공간을 사용할 수 없다는 말을 듣게 된 것입니다.

몇 주가 지나 현장소장이 이야기하기를 저희 집의 전 주인이 과거에 인근주민과 재판을 한 적이 있다는 사실을 인정하더라는 것입니다. 그래서 소장을 통하여 인근주택의 주인에게 재판의 결정문을 달라고 부탁하고 복사하여 받았습니다.

처음 부동산에 위와 같은 말을 하였더니 본인들도 처음 듣는 이야기이며, 제대로 확인을 안 한 책임이 있음을 인정하더군요. 이미 건물은 리모델링(공사대금 4억 원)이 한참 진행 중이었기에 다시 무효로 할 수 있는 상황도 아니었습니다. 리모델링이 진행 중이라 공사를 마치고 처리하려고 미루고 있다가 이제야 문의하게 됩니다.

어느 분은 그러더군요. 처음부터 어느 정도 저희도 인지하고 있었던 것 아니냐고요. 하지만 건물을 처음 매입하는 것이라 단순히 전체 평수와 우리의 영역만을 확인하였지 자세한 것은 알지도 못하는 상황이었기에 황당하였습니다. 사실, 문제는 저희가 구입한 부분을 저희 마음대로 사용할 수 없다는 것이며, 결국은 건물의 비상계단을 내지 못하였습니다.

질 의

1. 옆집과의 관계에서 저의 사용권한을 주장하는 데 있어서의 범위와 한계

2. 다시 옆집에 대해 제가 취할 수 있는 행동(일정 금액의 합의 등, 금액을 정할 때의 기준, 상대방의 불응 시 제가 소송을 할 경우 얻을 결과)

3. 앞으로 제가 이 건물을 다시 매매할 경우 입게 될 재산상의 손실이 있나요? 있

다면 무엇입니까?

4. 매도인에게 제가 재산상의 손해를 물으려 하는데 가능한지요? 제가 이길 수 있는 확률은 어느 정도인가요?

5. 부동산 소개에 대한 책임을 어떻게 물을 수 있나요?

6. 만약 법적인 것이 진행될 때 과정은 어떻게 됩니까?

답변

1. 사실관계

의뢰인은 202-123번지 지하 1층, 지상 3층 건물을 평당 1,560만원에 매수하였는데, 리모델링 과정에서 이 사건 건물 중 일정부분(33.6㎡)을 사용할 수 없다는 이야기를 들었습니다.

내막을 알아보니 이 사건 건물의 전 주인과 옆집인 202-122번지 소유자 사이에 다음과 같은 조정이 성립되어 있었습니다(원고-전 주인, 피고-옆집).

(1) 피고는 원고에게 1993. 12. 21.까지 서울시 ○○동 202-123 대지 중 이 사건 대지 사용의 보증금조로 금 12,000,000원을 지급한다.

(2) 피고가 위 지급기일에 위 금원의 지급을 지체할 때에는 지급기일 다음날부터 완제일까지 연 2할 5푼의 비율에 의한 지연손해금을 가산 지급한다.

(3) 원고가 이 사건 대지에 관한 소유권을 상실할 때에는 피고에게 위 금 12,000,000원을 반환한다.

(4) 피고는 이 사건 대지 부분에 관한 주위토지 통행권을 갖는다.

(5) 원고의 나머지 청구는 포기한다.

이 사건 대지부분은 리모델링 과정에서 비상계단을 내려고 한 부분이었는데 위와 같은 문제로 인하여 비상계단을 내지 못한 상태입니다.

또한 이 사건 대지부분은 옆집 출입문을 통행할 수 있는 유일한 통로입니다.

2. 검토의견

가. 옆집과의 관계에서 의뢰인의 사용권한을 주장하는 데 있어서 범위와 한계

(1) 옆집에 주위토지통행권이 인정되는지 여부

현재 전 주인과 옆집과 사이에 성립된 조정조항을 살펴보면, 우선

옆집에 이 사건 대지에 대한 주위토지통행권을 인정하고 그에 대한 보상으로 전 주인에게 보증금 1,500만 원을 지급하였음을 알 수 있습니다.

조정조서는 확정판결과 동일한 효력이 있지만, 위 조정조서 상 옆집 주인에게 인정된 주위토지 통행권은 양 당사자의 합의에 의하여 인정된 채권적인 권리에 불과합니다. 따라서 위 조정조서 상 주위토지 통행권을 현재의 의뢰인에게 주장할 수는 없다 할 것입니다.

또한 옆집 사람의 주위토지 통행권이라는 권리가 합의에 의한 채권적 권리라면 위 조정조서의 기판력이 의뢰인에게 미치지 않으므로 조정조서의 기판력을 주장할 수도 없습니다.

하지만 현재 이 사건 대지가 옆집의 출입문을 통과하는 유일한 통로인 상태이므로 옆집 사람은 민법 제219조상 주위토지 통행권 요건을 갖춘 것이 되어 조정조서 상 주위토지 통행권이 아니라도 민법상 주위토지통행권을 주장할 수 있는 상태입니다.

(2) 보상에 대한 문제
따라서 현재 옆집 사람에게 인정된 주위토지 통행권을 부정하지는 못하지만 이 사건 건물의 새로운 소유자는 주위토지 통행에 대한 보상에 있어서는 옆집사람에게 새로운 보상을 해 줄 것을 청구할 수 있습니다. 조정조서상 보증금 1,500만 원의 지급은 전 주인과의 관계에서만 효력이 있는 부분이고, 설사 옆집이 현재까지 전 주인으로부터 보증금 1,500만 원을 돌려받지 못했다 하더라도 이는 전 주인에게 반환청구해야 할 부분입니다.

나. 옆집에 대해 취할 수 있는 행동

옆집에 대하여는 보상 부분은 새로운 건물주와 협의를 하여야 하는 부분이므로 옆집과 향후 이 사건 대지 부분을 사용하는 데 대한 보상에 대하여 합의가 이루어진다면 원만히 분쟁을 해결할 수 있을 것이나, 보상에 대하여 합의가 이루어지지 않는다면 의뢰인이 옆집 주인을 상대로 소송으로 주위토지 통행권에 대한 보상금 청구를 하여야 할 것입니다.

다. 건물을 다시 매매할 경우 입게 된 재산상 손실

결국 이 사건 건물에는 이 사건 대지부분만큼 타인의 주위토지통행권이 인정되고 있는 상태이므로, 향후 매매계약 체결시 주위토지통행권 부분을 이야기하고 위 부분에 대한 매매대금의 감액이 이루어져야 할듯 합니다. 매매대금은 무엇보다 양 당사자의 합의에 의하여 정해지는 부분이므로 법적으로 구체적인 손실액이 얼마라고 산정하기에는 힘든 부분입니다.

라. 매도인에게 재산상 손해를 물을 수 있는지

매도인은 이 사건 건물에 주위토지통행권을 수인해야 하는 하자가 있음에도 불구하고 위 사실을 의뢰인에게 알리지 아니하고 매매계약을 체결하였습니다. 따라서 매도인은 민법 제580조에 의한 하자담보책임을 부담하며, 그 내용은 하자에 대한 손해배상이 될 것입니다.

이 경우 손해배상액은 주위토지 통행권의 경우 옆집 사람이 이 사건 대지부분을 배타적으로 계속적으로 사용, 수익하는 것은 아니고 통행에만 이용하는 것에 그치고, 위 대지부분만큼 소유권을 이전 받지 못한 경우는 아니므로, 이 사건 대지부분에 해당하는 매매대금 상당액이 될 수는 없습니다.

우선은 매도인과 협의를 통하여 향후 이 사건 건물을 의뢰인이 처분하게 될 경우에 주위토지통행권 수인에 대한 감액부분으로 인정할 수 있는 상당액을 그 손해배상액으로 요구하는 것이 합리적일 듯합니다. 매도인과 협의가 이루어지지않는다면 하자담보책임으로 인한 손해배상 청구소송을 진행해야 할 것입니다.

마. 부동산 소개에 대한 책임

부동산 중개업자와 중개의뢰인과의 법률관계는 민법상의 위임관계와 같으므로 민법 제681조에 의하여 중개업자는 중개의뢰의 본지에 따라 선량한 관리자의 주의로써 의뢰받은 중개업무를 처리하여야 할 의무가 있을 뿐 아니라 부동산중개업법 제16조에 의하여 신의와 성실로써 공정하게 중개행위를 하여야 할 의무를 부담하고 있는바, 부동산중개업법 제17조 제1항은 중개의뢰를 받은 중개업자는 당해 중개대상물의 권리관계, 법령의 규정에 의한 거래 또는 이용제한사항 기타 대통령령이 정하는 사항을 확인하여 중개의뢰인에게 설명할 의무가 있음을 명시하고 있습니다.

또한 판례는 '부동산중개업자는 비록 그가 조사·확인하여 의뢰인에게 설명할 의무를 부담하지 않는 사항이더라도 의뢰인이 계약 체결 여부를 결정하는 데 중요한 자료가 되는 사항에 관하여 그릇된 정보를 제공하여서는 안 되고, 그릇된 정보를 제대로 확인하지도 않은 채 마치 그것이 진실인 것처럼 의뢰인에게 그대로 전달하여 의뢰인이 그 정보를 믿고 상대방과 계약에 이르게 되었다면, 부동산중개업자의 그러한 행위는 선량한 관리자의 주의로 신의를 지켜 성실하게 중개행위를 하여야 할 중개업자의 의무에 위반된다'고 판시하고 있습니다(대법원 1999. 5. 14. 선고 98다30667 판결 참조).

이 사건 건물에 주위토지통행권의 부담이 있다는 사실을 의뢰인에게 알리지 못한 것은 중개업자의 의무에 위반된 행위이므로 이를 근거로 손해배상을 청구할 수는 있습니다. 하지만 실제로 중개인에 대한 손해배상을 소송으로 진행하기에는 큰 실익이 없는 것으로 판단됩니다.

※ 구체적인 사실관계의 상이성과 판례와 법률의 변동으로 의견은 달라질 수 있으니 반드시 전문가와 상의하여야 합니다.

상담사례

- 18 -

사실관계

    부모님께서 8월에 30년 넘게 살던 집을 팔고 2~3일 만에 빚을 내서 ○○동에 있는 상가주택 건물을 사셨습니다. 3층짜리 건물이구요, 지하에 원룸 5개, 1층에 사무실, 2층에 투룸 2개, 3층에 한 가구로 되어있는 건물이에요. 8월에 계약하고, 10월 중순에 지하에 있는 원룸에 들어가 있다가, 3층 인테리어 공사 끝내고 11월 2일에 3층으로 입주했습니다.

    그런데 11월 7일에 신고장이 접수되었다고 하면서, 구청에서 지하에 있는 원룸이 불법이라면서 원상복구하라고 통지서가 날아왔네요. 12월 7일까지 원상복구하든지, 11월 23일까지 답변서를 제출하라고 합니다.

질의

    저희는 부동산에서 원룸이 불법이라는 이야기도 못 들었고, 매수할 때부터 이 상태였는데 원상복구를 하라니, 저희가 개조한 것도 아닌데 말이에요. 23일까지 답변서를 어떻게 제출하는 것이 좋은지, 만약 승산이 있다면 소송까지 불사해도 좋은지 상담 좀 부탁드려요.

답변

1. 원상회복 및 이행강제금 부과의무가 있는지

건물에 불법증축 부분이 존재하는 경우 원상회복 의무자는 현재의 소유자입니다. 의뢰인이 직접 불법증축한 사실이 없다고 하더라도 현재 이 사건 건물의 소유자인 한 해당 구청은 의뢰인에게 원상회복을 명하고, 이를 이행하지 않을 경우 이행강제금을 부과하게 됩니다. 의뢰인은 구청의 원상회복 명령 및 이행강제금 부과에 대하여 자신이 직접 증축한 것이 아니라고 주장하더라도 위 처분을 취소할 수 없습니다.

2. 매도인에 대한 손해배상청구

결국 의뢰인은 구청에 대하여 원상회복명령 및 이행강제금 부과에 대하여 다툴 수는 없고, 이 사건 건물에 불법증축부분이 존재함에도 불구하고 이를 고지하지 않은 매도인을 상대로 책임을 물을 수 있습니다. 만약 불법증축으로 인한 이행강제금 액수가 과다하여 위와 같은 이행강제금이 부과될 것이라는 사실을 알았더라면 매매계약을 체결하지 않았을 정도에 이른다면 매도인이 불법증축 사실을 고지하지 아니한 것은 기망행위에 해당하므로 기망에 의한 매매계약 취소를 주장하며 매매대금 반환 및 손해배상을 청구할 수 있습니다.

만약 이행강제금이 위와 같이 매매계약을 취소할 수 있을 정도에 이르지 아니한 경우라면 매도인에게 이행강제금 부과 부분에 대하여 불법행위를 원인으로 하는 손해배상청구 또는 하자담보책임을 원인으로 하는 손해배상청구를 할 수 있습니다.

---

3. 공인중개사에 대한 손해배상청구

(1) 부동산중개업자는 민법 제681조에 의하여 중개의뢰의 본지에 따라 선량한 관리자의 주의로써 의뢰받은 중개업무를 처리하여야 할 의무가 있고, 공인중개사의 업무 및 부동산 거래신고에 관한 법률(이하 '공인중개사법'이라 한다) 제25조 제1항 제2호에 의하여 중개가 완성되기 전에 법령의 규정에 의한 거래 또는 이용 제한사항을 확인하여 중개의뢰인에게 성실·정확하게 설명하여야 하며, 공인중개사법 제30조 제1항에 의하여 중개행위를 함에 있어서 고의 또는 과실로 인하여 거래당사자에게 재산상의 손해를 발생하게 한 때에는 그 손해를 배상할 책임이 있습니다(서울중앙지방법원 2012. 4. 13. 선고

2010가합60252 판결 참조).

(2) 하급심판례는 부동산중개업자가 중개를 하는 과정에서 불법증축 사실을 알고 있으면서도 매수인에게 불법증축으로 인한 원상회복명령, 이행강제금 부과 가능성에 대하여 설명하지 않은 사안에서 공인중개사의 손해배상책임을 인정한 바 있습니다(설령 의뢰인이 이 사건 건물을 매수할 당시 불법증축 사실을 알 수 있었다 하더라도 공인중개사의 책임이 면제되는 것은 아니고 손해배상액 산정 시 과실상계로 처리될 뿐입니다).

또한 통상 공인중개사는 한국공인중개사협회와 공제계약을 체결하게 되므로 공인중개사에 대한 청구를 하는 경우 공인중개사뿐만 아니라 공제계약을 체결한 한국공인중개사협회를 상대로 손해배상을 청구할 수 있습니다.

4. 향후 대응

(1) 매도인에게 불법증축으로 인한 원상복구명령이 있었음을 알리고, 2012. 12. 7. 까지 원상회복을 하지 않을 경우 이행강제금이 부과될 수 있는 상황임을 알리는 것이 먼저입니다. 매도인에게 '원상복구 명령이 있었고, 향후 이행강제금이 부과될 수 있음에도 매도인이 설명을 한 바가 없으므로 이는 기망행위에 해당하고, 의뢰인은 민법 제110조 제1항에 의하여 매매계약을 취소할 수 있으므로 매도인은

매매대금 및 의뢰인이 입은 손해에 대하여 배상할 책임이 있다. 그러니 앞으로 이행강제금이 부과될 경우 이행강제금에 대하여 배상을 해야 한다'는 취지로 내용증명을 보내는 게 좋을 듯 합니다. 내용증명이 힘들다면 전화로 위와 같은 사실을 고지하고 그 내용을 녹음해 두시는 것도 무방합니다.

(2) 공인중개사에게는 위에서 설명해 드린 바와 같이 공인중개사가 불법증축 사실을 알고 있으면서도 향후 원상회복 명령 및 이행강제금 부과 가능성에 대하여 설명을 하지 않았다면 손해배상책임이 있습니다.

(3) 구청에서 원상회복명령을 하고 해당 기일까지 원상회복을 하지 않으면 미리 이행강제금이 부과됨을 예고한 후에 이행강제금을 부과하게 되는 것이지, 구청에서 지하 원룸 세입자를 쫓아내고 철거하지는 않습니다. 따라서 원상회복 명령을 이유로 당장 원룸 세입자가 길거리에 나가야 하는 것은 아닙니다.

(4) 구청에 제출할 답변서에는 '현재 의뢰인이 이 사건 건물을 매수한지 얼마 안 되었는데, 건물 매매계약 당시 불법증축에 대한 이야기를 매도인과 공인중개사로부터 전혀 들은 바가 없다. 이러한 사정을 고려해 달라'는 취지로 작성하시면 됩니다. 물론 위와 같이 답변

을 한다 하더라도 구청에서 원상회복 명령을 취소하거나 향후 이행 강제금을 부과하지 않는 것은 아니지만 불가피한 사정을 고려해 달라는 의미로 제출하는 것입니다.

(5) 물론 가장 좋은 해결책은 현재 구청에서 정한 기일까지 매도인이 원상복구를 해 주는 것입니다. 하지만 현재 세입자들이 들어와 있고, 기일도 촉박하기 때문에 원상복구명령을 이행하지 못할 가능성이 클 것이고, 원상복구를 하지 못하면 이행강제금을 내야 할 것입니다. 의뢰인 입장에서는 이행강제금을 부담하고, 매도인과 공인중개사 측에 이행강제금으로 인한 손해배상을 받는 것이 가장 적절한 해결책으로 보입니다.

> ※ 구체적인 사실관계의 상이성과 판례와 법률의 변동으로 의견은 달라질 수 있으니 반드시 전문가와 상의하여야 합니다.

상담사례

- 19 -

사실관계

[1. 사실관계]

저희 부모님이 마포구 ○○동에 있는 지상 4층, 지하 1층 건물을 2011. 10. 28. 23억5천만 원에 매입해서 2012. 1. 25.에 이전등기를 완료했는데요, 매매당시 건물 전체가 2종 근린생활시설로서 지상 4층은 고시원, 지하 1층은 상가라고 등기부등본 및 건축물대장에 기재되어 있었고 부동산 중개업자도 그렇게 소개하여 부가세 8천 460만 원을 추가로 주고 구입했거든요(그때 당시 저희는 고시원에 대한 개념이 전혀 없어 풀 옵션이 되어 있는 고시원으로 알고 계약했었거든요). 그리고 2012. 3. 25. 이미 납부한 부가가치세의 환급신고를 했습니다. 그런데 세무서가 당해 건물을 방문하여 현황파악을 한 결과 지상 4층이 고시원이 아니라 사실상 주거에 필요한 일체의 시설이 완비된 주거용 건물이라고 판단하여 지하상가에 대해서만 환급을 받았고 지상 4층은 환급을 받지 못했습니다. 그래서 2012. 7. 13. 세무서장 앞으로 지상 4층에 대한 부가세 미환급에 대한 이의신청서를 제출하였고 세무서는 다시 조사하여 2012. 8. 23. 환급을 거부한다고 기각결정을 내렸습니다.

[2. 저희의 과실]

① 부모님은 2011. 10. 28. 매매 당시 고시원과 원룸에 대한 최소한의 지식도 없이 등기부 등본과 건축물 대장, 그리고 부동산 중개업자의 말만 믿고 건물을 매매하였습니다. 저희가 거래한 부동산 중개업자는 ○○동이 아닌, 강남에 있는 부동산 중개 주식회사였습니다. 이 중개업자가 본 건물의 매수를 저희 부모에게 적극 권하였습니다. 그리고 다른 구매자가 곧 사려고 하니 그보다 먼저 계약을 해야 한다면서 계약을 서둘렀습니다. 어리석게도 저희 부모님은 ○○동에 있는 부동산 중개사에게 문의할 생각도 하지 못하고 조급한 마음에 계약을 했습니다. 신축건물에다가 외관도 마음에 들었고 위치도 좋아 보였으며 소개한 중개사가 하도 살갑게 잘해 주어 그 후에도 그 지역 중개사에게 알아볼 생각도 않다가 2012. 1. 25. 건물이전등기를 마쳤습니다. 그 후 2013. 3. 말까지 약 1년 2개월간 본 건물의 관리업무 일체를 위 부동산중개회사에 위탁하였고, 2013. 4.부터는 아들인 제가 직접 관리를 하게 되었습니다. 이 때 처음으로 ○○동 일대의 부동산 중개사와 얘기를 나누게 되었고 이를 통해 서교동에서는 당시 이 부동산의 매매가격이 18억~20억 원 정도였고 이에 매도인이 비싸게 팔아 줄 수 있는 강남의 부동산 중개사에게만 이 건물을 내놓았다는 걸 알게 되었습니다. 저희는 그것도 모르고 빌딩 중개사의 인지도와 감언이설에 홀려 본 건물을 23억5천만 원에 매입했을 뿐만 아니라 그 자산관리까지 위 중개사에게 맡겼던 것입니다. 그리고 강남의 위 중개회사가 일체의 임대계약에 관여하자 ○○동 중개사들이 저희 건물의 중개를 꺼리게 되고 그래서 세를 내놓아도 일부러 세입자를 연결시켜 주지 않았다는 것도 알게 되었습니다.

② 2012. 1. 25. 건물의 이전등기를 마치고 빌딩중개회사에게 자산관리를 전적으로 맡긴 이후 저희는 마음을 놓고 있었습니다. 고시원이 아니라 원룸이라는 세무서의 판정을 받고도 부가세 환급신청에만 신경을 집중하였지 그것으로 계약을 취소할 생각은 하지도 못했으며 그로부터 파생하는 주차장 문제, 지하 1층의 문제에 대해 매도인에게 책임을 물을 생각도 하지 않았습니다. 제가 건물의 관리를 맡게 된 이후에도 건물의 외관 유지 보수와 공실이 없도록 하는 데에만 신경을 썼을 뿐 매도인에게 무슨 책임을 물을 생각도 하지 않았습니다. 그래서 계약한지 벌써 2년 6개월, 이전등기한지 2년 3개월이 지나도록 매도인에 대해 아무런 법적 책임도 묻지 않았습니다. 다만, 2013년에 매도인을 상대로, 국가에 대하여 미환급된 부가세 상당의 부당이득 반환을 청구하라고, 소를 제기했다가 (저희가 직접 국가를 상대로 반환을 청구할 수 없다고 해서요) 승소 가능성이 보이지 않아 소를 취하했던 적이 있습니다.

[3. 문제점]

세무서에서는 본 건물을 원룸으로 판정한 반면, 아직 마포구청이나 소방서, 보건소 등 세무서 이외의 기관에서는 고시원으로 파악하고 있습니다. 제가 가장 우려하는 것은 주차장인데요. 현재 주차장이 차 3대만 주차할 공간밖에 안 됩니다. 구청에서 원룸주택이라는 걸 알면 주차장을 더 만들라고 할 텐데, 그러면 지하상가를 내보내고 그 공간을 주차장으로 만들든지 하게 될 텐데요. 그러면 저희가 도저히 감당할 수가 없습니다. 건물 매입 당시 상가 수입을 높게 평가하여 매매가액을 정했거든요. 현재 상가 임대 수입이 부가세 빼고 월 180만 원 정도 하고 보증금이 3천만 원입니다. 게다가 설령 지하를 주차장으로 만든다고 해도 지하 공간 89.24㎡로 필요한 주차공간을 확보할 수 있을지도 의문입니다.

답변

1. 사실관계

甲은 2011. 10. 28. 乙로부터 ○○동 소재 지상 4층, 지하 1층의 고시원 건물을 23억5,000만 원(부가가치세 8,460만 원 별도 지급)에 매수하여, 2012. 1. 25. 소유권이전등기를 경료하였다. 부동산 중개업자는 이 사건 건물은 2종 근린생활시설로서 지상 4층은 고시원, 지하 1층은 상가라고 소개하였고 등기부등본 및 건축물대장에도 같은 내용으로 기재되어 있었다. 甲은 2012. 3. 25. 부가가치세의 환급신고를 하였는데, 관할 세무서는 이 사건 건물이 고시원이 아니라 사실상 주거에 필요한 일체의 시설이 완비된 주거용 건물이라고 판단하여 지하상가에 대하여만 부가가치세 환급을 하고 지상 4층에 대하여는 환급을 하지 않았다. 甲은 2012. 7. 13. 지상 4층 부분에 대한 부가가치세 미환급에 대한 이의신청서를 제출하였으나 관할 세무서는 2012. 8. 23. 환급을 거부한다는 내용의 기각 결정을 하였다. 또한 甲은 이 사건 건물을 23억5,000만 원에 매수하였으나 이

사건 건물의 시가는 18억 원에서 20억 원 정도에 불과하고, 이 사건
건물이 원룸으로 분류될 경우 14대의 주차대수가 필요한데 실제 주
차공간은 3대 정도이다.

2. 검토의견

가. 이 사건 건물 매매계약을 착오를 이유로 취소할 수 있는지 여부

(1) 의사표시는 법률행위의 내용의 중요부분에 착오가 있는 때에
는 취소할 수 있습니다. 그러나 그 착오가 표의자의 중대한 과실로
인한 때에는 취소하지 못합니다(민법 제109조 제1항 참조).

(2) 이 사건 매매계약에서 매수인은 이 사건 건물을 고시원으로
알고 매수하였으나 관할 세무서는 이 사건 건물을 원룸으로 분류
하였고, 매수인은 이 사건 건물의 시가가 23억5,000만 원인 것으
로 알고 있었으나 실제 이 사건 건물의 시가는 18억 원에서 20억
원 정도에 불과합니다.

(3) 이 사건 건물의 용도 및 건물의 시가에 관한 착오는 일응 이
사건 매매계약 체결에 있어서 동기의 착오에 해당한다고 할 것인
데, 판례는 '동기의 착오가 법률행위의 내용의 중요부분의 착오에
해당함을 이유로 표의자가 법률행위를 취소하려면 그 동기를 당

해 의사표시의 내용으로 삼을 것을 상대방에게 표시하고 의사표시의 해석상 법률행위의 내용으로 되어 있다고 인정되면 충분하고 당사자들 사이에 별도로 그 동기를 의사표시의 내용으로 삼기로 하는 합의까지 이루어질 필요는 없지만, 그 법률행위의 내용의 착오는 보통 일반인이 표의자의 처지에 섰더라면 그와 같은 의사표시를 하지 아니하였으리라고 여겨질 정도로 그 착오가 중요한 부분에 관한 것이어야 한다'고 판시하고 있습니다(대법원 1998. 2. 10. 선고 97다44737 판결 등 참조).

(4) 이 사건에서 관할 세무서는 이 사건 건물이 고시원이 아니라 원룸에 해당한다고 판단하여 부가가치세를 환급하지 않는다는 결정을 하였다고 하여도 관할 행정청의 판단이 위 세무서의 의견에 구속되지는 않는다고 할 것이고, 현재 이 사건 건물이 여전히 건축물대장상 2종 근린생활시설인 고시원으로 분류되어 있을 경우 법률행위의 착오가 있다고 볼 수 있는지 여부가 불분명한 점, 매수인이 이 사건 건물의 실제 현황을 파악한 후 건물을 매수하였고 이에 대하여 별다른 이의를 제기하지 않은 점 등에 비추어 볼 때 이 사건 건물의 용도에 대한 착오를 이유로 매매계약을 취소하기는 어려워 보입니다. 다만 매수인이 이 사건 건물의 용도에 대한 착오를 이유로 매매계약을 취소할 수 있는지 여부는 매매계약의 체결경위 등 구체적인 상황에 따라 달라지는 바, 매수인이

착오를 이유로 이 사건 매매계약을 취소하고 소로써 그 반환을 구하는 경우 법원이 다른 판단을 할 수 있는 여지도 있습니다.

(5) 판례는 '부동산 매매에 있어서 시가에 관한 착오는 부동산을 매매하려는 의사를 결정함에 있어 동기의 착오에 불과할 뿐 법률행위의 중요부분에 관한 착오라고 할 수 없다'고 판시하고 있습니다(대법원 1992. 10. 23. 선고 92다29337 판결 참조). 즉 개인 간의 부동산 매매에 있어서 그 시가에 관한 착오는 그 부동산을 매매하려는 의사를 결정함에 있어 그 동기의 착오에 해당한다고 볼 수 있고 매수인은 이를 이유로 매매계약을 취소하기는 어려워 보입니다. 또한 거래가격과 실제 시가 사이에 상당한 차이가 나는 경우 이를 민법 제103조의 반사회질서의 법률행위, 민법 제104조의 불공정한 법률행위 등에 해당한다고 볼 수 있는 여지도 있으나, 이 사건의 가격 차이는 이에 해당한다고 보기 힘듭니다.

나. 매도인이 고시원으로 건축허가를 받은 다음 이를 불법으로 원룸으로 개조한 이후 매수인에게 매도한 경우, 매수인이 매도인에게 어떠한 책임을 물을 수 있는지 여부(사기로 인한 계약 취소, 불법행위로 인한 손해배상청구 등)

(1) 매도인은 매수인에게 이 사건 건물이 실제 원룸 용도의 건물임에도 이를 고시원 용도의 건물로 속여 매도하였고, 매수인이 이를 이유로 매매계약을 취소할 수 있는지 여부는 매매계약의 구체

적인 상황에 따라 다릅니다. 그러나 앞서 착오 취소의 경우와 마찬가지로 건물의 용도 등에 대하여 구체적인 기망행위가 있다고 보기 어려운 점, 건물의 시가는 자유로운 거래에서의 개별적인 협상 조건에 해당한다고 보는 판례의 태도 등에 비추어 볼 때, 이 사건 매매계약을 사기를 이유로 취소하기는 어려워 보입니다.

(2) 채무자가 채무의 내용에 좇은 이행을 하지 아니한 때에는 채무자는 그 손해를 배상하여야 하고(채무불이행에 따른 손해배상책임, 민법 제390조 참조), 고의 또는 과실로 인한 위법행위로 타인에게 손해를 가한 자는 그 손해를 배상할 책임이 있습니다(불법행위에 의한 손해배상책임, 민법 제750조 참조). 이 사건에서 매도인이 이 사건 건물을 불법적으로 개조하였고 이로 인하여 매수인에게 직접적으로 손해가 발생하였다면, 매수인은 매도인에게 채무불이행 또는 불법행위에 기한 손해배상책임을 물을 수 있는 여지가 있습니다. 매도인이 이 사건 건물을 불법적으로 개조하였다고 하더라도 매수인이 건물을 본래 용도대로 사용한다면 그 구체적인 손해발생 사실이 명확하지 않다고 볼 수도 있지만, 관할 행정청에서 이에 대한 시정명령 등을 발령하고 매수인이 불가피하게 이러한 시정명령에 따라 원상회복비용을 부담하는 등의 피해를 입은 경우, 또는 매도인이 매수인에게 '부가가치세를 환급받을 수 있다는 점' 등에 대하여 명시적으로 의사표시를 하였음에도 매수인이 이

를 환급받지 못한 경우 매수인은 부가가치세 환급금액 등을 매도인에게 청구할 수 있는 여지 등이 있습니다.

다. 주차장 부족을 건물의 하자로 보아 매도인에게 하자담보책임을 물을 수 있는지 여부 및 물을 수 있다면 그 책임의 범위

이 사건 건물이 현재 제2종 근린생활시설로 분류되어 있고 이러한 용도에 맞는 주차대수를 확보하고 있다면, 관할세무서의 판단에 따라 이 사건 건물이 원룸임을 전제로 주차대수가 추가로 필요하다고 하여도 이를 건물의 객관적인 하자로 보기는 어려워 보입니다.

라. 부동산 중개업자에게 어떤 책임을 물을 수 있는지 여부

부동산 중개업자의 고의 또는 과실로 매수인에게 손해가 발생하였다면, 매수인은 부동산 중개업자에게 불법행위에 의한 손해배상책임을 물을 수 있습니다. 앞서 매도인의 손해배상책임과 마찬가지로 부동산 중개업자가 매수인에게 '부가가치세를 환급받을 수 있다는 점' 등에 대하여 명시적으로 의사표시를 하였음에도 매수인이 이를 환급받지 못한 경우 매수인은 부가가치세 환급금액 등을 부동산 중개업자에게 청구할 수 있는 여지 등이 있습니다.

마. 이 사건 건물을 현 상태대로 다시 매도한다면 어떠한 법적책임을 부담하는 지 여부

이 사건 건물의 현황 및 행정관계를 매수인에게 충분히 인지시킨 상태에서 매도할 경우 매도인은 매수인에 대하여 착오 또는 사기 취소로 인한 계약 해제 책임, 채무불이행 또는 불법행위에 의한 손해배상책임, 하자담보책임 등의 법적 책임을 부담하지는 않을 것으로 보입니다.

※ 구체적인 사실관계의 상이성과 판례와 법률의 변동으로 의견은 달라질 수 있으니 반드시 전문가와 상의하여야 합니다.

상담사례

- 20 -

사실관계

제가 새로 분양받은 아파트에 입주를 해야 되는데, 살고 있는 아파트가 매매가 되지 않아 부득이하게 전세를 놓게 되었습니다. 전세를 준 아파트에 아파트 담보대출을 받은 게 있어서 9,000만 원에 대한 근저당이 설정되어 있었고 지금은 1,000만 원 정도를 갚은 상태입니다. 매달 원리금상환을 하고 있고, 단 한 번도 연체를 한 적이 없습니다.

지금 세입자로 살고 있는 사람이 부동산을 통해서 저희 집을 보러 왔었습니다. 저는 당연히 부동산에 근저당 설정이 되어 있다고 얘길 했었고 지금 세입자도 부동산에서 얘길 들었습니다. 저희 집이 마음에 들었는지 집을 본 그날 저녁에 찾아와서 부동산을 거치지 않고 계약을 하자고 하더라구요. 복비가 아깝다고 하면서요, 저도 흔쾌히 그러자고 했습니다.

계약을 하면서 우리 집에 근저당이 설정되어 있으니 불안하시니까 제가 불안해하시지 말라고 제 돈을 들여서 전세금에 대한 금액을 지금 분양받은 아파트에 근저당 설정을 해주겠다고 했습니다. 그리고 전후 사정을 얘기를 했습니다. '내가 새로 분양받은 아파트가 있는데 거기에 입주를 해야 하는 상황입니다. 그런데 부동산 시장이 안 좋으니 이 집도 안 팔리고 그 집도 정리가 되지 않아 이 집을 전세 놓고 그 집으로 들어가야겠네요. 이 집에 근저당 설정이 되어 있으니 제가 새로 분양받은 아파트에 전세 금액을 근저당 설정해 드리겠습니다.' 아무래도 근저당 설정이 되어 있는 집에 전세로 들어오는 게 불안하잖아요. 그래서 마음 놓으시라고 제 사비 들여서 전세금에 대해서 근저당 설정을 해 주겠다고 했고 또 저희 남편 직장과 제가 운영하고 있는 가게까지 알려주었습니다. 마음 놓으시라구요.

근데 제가 새로 분양받은 아파트에 입주하면서 여러 가지로 일이 꼬여서 근저당 설정을 빨리 해 주지를 못했습니다. 하루는 세입자가 전화가 와서 근저당 설정 안 해 주냐며 얘기하길래 안 그래도 해 드리려고 했다고 오늘 도장과 등본을 가져다 달라고 했습니다. 그날 저녁 도장과 등본을 세입자가 가져다주면서 저보고 뜬금없이 각서를 써달라고 하는 겁니다. 무슨 일이 있을 시에 자기들 돈을 제일 먼저 준다는 각서를요. 저는 두말 안 하고 써 줬습니다. 그것도 마음 놓으시라고 써 드린 거였습니다. 저는 그 각서를 써드렸기 때문에 굳이 근저당 설정을 안해도 되지 않나라고 생각하여 하지 않았습니다.

그 각서를 안 썼다면 백 프로 벌써 근저당 설정을 해주었을 겁니다. 그런데 어제 전화가 와서 왜 근저당 설정이 안 되어 있느냐며 저보고 사기꾼 아니냐고 사기로 고소한다고 하는 것이었습니다. 저는 정말 어이가 없어서 각서를 써 줬기 때문에 그걸로 대신해도 될 거라고 생각을 한 것이지 사기라니요. 지금은 근저당 설정이 되어 있는데요. 새로 분양받은 아파트에 들어가면서 중도금 대출을 받아서 들어갔기 때문에 은행에서 1순위로 중도금에 대한 설정이 되어 있습니다. 분명 전세 계약할 때도 아파트에 갈 때 대출을 받아서 간다고 얘길 했어요.

그런데 이 사람들이 등기부 등본 떼어 보니까 설정이 되어 있다면서 자기들은 전세금을 1순위로 설정해 주지 않으면 나가겠다고 합니다. 처음 계약할 당시 1순위 2순위에 대한 얘기는 전혀 없었고 근저당 설정을 해 주겠다고만 얘기가 오갔습니다. 만약 그런 얘기가 오갔다면 저는 안 된다고 말을 했을 겁니다. 계약 당시에는 하지 않았던 얘기를 이제 와서 꺼내네요. 그런데 이제 와서 1순위로 설정 안 해주면 나가겠다고 그러고 저를 사기꾼으로 몰아가네요. 저번에 써 줬던 각서를 돌려주면 근저당 설정을 해주겠다고 하니 이사비용 지불하라며 엉뚱한 소릴 합니다.

질 의

이런 일의 경우 사기죄가 성립이 되나요, 그리고 세입자가 저를 사기죄로 고소하면 제가 명예훼손죄로 맞고소할 수 있는지 궁금합니다.

답변

근저당권설정을 늦게 해 주었다는 점만으로는 사기죄가 성립하지 않습니다. 그리고 귀하가 사전에 은행으로부터 새로 입주할 아파트의 분양대금을 대출받는다는 이야기를 하였다면 1순위 근저당권을 해 주지 않는 점을 사기죄에 해당한다고 보기는 어려울 것입니다. 다만, 상대방은 은행권 대출이야기는 들어본 적이 없다고 주장할 것이므로 입증과 관련하여 추후 문제 될 가능성은 있습니다.

상대방의 사기죄 고소에 대해 명예훼손죄가 아닌 무고죄 고소로 대응할 수는 있습니다. 그러나 1순위 근저당권 설정 여부에 대한 다툼의 여지가 있어 보이므로 상대방이 무고죄로 유죄판결을 받기는 어려울 것입니다.

※ 구체적인 사실관계의 상이성과 판례와 법률의 변동으로 의견은 달라질 수 있으니 반드시 전문가와 상의하여야 합니다.

상담사례

- 21 -

사실관계

◆ 甲 : 전 토지임대인

◆ 乙 : 전 토지임차인

◆ A : 현재 토지임대인

◆ B : 현재 임차인(질문자 본인)

　　1998년 9월 甲과 乙은 토지사용 계약(내용 : 乙은 乙의 노력과 비용으로 임차한 토지에 건물을 甲의 명의로 축조하여 슈퍼마켓으로 사용하고 〈5년〉 종료 후 甲이 원하면 원상복구하고 이에 이의를 제기하지 않음)을 하고 진행하여 1999년 3월 건물을 완공, 甲의 명의로 건축물대장을 등재하여 영업을 개시하였으나, 신축과정에서 막대한 자금이 유입되어 자금난으로 6개월 만인 당해 9월 부도 직전에 놓인 상태에서 마트 납품관계로 알게된 B로 하여금 인수를 권장하여 甲에게 매수 의사를 밝히고 동의를 얻어 乙과 B는 건물을 비롯해 모든 권리를 포괄 양도양수한다는 계약을 하고(乙과 B의 매매계약서 분실) 당시 상품 값과 임대보증금을 제외한 6억6천만 원과 보증금 8천만 원, 판매상품 1억6천만 원, 합계 9억 원을 乙에게 정산하고 甲과 B는 9월 24일 자로 임대 계약서를 작성하여 상기와 같은 내용으로 잔여기간을 임대 기간으로 정하고 다음과 같은 내용으로 공증하였습니다.

[사용약정서]

· **특이사항** : 만료 후 원할 시 본건 계약상의 건축물 등 제반건축은 임차인을 위한 것이므로 기한 만료 시 임대인이 당 토지의 원상복구를 희망할 경우에는 지체 없이 이를 이행한다. 토지세는 임대인이 납부하고 건물세는 임차인이 납부한다(실제는 고지서가 임대인 주소로 송달됐으므로 납부하지 않았습니다).

임대기간이 종료된 2003년 10월부터 2008년 10월 31일까지 2차 갱신 약정을 했는데(본건 계약상의 이용건축물 이외 신축건물은 임차인을 위한 건물이므로 계약 기간 만료 도래 시 임대인이 당 토지를 원상복구를 원할 시 지체 없이 이행한다고 변경), 임대관계를 유지하다 2008년 10월 이후 묵시의 갱신으로 기한이 없는 임대차로 지내오던 중 2010년 12월 26일 잘 알 만한 중개인이 사무실로 찾아왔습니다. 그동안 고객들 입에서 떠돌던 매각설이 사실로 돌아온 것입니다. 토지와 건물이 A에게 매각되었다는 소식을 전하고 보증금액과 월차임을 확인하고 갔습니다.

그동안(11년 6개월) 甲은 미등기로 두었다가 매매를 위하여 보존등기를 한 후 소유권이전 절차를 거쳐 A에게 이전해 주고 매매가 성사된 것입니다. 너무 오래전 일이라 乙에게 아무 증빙 서류가 없을 것 같아 그때 당시의 사항들을 문답식으로 내용증명을 통해 시인을 받고 그 내용 그대로를 甲에게 보내 甲의 시인을 받아 둔 것 외에는 저

역시 보관중인 것은 甲과의 약정서와 乙과의 정산내역서뿐입니다. 신축 당시 甲은 한 푼도 투입하지 않고 취득세마저도 乙이 납부했음을 시인했으며 이러한 신축과정을 A 측에서도 더 잘 알고 있었음을 중개인을 통해 알 수 있었으며, 甲 역시 A에게 충분히 이야기했다고 했습니다.

참고로 A는 우리 동네에서 가장 큰 교회이며 교회 신축을 위해 인접된 땅을 (3,000평)구입하여 2012년 하반기에 마트 건물을 철거하고 신축할 계획으로 토지를 구입한 것입니다. 제 부인이 교회 목사님과 장로님을 만나 보았으나 건축물보존등기를 하지 않은 저희를 책망하며 아무 책임이 없다는 이야기를 듣고 왔으며 2011년은 임대료를 수령하고 2012년은 무상으로 정리의 기회를 준다는 말을 들었습니다. 甲은 모든 임대권은 A에게 승계되었으며 임차인과의 서류 등을 인수해 갔으니 모든 것은 A와 대화를 통해 해결하라는 충고를 하지만 A의 계획은 확고했으며 면세 혜택의 시효 때문에라도 2012년은 공사를 착수하고 진행해야 할 사안인 것입니다.

본인은 11년 이상 단 한 번도 연체한 적이 없으며 보증금과 월차임 인상에도 순순히 응했으며, 현재도 A 측의 통장에 자동 납부하고 있습니다. 현재 보증금은 1억2천만 원이며 월차임은 300만 원입니다(A가 甲으로부터 보증금을 차감하고 양수를 했음).

답변

1. 사실관계

전 토지 임대인 甲과 전 토지 임차인 乙은 1998. 9. 甲 소유토지에 대한 임대차계약을 체결하였습니다. 그 내용은 乙의 노력과 비용으로 임차한 토지에 건물을 甲의 명의로 신축하여 乙이 건물을 5년간 슈퍼마켓으로 사용하고, 기간 종료 후에는 甲이 원하면 원상복구를 하고 이에 대하여 乙은 이의를 제기하지 않는다는 것이었습니다.

이후 건물이 완공되어 甲의 명의로 건축물 대장에 등재가 되었고, 乙은 영업을 개시하였으나, 자금난으로 甲의 동의하에 B에게 건물을 비롯한 모든 권리를 양도하는 계약을 체결하였습니다. 당시 B는 乙에게 상품가격 1억6천만 원, 토지임대차보증금 8천만 원, 건물가격 명목으로 6억6천만 원 합계 9억 원을 지급하였습니다.

이후 甲과 B는 기존 토지 임대차계약기간이 2003. 10. 종료되었으나 계약기간을 갱신하여 2008. 10. 31. 까지 토지를 이용하였고, 2008. 10. 31. 이후에는 기간을 정하지 않은 임대차관계를 유지해 오고 있습니다.

그러던 중 甲은 A에게 이 사건 토지에 대하여 매매계약을 체결하였고, 이 사건 건물에 대하여 소유권보존등기를 마친 후 A에게 소유권을 이전하였습니다.

2. 검토의견

가. 이 사건 건물의 소유권 귀속

우선 甲과 乙 사이에 이 사건 토지에 대하여 토지 임대차계약을 체결할 당시 이 사건 건물의 소유권이 누구에게 귀속되는지가 검토의 전제가 된다 할 것입니다.

일반적으로 자기의 노력과 재료를 들여 건물을 건축한 사람은 그 건물의 소유권을 원시취득하는 것이고, 다만 도급계약에 있어서는 수급인이 자기의 노력과 재료를 들여 건물을 완성하더라도 도급인과 수급인 사이에 도급인 명의로 건축허가를 받아 소유권보존등기를 하기로 하는 등 완성된 건물의 소유권을 도급인에게 원시적으로 귀속시키기로 합의한 것으로 보일 경우에는 그 건물의 소유권은 도급인에게 원시적으로 귀속된다고 보는 것이 판례의 태도입니다(대법원 1992. 3. 27. 선고 91다34790판결 참조).

현재 甲과 乙 사이의 약정을 소상히 알 수 없는 상태이지만, 원칙적으로 건물을 신축한 乙이 건물의 소유권을 원시취득한다 할 것이며, 만약 甲이 건물에 대한 소유권을 원시취득하는 약정이 있었다는 사실은 甲이 입증을 하여야 할 것입니다. 당시 甲 명의로 소유권보존등기가 되지 않았고, 단지 건축물 대장상 甲이 등재되어 있었을뿐이며, 건축물 대장의 경우 건축물 대장에 일정한 사항을 등재하거나 등재된 사항을 변경하는 행위는 이를 관장하는 행정관청이 행정사무의 편의와 사실증명의 자료로 삼기 위한 것뿐이고 그 등재나 변경등재행위로 인하여 그 건축물에 대한 실체상의 권리관계에 어떤 변동을 가져오는 것은 아니라고 보는 것이 판례의 태도이므로(대법원 1985. 3.12. 선고 84누738 판결 참조), 단순히 甲이 건축물 대장에 명의자로 등재되어 있다 하여 이를 근거로 소유권 귀속의 합의가 있었음을 주장하기는 힘들어 보입니다.

따라서 우선, 乙이 신축한 건물의 소유권이 당시 乙이 원시취득하였음을 전제로 하여 논의를 진행하도록 하겠습니다.

나. 甲과 乙 사이의 토지임대차계약

甲과 乙이 1998. 체결한 토지임대차 계약은 이른바 건물소유를 목적으로 한 토지 임대차 계약입니다. 따라서 토지 임차인은 민법 제643조, 제283조에 의하여 갱신청구권과 건물매수청구권을 가진다 할 것입니다.

다. 甲과 乙 사이의 원상복구 약정의 효력

甲과 乙은 사용기간 5년이 만료할 경우 甲이 원하면 원상복구를 하고 乙은 이에 대하여 이의를 제기하지 않도록 약정을 하였으나, 위 약정은 민법 제652조에 따라 무효라 할 것입니다.

즉, 판례는 '토지 임대인과 임차인 사이에 임대차기간 만료후 임차인이 지상건물을 철거하여 토지를 인도하고 만약 지상건물을 철거하지 아니할 경우에는 그 소유권을 임대인에게 이전하기로 한 약정은 민법 제643조 소정의 임차인의 지상물매수청구권을 배제키로 하는 약정으로서 임차인에게 불리한 것이므로 민법 제652조의 규정에 의하여 무효이다'라고 판시하고 있는바(대법원 1991.4.23. 선고 90다19695 판결 참조), 甲과 乙 사이의 원상복구 약정은 무효라 할 것입니다. 따라서 위 약정에도 불구하고 토지 임차인은 건물에 대한 매수청구권을 행사할 수 있다 할 것입니다.

라. B가 건물매수청구권을 행사할 수 있는지 여부

B는 원래 토지임대차 계약을 체결한 을로부터 모든 권리를 양수받은 자인바, B는 乙이 원시취득한 이 사건 건물의 소유권을 적법하게 이전받은 자라 할 것입니다(현재 매매계약서를 분실하여 입증이 문제가 될 수도 있지만 을로부터 슈퍼마켓을 이전받을 당시 지급한 매매대금의 대부분은 물건값, 보증금을 제외하고는 건물 가격으로 보는 것이 합

리적인 해석이므로 乙의 진술이 있다면 이를 입증할 수 있을 것입니다).

또한 B는 甲의 동의를 얻어 토지임차권을 적법하게 양도받은 자이므로 B는 건물매수청구권을 행사할 수 있다 할 것입니다.

마. 건물매수청구권 행사의 상대방

현재 토지 임대차관계는 기간의 정함이 없는 임대차로 존속 중인 바, 건물매수청구권 행사의 상대방은 원칙적으로 임차권 소멸 당시의 토지 소유자인 임대인입니다. 따라서 차후 甲의 지위를 승계한 A가 토지 임대차관계를 해지하는 경우 B는 A에 대하여 건물매수청구권을 행사할 수 있다 할 것입니다.

바. 그 밖의 문제

현재 B는 이 사건 건물에 대하여 등기가 되어 있지 아니하나 당초 이 사건 건물은 乙이 원시취득하였고, B는 원시취득한 乙로부터 이 사건 건물의 소유권을 이전받은 자이므로, 현재 甲의 소유권보존등기는 원인무효의 등기라 할 것이어서 말소등기의 대상이라 할 것입니다. 또한 무효인 甲 명의의 소유권보존등기를 전제로 한 A 명의의 등기 역시 순차로 말소되어야 할 등기라 할 것입니다.

※ 구체적인 사실관계의 상이성과 판례와 법률의 변동으로 의견은 달라질 수 있으니 반드시 전문가와 상의하여야 합니다.

상담사례

- 22 (상담사례 21 추가질의) -

사실관계

먼저 변호사님의 성의 있는 답변에 진심으로 감사드리며, 절망했던 저로서는 큰 힘과 희망을 갖게 됨에 다시 한 번 감사드립니다. 몇 가지 빠진 사안과 쉽게 이해가 되지 않은 부분에 대하여 질문 드리겠습니다.

맨 처음 계약 당시 약정서에 C라는 사람이 하나 더 있습니다. C는 마트에 우유를 납품하던 사람이고 저와도 절친하게 지내던 사람이며 乙이 자금난에 힘들어하는 것을 보고 2억 원을 乙에게 차용해 준 사람입니다.

제가 인수할 시점까지 회수하지 못한 상태에서 제가 채무를 책임지기로 하고 인수가 이루어지고 약정을 할 때 제 스스로 그 권리를 인정해주는 형식으로 약정서 1)명의에 C로 하고 2)명의에 B로 하였습니다.

그 후 B는 C에게 이자 지급을 정상적으로 하였습니다. 그리고 2년 정도에 거쳐 모두 변제 완료하였으며, 이는 甲도 알고 있는 사실입니다.

그다음 2005년 3월까지 저의 부인(D) 명의로 사업자 번호가 등록이 되어 2003년 2차 갱신 약정은 (D)명의로 했으며 임차금 변동(월차임 435만 원 후일 점차 하향조정하여 현 300만 원) 계약서 또한 (D)의 명의로 현재에까지 이르게 됐으며 2005년 3월 말 사업주를 B의 명의로 하여 현재까지 이르게 되었습니다.

질의

그러니까 현재 사업주는 B이고 임차인은 D 인데 매수청구인은 B와 D중 어느 명의로 해야 되며 C와의 관계가 법적으로 거론 대상이 되는지 궁금합니다.

甲이 A에게 첫 번째 약정서만 넘겨주었다고 했으며 거기에는 임차인이 B와 C의 명의로 되어 있습니다. 두 번째 약정서에는 D 단독으로 되어 있습니다.

그다음 그 밖의 문제 답변에서 甲의 소유권은 원인무효 등기이고 A의 등기 또한 말소되어야 한다고 하셨는데 B가 소유권 반환을 거처 소유권을 취득했다고 하더라도 임대차는 임대차이므로 임의규정인 갱신청구는 불가할 것 같은 생각입니다. 그리고 매수청구가 동시이행관계라면 선 이전 상태로 진행이 되는 것은 불가하고 소유권 취득 후에만 매수 청구가 가능하다는 말씀으로 해석해야 되는 것인지 혼동이 됩니다. 지상권이 성립되지 않은 저의 입장에서는 불필요한 소모전이 되지 않을까 걱정이 됩니다.

사실 마트를 정리한다는 것이 막대한 시설을 고물로 철거할 수밖에 없고 엄청난 상품처리 또한 엄두가 나지 않지만 A의 입장 또한 양보할 수 없는 사안이기 때문에 정리하는 방향으로 마음을 달래고 있는 것입니다. 소유권 정리가 필수 요건이라면 소유권 반환주장에도 시효가 있는지요.

일전에 빠진 사안입니다. A는 토지매입 과정에서 甲의 인접된 답을 함께 구입했는데, 단위농협에 근저당 설정을 하고 10억원을 대출받고 등기부 원인에 근저당 설정이라고 기재가 되었습니다. 이러한 부분은 연관이 없을까요?

답 변

1. 건물매수청구권의 행사자

건물매수청구권은 임대차 종료 당시의 임차인이 행사하는 것이므로 사업자등록 명의가 누구냐 하는 것은 전혀 상관이 없습니다. 따라서 현재 토지 임차인인 D 명의로 행사를 하여야 합니다.

2. C와의 관계

현재 건물매수청구권을 행사하는 데 있어 C는 법적인 거론대상이 되지 않습니다.

3. 건물매수청구권이 인정되는 여러 가지 사정

토지임차인의 건물매수청구권에 대하여 판례는 '건물의 소유를 목적으로 한 토지의 임차인이 임대차가 종료하기 전에 임대인과 간에 건물 기타 지상 시설 일체를 포기하기로 약정을 하였다고 하더라도 임대차계약의 조건이나 계약이 체결된 경위 등 제반 사정을 종합적으로 고려하여 실질적으로 임차인에게 불리하다고 볼 수 없는 특별한 사정이 인정되지 아니하는 한 위와 같은 약정은 임차인에게 불리한 것으로서 민법 제652조에 의하여 효력이 없다'고 판시하고 있습니다.

즉, 원상복구 약정을 하는 모든 경우에 임차인에게 건물매수청구권이 인정되는 것은 아니고 만약 임차인에게 불리하다고 볼 수 없는 특별한 사정이 있다면 건물매수청구권이 인정되지 않는 것입니다(실제로 이러한 특별한 사정이 있는 경우는 예외적인 경우입니다).

乙이 이 사건 건물을 신축하는 과정에서 철거, 보상 문제 등으로 각종 비용이 많이 발생하였다는 점, B가 乙로부터 이 사건 건물에 대한 소유권을 이전받을 당시에 건물 가액 상당액을 지급하였다는 점 등은 현재 B에게 건물매수청구권을 인정하지 않는 것이 임차인에게 불리하다는 점을 입증할 수 있는 정황사실입니다.

따라서 이후 소송 시 이러한 사정들을 통하여 현재 토지 임차인에게 건물매수청구권이 인정되어야 한다는 점을 더욱 강력하게 주장할 수 있을 것입니다.

- -

4. 제소전화해와 공증의 차이점

공정증서(공증)은 공증인법에 따라 자격을 갖춰 임명된 공증인의 면
전에서 촉탁인의 확인, 대리권의 증명 등 소정의 절차를 거치기 때
문에 진정 성립이 추정됩니다(서울행정법원 2020. 4. 9. 선고 2019구합
63201 판결 참조). 일반적으로 공증은 분쟁 발생 시 해당 문서의 존재
에 대하여 형식적 증거력(작성 명의인에 의하여 그 문서가 진정으로 작성
되었다는 의미)이 인정되며, 실질적 증거력(실제로 문서에 기재되어 있는
법률행위가 있었다는 의미)에 대하여도 추정을 할 수 있게 하는 효과가
있습니다. 하지만 결국 실질적 증거력은 판사가 판단하는 것이므로
어떠한 사항이라도 공증을 하면 이후 소송에서 인정을 받을 수 있
는 것은 아닙니다.

또한 공증은 금전채권관계에 있어서 확정판결과 동일한 효력을 가
지며, 분쟁 발생 시 재판을 통하지 않고도 공정증서를 통하여 강제
집행을 할 수 있습니다. 이는 민사집행법 제56조 제4호 '공증인이
일정한 금액의 지급이나 대체물 또는 유가증권의 일정한 수량의 급
여를 목적으로 하는 청구에 관하여 작성한 공정증서로서 채무자가
강제집행을 승낙한 취지가 적혀 있는 것'에 해당하여 집행권원으로
서의 효과가 있습니다. 모든 공증이 이러한 효과가 있는 것이 아니라

공증을 할 때 강제집행을 수락한다는 의미의 조항이 작성된 경우에 한하는 것입니다.

제소전화해는 민사분쟁이 생겼을 경우 당사자 간의 분쟁이 소송으로까지 번지는 것을 막기 위해 소송 전에 법관 앞에서 화해를 성립시키는 절차이며, 제소전화해가 성립된 경우 화해조서는 확정판결과 동일한 효력이 있습니다. 따라서 제소전화해 조서를 집행권원으로 하여 강제집행을 할 수 있습니다.

공증과 제소전화해의 가장 큰 차이점은 모든 제소전화해는 확정판결과 동일한 효력이 있으므로 이를 통하여 강제집행을 할 수 있음에 반해 공증은 금전 기타 대체물에 한하여 강제집행 수락조항을 삽입하는 경우에만 집행권원으로서 효력이 있다는 점입니다.

현재 甲과 B가 원상복구를 내용으로 하는 공증을 했다고 하더라도 甲은 공정증서를 집행권원으로 강제집행을 할 수 없습니다. 또한 이후 소송이 진행된다 하더라도 강행규정에 반하는 공정증서 조항이므로 그 효력이 없다 할 것입니다(만약 원상복구를 내용으로 하는 제소전화해가 성립되었다면 현재 판례는 강행규정에 반하는 화해조항이라 하더라도 일단 성립이 되면 그에 대한 효력을 인정하고 있으므로, 다툴 수 있는 여지가 없어집니다).

5. 甲, A 명의의 등기말소

이 사건 건물은 乙이 원시취득을 하였고 B는 乙로부터 건물에 대하여 매매계약을 체결한 상태입니다. 현재 B 명의로 등기가 되어 있지 않으므로 B가 이 사건 건물의 소유자는 아닙니다(현재 법률적으로 이 사건 건물의 소유자는 乙입니다). 하지만 乙이 원시취득한 건물을 甲이 임의로 보존등기를 하고 A 명의로 이전등기가 되었으므로 이는 원인무효의 등기입니다.

이 경우 미등기 매수인인 B는 자신이 소유자임을 이유로 甲, A에 대하여 등기말소를 구할 수는 없지만 이 사건 건물의 소유자인 乙의 권리를 대위하여 행사할 수 있는 지위에 있습니다.

따라서 B는 乙의 소유권에 기한 방해배제청구권을 근거로 甲, A 명의의 등기 말소청구권을 대위하여 행사할 수 있는 것입니다.

---

6. 근저당권 관련

현재 토지에 설정되어 있는 근저당권은 본 사안과 관계가 없습니다.

> ※ 구체적인 사실관계의 상이성과 판례와 법률의 변동으로 의견은 달라질 수 있으니 반드시 전문가와 상의하여야 합니다.

상담사례

— 23 (상담사례 21 추가질의) —

질 의

바쁘신데 자상한 답변 감사드립니다. 아무 생각 없이 진행했던 사안들이 이렇게 난감한 현실에 처하게 되었음을 다시 한 번 후회하며 변호사님께 염치를 불고하고 또 한 번 문의 드립니다.

1. 소유권 등기와 매수청구의 관계

매수청구의 성립 요건에 임차인에게 법정 소유권 등기가 꼭 되어 있어야 하는 지가 궁금하며 갑 등기의 원인무효 소를 하려면 현재 임대인 명의 소유권 취득 일로부터 시효가 있는지요?

---

2. 제 생각에는 매수청구대금 지급과 소유권 이전이 동시이행 관계라면 소유권을 먼저 이전해 주었으니 B로서는 소유권 이전 의무를 선 이행으로 간주할 수는 없는 것입니까? 소유권 취득이 B 앞으로 된다고 해도 법정지상권 성립이 불가능한 현실에서 소유권 무효나 하는 등의 소송은 소모전밖에 되지 않을까 하는 생각으로 드리는 말씀입니다.

---

3. 꼭 B 명의의 소유권등기가 필수 요건이라면 원인무효정리절차를 밟아야 하는 시기는 언제쯤이 적당한 시기가 된다고 할 수 있는 것인지요? 그리고 그 명의는 B와 D 중 누구의 명의로 해야 됩니까?

---

4. 제소전화해 조서는 꼭 판사 앞에 출석해서 진행하는 법 절차입니까? 저는 법원 문밖에도 가지 않고 출두명령서 또한 받아본 적이 없습니다. 그렇다면 제소전화해 조서에 대하여는 걱정하지 않아도 되겠습니까?

답변

1. 소유권 등기와 매수청구와의 관계

건물매수청구권은 건물 기타 공작물의 소유를 목적으로 하는 토지임대차에 있어 임대차 기간이 종료된 경우 임차인이 그 지상시설의 소유권을 가지고 있는 것이 보통이므로 임차인 보호를 위하여 임대차기간의 갱신을 청구할 수 있는 권리를 주고, 임대인이 갱신을 거절할 경우 건물을 매수청구할 수 있는 권리를 부여하는 것입니다.

따라서 건물매수청구권을 행사하기 위해서는 건물매수청구권을 행사하는 자가 그 소유권을 취득하고 있는 경우여야 합니다. 현재 건물의 소유권은 전 임차인인 乙의 소유임은 지난 번 답변에서도 알려드린 바와 같고, 위 건물에 대한 소유권을 현재 임차인 명의로 이전을 해야 건물매수청구권을 행사할 수 있습니다.

그러므로 우선 현재 무효의 등기인 甲 명의의 보존등기, A 명의의 소유권이전등기를 말소한 후에야 매수청구권을 행사할 수 있습니다.

그리고 시효 부분은 현재 문제가 되는 것이 없습니다. 왜냐하면 甲, A 명의의 등기 말소청구는 현재 임차인의 권리를 직접 행사하는 것이 아니라 현재 건물의 진정한 소유자인 乙의 소유권에 기한 방해배제청구권을 B가 대위하여 행사하는 것이고, 소유권에 기한 방해배제청구권은 시효로 소멸되지 않기 때문입니다.

2. 소유권 말소절차가 소모적인 절차인지 여부

현재 형식상으로는 A 명의의 소유권이전등기가 경료되어 있으나 실제로 이 사건 건물의 진정한 소유자가 아닌 甲의 보존등기를 전제로 이전된 등기이므로 진정한 소유권에 대한 등기로 볼 수 없습니다.

물론 등기상 이해관계인 모두의 합의에 의하여 위 A의 등기를 유효한 것으로 합의를 하고 A가 건물을 매수하고 그 대금을 지급해 줄 의사가 있는 경우라면 등기 말소절차가 소모적인 절차가 될 가능성이 있습니다.

하지만 현재 A가 B에 대하여 이 사건 건물의 소유권이 B에게 있음을 인정하고 매수할 의사를 보이는 경우가 아니라면 등기 말소절차는 필수적인 절차가 되는 것입니다.

A 입장에서 甲으로부터 이 사건 건물을 매수하였고, 甲에게 매매대금을 지급하였다고 주장한다 하더라도 甲은 진정한 소유자가 아니었기 때문에 A의 매매대금 상당의 손해는 전 임대인인 甲으로부터 배상받아야 할 부분입니다.

---

3. 이 사건 건물을 B와 D 중 누구의 명의로 할지 여부

이 부분은 조금 문제가 있는 부분인데 현재 토지임대차 계약 갱신시 B가 아닌 D 명의로 계약을 체결하여 토지 임차인이 D인 상태이고, 이 사건 건물은 乙이 원시취득한 이후 乙과 B가 매매계약을 체결하여 B가 그 소유권을 이전받았으므로 B의 소유라 볼 수 있습니다. 문제가 되는 부분은 건물매수청구권은 토지 임차인이 건물을 소유하고 있어야 하는데 현재 그 둘의 명의가 달라져 있는 것입니다. 결론적으로는 현재 임차인인 D 명의로 이전받는 게 가장 효율적인 방법입니다. 왜냐하면 건물매수청구권은 토지 임대차 종료 당시의 임차인이 행사할 수 있는 권리이기 때문입니다.

또 한 가지 고려해야 할 점은 甲, A 명의의 등기 말소를 위해서는 이 사건 건물을 원시취득한 乙로부터 매매계약을 체결하여 소유권을 이전받은 자를 확정해야 하는데, 현재 매매계약서를 분실하여 존재하지 않는다고 하니 매매계약 당시에 매매대금을 지급한 계좌내역을 증거로 제출해야 할 필요가 있을 것입니다. 말소청구를 만약 진행하는 경우라면 당시 실제로 명의자는 D로 할 의사였고, B 명의의 계좌에서 매매대금이 나왔다고 주장을 하여 말소소송과 건물매수 소송간의 일관성을 유지하는 것도 필요할 것입니다.

4. 제소전화해 조서

제소전화해 조서는 양 당사자가 출석을 해야만 작성이 될 수 있습니다. 위임장을 통하여 출석을 하는 것이 가능한데 위임장조차 작성하신 적이 없다면 제소전화해 조서가 작성되지 않았을 것입니다.

5. 갱신청구에 대하여

임대인이 확실히 해지통고를 하는 경우라면 갱신청구를 하는 의미가 없어집니다. 왜냐하면 임차인이 갱신청구를 하는 경우 임대인이 위 갱신청구를 거절할 수 있는 권한이 있기 때문입니다.

일단 A에게 법적으로 건물의 소유권은 乙에게 있고 현재 B는 乙과 매매계약을 체결하여 소유권을 이전받은 자이므로, 향후 건물매수청구권을 행사할 수 있는 지위에 있음을 강조하고, 행여 A가 토지 임대차 기간 연장에 대하여 동의를 해준다면 임대차 기간을 연장한 후에 매수청구를 하는 것이 나을 것입니다.

※ 구체적인 사실관계의 상이성과 판례와 법률의 변동으로 의견은 달라질 수 있으니 반드시 전문가와 상의하여야 합니다.

상담사례

질 의

자상한 답변과 상담인에 대한 호의에 감사드립니다. 사실상 법에 문외한인 제가 답변에 대한 이해를 이제 어느 정도 할 수 있을 것 같군요.

D는 저의 부인이지만 소심함 때문에 마트 인수를 적극 반대를 하였습니다. 그래서 사실은 제가 부인과 완전한 합의를 이루지 않은 상태에서 임의적으로 인수계약을 하고 나서 설득을 하였습니다. 그때 당시 저는 모회사의 대리점을 운영하고 있었으며 집안 모든 자금관리는 D에게 맡기고 저는 영업에만 몰두하는 형태였습니다. 그래서 제가 D에게 사업주는 D 명의로 할 것이며 차후 재계약시는 계약서 명의도 D로 할 것을 약속한 사실이 있었습니다. D는 인수 후 운영에도 깊이 관여하였으며 乙과의 인수 과정에서 발생했던 차입금 등 모든 부채도 D의 사업자 명의로 운영 중 발생했던 이익금으로 변제를 했기 때문에 D의 모든 자금이 입출금 되었습니다. 부부 간의 명의 변경도 서류상 근거를(양도양수계약서) 갖추어야 하는지요. 그 후 제 신용 회복을 위해 은행에 변제를 하고 2005년 3월 저의 명의로 사업주를 교체했습니다.

답변

1. D 명의의 임대차계약과 관련하여

사정이 그와 같다면 애초부터 乙과 매매계약을 체결한 사람을 D로
구성하는 것이 더 합리적인 선택인 듯합니다. 더군다나 매매대금 일
부의 출처가 사모님 명의라면 사모님이 매매계약을 체결한 것으로
구성하는 것이 간결하게 소송을 이끌어낼 수 있지 않을까 합니다.

2. 매매대금 지급과정

결국은 실제로 매매대금이 지급된 액수는 일부분에 불과하고 대부
분의 매매대금은 기존에 을이 부담하고 있던 채무를 인수하였다는
설명이신 것 같습니다.

실제로 매매대금을 지급하는 것과 기존의 채무를 인수하는 것은 결
국 매매대금의 지급방법의 차이밖에 없는 것이고 채무가 인수된 만
큼 매매대금으로 인정된다는 점에서는 차이가 없는 것입니다.

따라서 인수된 채무를 변제해 왔다는 점만 입증할 수 있다면 기존
의 채무를 인수한 것과 현실적으로 매매대금을 지급한 것과 법률상
차이가 없게 됩니다.

3. 소유권 말소와 매수청구 시기

의뢰인 말씀대로 만약 소유권말소등기청구를 하게 된다면 A 입장에서는 곧바로 해지통보를 할 가능성이 높습니다.

현재 A 입장에서 손해가 있는 부분은 의뢰인과 해결해야 될 부분이 아니라 법률적으로 자신의 소유가 아닌 건물을 보존등기하여 매매계약을 체결한 甲과의 사이에서 해결되어야하는 부분입니다.

법률적으로 이 사건 건물의 소유자는 현재까지 乙인 것이고, 甲이 소유자가 아님에도 불구하고 이 사건 건물에 대하여 보존등기를 경료하고 매매대금을 받은 것이므로 A의 손해는 甲과의 관계에서 해결되어야 할 부분이지 토지 임차인과의 관계에서 문제가 될 부분은 아닙니다.

결국 현실적으로는 말소등기청구와 건물매수청구는 동시에 진행될 수밖에 없습니다(실질적으로는 말소등기청구가 먼저 이루어져야 할 것입니다). A가 해지통보를 하는 경우에는 곧바로 A에 대하여 건물매수청구권을 행사하여야 하기 때문입니다.

-----

4. 甲과 A의 관계

물론 甲이 A에게 이 사건 건물을 매도할 당시에는 이 사건건물이 토지임차인이 지은 것이지만 원상회복 약정으로 인하여 이 사건 건물은 甲의 소유임을 밝혔을 것입니다.

하지만 법률적으로 원상회복 약정은 민법상 강행규정에 반하는 약정으로 무효이고, 제소전화해 조서가 작성되어 있지 않는 한 토지소유자가 이 사건 건물의 소유라고 주장할 수 없는 상태입니다.

결국 甲은 자신의 소유가 아닌 건물에 대하여 A와 매매계약을 체결한 것이 되므로 A가 이 사건 건물을 소유하지 못함으로 인하여 발생하는 손해는 甲에게 청구해야 할 부분인 것입니다.

※ 구체적인 사실관계의 상이성과 판례와 법률의 변동으로 의견은 달라질 수 있으니 반드시 전문가와 상의하여야 합니다.

상담사례

- 25 -

사실관계

2010. 8. 24. 3층 상가 계약, 건축물대장 확인 이상무

2010. 9. 6. 잔금 / 인테리어공사 시작, 건축물대장 미확인

2010. 10. 14. 용도변경신청, 1층 불법건축물발견(8. 30. 건축물대장 불법건축물등재)

2010. 10. 20. 1층 불법건축물 임대인과 철거합의, 철거시작

2010. 10. 27. 용도변경승인, 개업예정일 개업연기

2010. 11. 4. 개업

질 의

1. 건물주는 컨설팅(부동산중개사무소)에게만 1층에 불법건축물이 있다는 사실을
   알렸는데, 컨설팅(부동산)업체와 건물주는 임대인에게 이야기해주지 않아서
   뒤늦게 알아 용도변경(3층)이 연기되었고, 결국 개업연기(7일)가 되었는바, 이

에 대한 건물주와 컨설팅 업체의 잘못 여부 및 피해보상을 받을 수 있는지 여부가 궁금합니다.

2. 컨설팅(부동산중개사무소)에서 건축물대장을 계약시에만 확인해보고 잔금 시 확인 안 해봐서 중간에 불법건축물이 등재되었는데 이에 대한 건물주, 임대인, 컨설팅(부동산중개사무소)업체의 잘못 여부가 궁금합니다.

3. 1층 불법건축물 철거에 대한 피해보상을 컨설팅(부동산), 건물주 측에서 해줘야 되는지 궁금합니다.

답변

1. **상가건물 1층 불법건축부분으로 인하여 의뢰인의 개업이 일주일 늦어지게 되었는바 일주일 동안 발생한 손해에 대하여 건물주, 부동산중개인에게 손해배상을 청구할 수 있는지 여부**

가. 건물주의 경우

일반적으로 손해배상을 추궁할 수 있는 방안은 계약상 책임을 묻는 방법과 불법행위로 인한 책임을 묻는 방법이 있습니다.

의뢰인이 상가임대차계약 체결 당시 계약서에 개업일을 명시하고 개업일을 지키는 것이 중요하다는 점을 계약 내용에 포함시켰다면 건물주에게 이를 근거로 책임을 추궁할 수 있으나 당시 의뢰인은 건물관리인에게 개업일을 통지하는데 그쳤기 때문에 계약상 책임을 추궁하기는 힘들어 보입니다.

또한 건물주가 불법건축부분을 알고 있었다 하더라도 부동산중개인에게 그 사실을 말하였으므로 불법행위로 인한 책임 역시 추궁하기 힘듭니다.

나. 부동산중개인의 경우

공인중개사의 업무 및 부동산 거래신고에 관한 법률 제30조 제1항에 의하면 '중개업자는 중개행위를 함에 있어서 고의 또는 과실로 인하여 거래당사자에게 재산상 손해를 발생하게 한 때에는 그 손해를 배상할 책임이 있다'고 규정하고 있습니다.

부동산중개인은 불법건축부분이 존재하고 있는 사실을 건물주로부터 들어서 알고 있었음에도 이를 의뢰인에게 고지하지 않았으므로 위 법률 조항에 의하여 중개인에게 그 책임을 추궁할 수 있습니다.

2. 불법건축물을 설치한 1층 임차인의 책임

상가건물에 불법건축물을 설치한 자는 1층 임차인이므로 의뢰인은
1층 임차인에게 민법 제750조 불법행위책임을 추궁할 수 있습니다.
즉, 1층 임차인의 불법건축물 설치라는 위법행위로 인하여 의뢰인에
게 손해가 발생하였으므로 이에 대한 책임을 물을 수 있습니다.

---

3. 1층 임차인의 철거비용

1층 임차인의 경우 자신이 불법건축물을 설치한 것이므로 이의 철
거비용에 대하여 부동산중개사 측이나 건물주에 대하여 책임을 물
을 수 없습니다.

> ※ 구체적인 사실관계의 상이성과 판례와 법률의 변동으로 의견은 달라질 수 있으니 반
> 드시 전문가와 상의하여야 합니다.

상담사례

- 26 -

사실관계

안녕하세요? 부동산 월세 보증금 반환 소송에 대해서 여쭤 보고 싶습니다. 저는 경기도 ○○에서 2007년 11월 3일 보증금 월세 45만 원 관리비 3만 원에 방 하나 거실 욕실 있는 원룸형 빌라를 계약을 해서 올해 5월 8일까지 살고 있었습니다. 생활고 때문에 월세를 내지 못한 적도 몇 번 있었고 그래서 총 남아 있는 보증금이 760만 원입니다.

5월 8일 날 직장문제로 어쩔 수 없이 급하게 경기도 □□시로 이사를 하게 되었습니다. 이사하기 전에 관리인(집주인 아들 한 건물 살면서 관리하고 있음)에게 내가 사정상 집을 급하게 빼야 한다. 계약기간이 남았지만 보증금을 반환해 줄 수 있겠느냐 하고 여쭤봤습니다. 근데 그럴 수는 없고 자기들 건물은 공실이 없다고 걱정 말라고 자신만만한 말투로 부동산에 내어놓고 나가시면 금방 빠진다고 했습니다.

그래서 없는 살림에 보증금 760만 원이 적은 금액이 아니지만 그 말을 믿고, 우선 짐을 모두 빼어서 □□시에 무보증에 월세 53만 원 짜리로 이사를 했습니다. 보증금

760만 원은 저한테 남은 재산 모두입니다.

제가 이전 집 계약할 때 집 주인 이름은 조○○인데, 아들이 대리인으로 계약도 하고 도장도 찍고 집도 보여주고 다 했었습니다. 당연히 그 사람을 집주인으로 생각했구요, 살면서 집에 무슨 문제가 있으면 월세기 때문에 그 아들이란 사람한테 말하면 모든 게 해결이 되었었구요. 어제 이전 집에 있는 계량기 검침해서 미납요금을 내려 들렸었습니다. 근데 마침 부동산에서 집 보러 온다고 전화가 오더군요. 제가 부천 집에 들어갔을 때 부동산에서 사람이 와서 보고 있었습니다. 집도 깨끗하고 맘에 든다고 계약의사가 있으니까 집주인 전화번호를 알려 달래서 집주인 아들 전화번호를 알려 줬습니다(당연히 전 집주인 전화번호로 알고 있었습니다).

그런데 너무 전화를 안 받아서 집주인 호수를 알려줬더니, 집주인 아들은 없고 와이프가 자기 시아버지 전화번호를 부동산 사람한테 알려줬습니다. 집주인이 자기 사무실로 오라고 하더라구요(집 주인은 그 동네에서 원룸형 빌라 건물을 많이 소유하고 있습니다).

그래서 부동산 사람들이 가길래 저는 '아 이제 집 금방 빠지는구나, 정말 잘 됐다'고 생각하고 있었는데 한참 후에 부동산에서 전화가 걸려 왔습니다. 너무 황당하다면서 세입자도 알고 있어야 되기에 전화 준다고요.

제가 무슨 얘기냐고 했더니 글쎄 집주인이 월세는 놓지도 않고, 전세만 놓을 거라고 이야기했는데, 그래서 계약하려고 했던 사람들이 여유가 좀 되는지 5,500만 원에 계산해서 전세 달라고 하니까, 5,500만 원도 싫고 6,000만 원 아니면 자기는 세 안 놓을 거라고 했답니다(제가 그 집 첨에 이사 갈 때 전세 4,800만 원이라고 했습니다).

그래서 계약하려고 했던 사람들이 황당해서 돌아갔고, 부동산에선 저에게 지금 주변 시세가 있는데 이런 식이면 방 안 빠질 거라고 만기달이 11월이라고 들었는데 어떡하냐고 걱정을 해주더군요. 전 너무 화가 나고 어이가 없어서 집 주인 아들에게 전화를 계속 걸었습니다. 전화 받더군요, 그래서 제가 말했지요. '이런 경우가 어딨냐?'고. 나보고는 '집 내놓고 나가라'고 '걱정 말라'고 하더니, 계약하려고 사람이 갔는데 그 자리에서 '월세 안 놓는다'고 하고 전세도 '6,000만원 달라는 게 말이 되냐?'고 그랬더니 이제 와서 자기는 모르는 일이라고 발뺌하고 아버지가 집주인이니까 아버지한테 전화하라고 번호를 알려주더라구요. 그래서 제가 집주인 조○○ 본인한테 전화를 해서 따졌지요. '이런 경우가 어딨냐?'고, '계약 기간 내라도 이사 나가게 되면 집을 뺄 수 있는 권리가 나한테도 있는 건데 이거는 집 주인 마음대로 그 권리도 박탈한 거냐 뭐냐?'고 그랬더니 집주인이 '자기가 공사를 해야 돼서 돈이 필요하기 때문에 어쩔 수 없다'고 그러네요.

질 의

현재 상황에서 제가 보증금을 돌려받을 수 있는지요.

답 변

　위 상황에서는 임대인의 아들이 임대인을 대리하여 귀하와 임대차 문제에 관해 교섭한 것으로 볼 수 있습니다. 그리고 원칙적으로 임차인은 임대차기간까지 임대목적물에 거주할 권리가 있고, 그 임대차기간은 임대인에게도 동일하게 적용됩니다. 따라서 임대인은 임차인의 기간만료 전 임대차계약 해지요구를 거부할 수 있는 권리가 있습니다.

　귀하가 적시한 사실관계에 따르면 임대인은 귀하와의 임대차계약해지요구를 거절하였습니다. 또한, 귀하에게 제시한 동일한 조건으로 제3자에게 이 사건 부동산을 임차하겠다는 명백한 의사표시가 발견되지 않습니다.

　결론적으로 임대인이 자신의 임대차계약상의 의무를 불이행하였다는 특별한 사정이 없는 한, 기간 만료 전에 보증금을 반환받기는 쉽지 않으리라 판단됩니다.

> ※ 구체적인 사실관계의 상이성과 판례와 법률의 변동으로 의견은 달라질 수 있으니 반드시 전문가와 상의하여야 합니다.

상담사례

- 27 -

사실관계

안녕하십니까? 현재 저는 다세대주택에 전세로 현재 거주 중입니다(전세보증금 1억 원). 집주인이 6개월 전부터 건물 청소 및 전기료 등을 미납하여 확인결과 집주인 사업이 잘 안되어 전화도 안 받고 피해 다니는 것 같습니다. 집 담보로 받은 은행 대출금 3억5천만 원도 이자 납부가 6개월 이상 미납된 것으로 확인되었습니다. 만약 집이 경매로 넘어갈 경우 2차 경매까지 진행되면 전세금을 못 받을 것 같아서 불안합니다(제가 거의 마지막에 입주한 상태임).

질 의

주인은 전화도 안 되고, 위 상황으로 불안하게 1년을 더 살고 싶지가 않아서 어떻게든 전세금을 돌려받고 빨리 이사하고 싶은데 방법이 없을까요? 안 되면 다른 세입자보다 늦게 들어왔지만 유리한 위치로 만들 방법이라도 있는지 확인 바랍니다.

답변

1. 사실관계

의뢰인은 2012. 5. 경 임대인 박○○과 경기도 용인시 기흥구 동백동 소재 다세대 주택(이하 '이 사건 주택') 중 2층 1가구에 관하여 보증금 1억 원, 임대차기간 2년으로 하는 임대차계약을 체결하였습니다.

현재 임대차기간 중인데 임대인이 이 사건 주택을 담보로 대출한 금원의 이자를 지급하지 못하고 있고, 현재 의뢰인의 가구에 하자도 존재하고 있는 상황입니다.

2. 질의사항 및 검토

가. 임대차 기간 중에 보증금을 돌려받고 이사를 갈 수 있는 방법

현재 의뢰인은 2012. 5. 임대인과 임대차 기간 2년으로 임대차계약을 체결하였으므로 현재 임대차 기간 중에 있습니다. 임대차 기간 중 보증금을 돌려받고 이사를 가기 위해서는 의뢰인에게 위 임대차계약을 해지할 수 있는 권리가 발생하고, 위 해지권을 행사하여 임대차계약을 종료시켜야만 합니다.

하지만 현재 의뢰인이 말씀하신 내용은 일반적으로 임차인이 임대차계약을 해지할 수 있는 사유가 될 수 없습니다. 임대차계약을 해지할 수 없는 한 임차인이 임대차 기간 중 임대인에게 보증금 반환을 요구할 수는 없는 것입니다.

나. 보증금 확보방법에 대하여

의뢰인은 이 사건 주택이 경매 처분이 될 경우 다른 임차인들보다 우선하여 보증금을 확보할 수 있는 방법이 있는지를 문의하셨습니다. 하지만 근저당권이 설정되어 있는 채권과 확정일자 있는 임차보증금채권은 근저당권 설정시기와 대항력 취득시기를 비교하여 우위가 정해지는 것이므로 의뢰인이 이미 다른 임차인들보다 늦게 입주를 한 것이라면 지금 다른 임차인들보다 앞서 보증금을 확보 받을 수 있는 방법은 없습니다. 안타깝게도 문의해 주신 내용 모두 현재 말씀해 주신 내용을 기초로 해서는 별다른 방법이 없는 상황입니다.

> ※ 구체적인 사실관계의 상이성과 판례와 법률의 변동으로 의견은 달라질 수 있으니 반드시 전문가와 상의하여야 합니다.

상담사례

- 28 -

사실관계

안녕하세요? 관악구 ○○동에 살고 있는 박○○이라고 합니다.

어려운 사정이 있어, 이렇게 상담 요청 드립니다.

◆ 부동산 물건 : 관악구 ○○동 오피스텔 801호.

◆ 특이사항 : 근린 생활 시설로서, 집주인이 하나의 공간을 원룸 4개로 분할 개조

하여(801~804호) 각 방 별로 전세를 놓음.

등기부등본상 최초 근저당설정은 2003년 11월이며, 근저당액은 총 합계 약 1

억2천만 원.

방 4군데 모두 세입자 있음(전세보증금 합계는 약 2억4천만 원가량 예상).

◆ 전세 계약서상 명기 : 801호(801호 중 일부/804호로 표기되어 있음).

◆ 전세 보증금 : 5,500만원.

◆ 전입신고 : ○○동 804호로 전입신고.

(동사무소에서 '801 중 804'와 같은 형식으로 처리해 주지 않아 804호로 등록)

◆ 본인상황 : 2008년 8월 804호에 전세계약 입주하여, 묵시적 연장에 의해 2012년 8월까지 거주하고, 8월 이후 보증금 반환 요청하였으나, 집주인이 연락 두절 상태. 인근 법무사 사무소를 통하여 '임차권등기' 신청을 하였으나, 법원 측 답변은 아래와 같습니다.

'계약서상 주소지(801호 중 일부 804호)와 주민등록상 주소지(804호)가 불일치하므로, 임차권등기 명령은 가능하나, 주민등록상 전입일자(2008년 8월)은 인정하지 않는다. 즉, 임차권 등기되는 시점을 기준으로 대항력을 갖는다. 임차권 등기 속행여부 판단 후 회신 바란다.'

질 의

저는 '임차권 등기' 설정하고 당분간은 주소지 옮기지 않는 방법을 생각 중입니다 (보증금 돌려받지 않으면 다른데 이사할 여력도 여의치 않구요, 이사를 못 가니 어렵게 직장 출퇴근 중입니다).

1. 만약 임차권 등기 설정하지 않고 계속 거주할 경우, 전입신고한 2008년 8월 기준의 대항력을 유지할 수 있을까요?

2. 만약 임차권 등기 설정하고서 계속 거주한다면(일종의 양다리 걸치기), 향후 임의 경매 등이 진행되었을 때, 2008년 8월 기준의 대항력을 인정받을 수 있을까요?

----

3. 즉, 임차권 등기를 지금이라도 설정하느냐 마느냐가 요점이구요, 제가 처한 상황에 대한 최선의 대응책 조언 주시면 감사하겠습니다.

----

4. 집주인에 대하여, '전세금 반환청구 소송'을 제기할 경우 예상시간과 비용에 대한 대략적인 조언 주시면 감사하겠습니다.

답 변

1. 사실관계

임차인은 관악구 ○○동 소재 오피스텔 8층의 원룸에 입주함.

위 원룸의 경우 801호실을 개조, 공간을 분할하여 4개의 원룸으로 제작해 801~804호로 표시한 사정이 있었고, 임차인은 이 중 804호에 거주중임.

전세계약서 상 위 804호는 '801 중 804'로 명기되었지만, 임차인의 전입신고 당시 동사무소에서는 '804호'로 처리하여 계약서와 전입신고상 주소지의 불일치가 발생함.

그러던 중 임대인이 연락 두절되었고, 전세보증금 반환청구를 위해 법원에 임차권등기를 신청한 뒤 이사를 고려 중임.

한편, 법원에서는 임차권등기는 가능하지만, 부실전입신고로 대항력이 발생할 수 없어 임차권등기 이후의 대항력만이 주장가능하다고 회신한 상황임.

2. 검토의견

가. 전입신고 당시의 대항력

우선 거주하고 계신 건물의 8층에 또 다른 804호가 있는지가 문제 됩니다.

비록 판례는 전입신고의 주소지 표시를 엄격하게 평가하는 입장이지만, 다가구용 공동주택 등의 경우에는 지번 등의 표시가 정확하다면 사회통념상 제3자가 해당 공간에 임차인이 거주하고 있는지를 유효성의 판단기준으로 삼고 있습니다(대법원 2000. 4. 7. 선고 99다6212판결 참조).

현재 오피스텔의 구조를 소상히 알 수 없는 상태이지만, 위 8층에 또 다른 804호가 존재하지 않는다면, 법원의 회신에도 불구하고 전입신고 당시에 유효하게 대항력이 발생한 것으로 평가할 수 있습니다.

다만, 위 전입신고 당시의 대항력이 인정되지 않음을 전제로 하여 논의를 진행하도록 하겠습니다.

나. 임차권등기의 효력

임차권등기로 거주지를 변경하더라도 기존의 대항력이 유지될 수 있음이 가장 주요한 효력이라고 볼 수 있습니다. 그러나 임차권등기가 마쳐지더라도 전입신고 당시의 대항력이 발생하지 않았다면 등기 이전의 전입신고 당시부터의 대항력 주장은 불가능합니다. 즉, 임차권등기 이후의 대항력만이 문제 될 뿐입니다.

다. 적절한 대응방안

우선, 임차권등기를 하여 임차인에게 특별한 손해가 발생하는 것은 아니기에, 전입신고 당시의 대항력 판단과 무관하게 임차권등기를 경료하실 것을 권장합니다.

다만, 전입신고 당시의 대항력은 임차권등기 유무나 계속거주 등과 무관하게 독자적으로 판단될 문제이기에, 부실 신고되어 대항력이 발생하지 않은 기존의 전입신고 효력을 주장하기는 어렵습니다.

현실적으로 임차권등기를 경료한 뒤에도 거주지를 옮기지 않은 채 임대인으로부터 보증금을 반환받는 절차를 진행하는 것이 필요해 보입니다.

라. 보증금반환청구소송의 비용 등

임대인이 연락두절이라도 공시송달 절차로 판결문(집행권원)을 확보하는 것이 필요합니다.

소요기간은 6개월 정도를 넉넉하게 생각하셔야 될 것이고, 소요비용은 변호사를 선임하지 않는다면 큰 비용이 들지 않겠으나, 기존 전입신고의 대항력 평가 등 지극히 법리적인 쟁점이 함께 하는 점을 고려해 변호사를 선임하시어 절차를 진행하는 것이 좋다고 판단됩니다.

> ※ 구체적인 사실관계의 상이성과 판례와 법률의 변동으로 의견은 달라질 수 있으니 반드시 전문가와 상의하여야 합니다.

상담사례

- 29 -

사실관계

[요점]

다가구주택 관리 및 임대를 대리인을 통해 해 오던 중 대리인이 월세를 전세로 바꿔 전세금을 횡령한 사건입니다(전 임대인 측입니다).

[상세내용]

저는 2005년 7월 오산 소재의 다세대 주택을 매입하여 임대업을 하던 중 세입자 중 1명을 관리인으로 선정하여 건물 관리 및 임대차 권한을 위임했었습니다(이하 '대리인'). 그러던 중 위임받은 대리인이 월세를 전세로 전환하여 전세금을 횡령하였습니다(임대인에게는 월세인 것처럼 매월 월세를 납부하고, 계약서는 주지 않았음). 횡령시점은 2008년 경부터 최근까지이며, 이때 대리행위(임대차계약)는 대리인의 부인이 주로 하였으며 임대차 계약 시 대리인의 부인이 임대인의 도장을 사용하였으며, 임대차 계약서에는 임대인의 계좌를 기록하지 않고 대리인 또는 대리인의 부인계좌가 적혀있거나 계좌를 적지 않은 계약서도 있습니다. 임대차계약시 보증금 및 월세 등이 임대인의 계좌로 되지 않았고, 대리인이 수령했으나 임차인 및 부동산 중개인들 중 임대인에게 확인한 사람은 아무도 없습니다.

   총 횡령금액은 약 3억6천만 원 정도이고, 최근 월세 미납액수가 커져 임대인인 본인이 임대차계약서를 요구하니, 그동안 주지 않았던 계약서를 가져와서 이 사실을 털어놓고 횡령금은 벌어서 갚겠다고 합니다. 현재도 대리인은 본 건물에 월세로 살고 있으며 재산이 없는 것으로 보입니다. 그래서 임차인과 부동산 중개인들의 과실을 물어 횡령금의 일부라도 변제받고자 합니다.

질 의

1. 가능하다면 대략 어느 정도 금액일지요? (총 3억6천만 원 대비 회수가능 비율)

- -

2. 어떤 절차를 밟아야 하는지요? (임차인, 부동산중개인, 대리인)

- -

3. 임차인이나 중개인에게 대리인의 횡령사실을 빨리 통보해야 하나요? (통보해야 한다면 그 기한은 어느 정도인가요?)

- -

4. 위임장에 임대인의 인감이 아닌 막도장이 찍혔는데도 위임장이 유효한지요?

- -

5. 대리인이 아닌 대리인의 부인이 대신 가서 임대차 계약을 했는데도 대리효과
   는 동일한지요?

답 변

1. 사실관계

甲은 2005. 7.경 오산에 있는 다세대 주택을 구입하여 임대업을 하던 중 세입자 중 1명인 乙을 관리인으로 선정하여 건물의 관리 및 임대차 권한을 위임하였다. 이에 따라 위 주택의 관리업무를 해오던 乙은 2008.경부터 기존의 임대차계약을 전세계약으로 전환한 다음 전세보증금을 횡령하는 방법으로 지금까지 약 3억 6,000만 원을 횡령하였다. 이후 乙은 사실을 甲에게 털어놓고 횡령한 돈을 갚겠다고 하고 있으나 자력이 없는 상태이다.

2. 검토의견

가. 임대인과 대리인의 법률관계

(1) 乙의 형사상 죄책

금전의 수수를 수반하는 사무처리를 위임받은 자가 사무처리에

수반하여 위임자를 위해 제3자로부터 수령한 금전을 임의로 소비한 경우 횡령죄 내지 배임죄가 성립합니다.

(2) 乙의 불법행위 손해배상책임

乙은 위와 같은 위법한 행위로 인하여 甲에게 입힌 손해에 대하여, 甲은 乙에게 불법행위에 의한 손해배상을 청구할 수 있습니다. 이 경우 손해배상액은 乙이 임의로 횡령한 3억6,000만 원과 이에 대한 지연이자 상당액입니다.

나. 임대인과 임차인들과의 법률관계

(1) 임대차계약(또는 전세계약)의 효력

(가) 甲은 乙에게 '임대에 관한 모든 권한'을 위임하였으므로 乙이 임차인들과 전세계약을 체결한 것은 일응 대리권의 범위 내에 있는 것으로, 전세계약은 유효합니다.

(나) 그러나 대리인이 외형적·형식적으로 대리권의 범위 내에서 대리행위를 하였지만 그 행위가 실질적으로는 오직 자신 또는 제3자의 이익을 꾀할 목적으로 행하여진 것인 경우 이를 '대리권 남용'이라고 하여 계약의 효력이 일정부분 제한될 수 있습니다. 판례 또한, 이러한 대리권 남용의 경우 그 상대방이 본인의 진의를 알았거나 알 수 있었을 때에는 민법 제107조 제1항 단서의 유추해석상 그 대리인의 행위에 대

하여 본인은 아무런 책임을 지지 않는다고 보아야 하고, 그 상대방이 대리인의 표시의사가 진의 아님을 알았거나 알 수 있었는가의 여부는 표의자인 대리인과 상대방 사이에 있었던 의사표시 형성 과정과 그 내용 및 그로 인하여 나타나는 효과 등을 객관적인 사정에 따라 합리적으로 판단하여야 한다고 판시하고 있습니다(대법원 1999. 3. 9. 선고 97다7721 판결).

(다) 이러한 판례의 태도에 따를 때, 사안에서 전세계약의 상대방인 임차인들이 대리인이 임대차보증금을 개인적인 용도로 유용할 것을 알았거나 알 수 있었을 때(임차인들에게 '고의' 내지 '과실'이 있었을 때)에는 임대인은 전세계약에 따른 책임을 부담하지 않습니다.

(라) 사안에서 임차인들이 임대차계약을 체결하면서 임대인 본인에게 아무런 확인을 거치지 않은 점, 계약서에 임대인의 계좌번호가 아니라 대리인 또는 대리인 부인의 계좌번호가 적혀 있었던 점 등에 비추어 임차인들에게 '과실'이 있었다고 볼 여지도 있으나, 대리인이 본인의 위임장을 제시하며 계약을 체결한 점, 임차인들이 임대차계약을 체결하면서 위와 같은 위임장을 확인하는 이외에 임대인에게 그 계약 여부를 직접 확인해 보아야 할 주의의무가 있다고 보기 힘든 점 등에 비추어 볼 때 계약의 효력을 부정하기는 힘들어 보입니다.

(마) 결국 임차인에게는 대리인의 '대리권 남용'에 대하여 과실이 없다고 보이고, 따라서 임대차계약은 유효합니다. 그리고 일단 계약이 유효하다고 인정되는 경우 상대방의 과실 여부 등에 따라 계약의 효력이 축소 내지 감액될 수는 없으므로, 임대인은 임대차계약 상의 모든 의무를 부담합니다. 즉 임대인은 임대차 계약기간 동안 임차목적물을 사용·수익할 수 있게 해 주어야 하고 임대차기간 만료 시에는 임대차보증금을 전액 반환해 주어야 합니다.

(2) 대리인의 부인이 계약을 체결한 것과 관련한 문제

사안에서 임대인으로부터 대리권한을 위임받은 乙이 아니라 乙의 부인이 임대차계약 등을 체결한 경우 계약의 효력이 문제됩니다. 그러나 乙의 부인은 乙의 이행보조자로서 임대차계약을 체결한 것으로 보입니다. 즉 乙의 부인은 대리인인 乙의 이행을 보조하는 자로서 법률행위를 한 것으로 볼 수 있고 이러한 경우 乙의 부인이 행한 법률행위는 대리인 乙의 행위와 동일하게 평가되어, 결국 임대차계약은 임대인 甲에 대하여 유효하다고 볼 수 있습니다.

다. 임대인과 부동산 중개인들의 법률관계

(1) 부동산을 중개한 공인중개사가 대리인이 위와 같이 불법행위를 하고 있다는 사실을 알 수 있었다고 볼 여지가 있는 경우 부동산 중개인들에게 불법행위에 의한 손해배상책임이 성립할 수 있

습니다. 그리고 중개인이 손해배상책임을 부담하는 경우 한국공인중개사협회에 공제금을 청구할 수도 있습니다.

(2) 다만 사안에서 중개인들에게 손해배상책임이 성립하기는 쉽지 않아 보입니다. 즉 공인중개사는 부동산 중개를 업으로 하는 전문가로서 3~4년에 걸친 乙의 위와 같은 불법행위를 파악하여 계약체결을 막을 주의의무가 있다고 볼 여지도 있으나, 한편으로 乙이 2005년경부터 2008년경까지는 적법하게 임대인을 대리하여 임대차계약 등의 임대권한을 행사하여 왔다는 점 등에 비추어 볼 때 과실이 인정되기는 쉽지 않아 보입니다.

라. 결론 : 질의사항에 대한 답변

(1) 임차인과 부동산 중개인들에게 과실에 따른 책임을 물을 수 있는지 여부 및 가능하다면 어느 정도까지 가능할 것인지 여부

(가) 임차인에게는 대리인의 '대리권 남용'에 대하여 과실이 없다고 보이고 따라서 임대차계약은 유효합니다. 따라서 임대인은 임대차 계약 기간 동안 임차목적물을 사용·수익할 수 있게 해 주어야 하고 임대차 기간 만료 시에는 임대차보증금을 전액 반환해 주어야 합니다.

(나) 다만 중개인들에게는 공인중개사로서의 업무상 주의 의무를 위반하여 중개행위를 한 점에 대하여 불법행위에 의한 손해배상을 청구

할 여지가 있습니다. 이는 구체적인 사실관계에 따라 판단할 문제이나, 사안에서 중개인들에게 손해배상책임이 성립하기는 쉽지 않아 보입니다.

(2) 대리인, 임차인, 부동산 중개인 등으로부터 피해를 보상받기 위하여 어떠한 절차를 밟아야 하는지 여부

(가) 대리인에 대하여는 횡령 등에 대하여 형사고소를 하는 한편, 민사상 불법행위에 의한 손해배상청구소송을 제기할 수 있습니다. 다만 대리인에게 자력이 없는 경우에는 실익이 크지 않습니다.

(나) 임차인에게도 과실이 있다고 인정될 경우에 임대인은 임대차계약의 효력을 부정하면서 임차인을 상대로 퇴거 및 건물인도를 청구할 수 있다고 할 것이나, 사안에서는 임차인에게 과실이 없다고 보입니다.

(다) 부동산 중개인에게 과실이 인정되는 경우 부동산 중개인을 상대로 불법행위에 의한 손해배상을 청구하는 한편, 한국공인중개사협회에 공제금을 청구할 수 있습니다. 그러나 마찬가지로 부동산 중개인에게도 이러한 불법행위책임이 인정되기 어려워 보입니다.

(3) 임차인과 부동산 중개인 등에게 대리인의 횡령사실을 빨리 통보해야 하는지 여부 및 통보해야 한다면 그 기한이 언제까지인지 여부

임차인과 부동산 중개인 등에게 대리인에 대한 대리권한위임이 종료하였음을 즉시 통보하여야 합니다. 이를 통보하지 않고 있는 동안 대리인이 법률행위를 하는 경우 임대인 본인이 표현대리 등에 의하여 책임을 떠안을 가능성이 있습니다. 다만 이는 향후의 대리인의 행위로 인한 책임을 제한하는 데 그칠 뿐 기존에 대리인이 이미 행한 법률행위의 효과를 부정할 수는 없다고 할 것이고, 기한 또한 별도로 정해져 있지 않습니다.

(4) 위임장에 위임인의 인감이 아닌 막도장이 찍혀있는 경우에도 유효한지 여부

위임장에 인감을 날인하고 인감증명서가 첨부되어 있는 경우 위임장의 효력을 더욱 확실히 하는 효과는 있다고 하겠으나, 대리인이 도장을 위조하여 날인한 것이 아니라 임대인의 의사로 날인한 이상 일반도장이 날인되어 있다고 하여도 위임장은 여전히 유효합니다.

(5) 대리인이 아닌 대리인의 부인이 임대차계약 등을 체결한 경우에도 대리효과가 동일한지 여부

乙의 부인은 乙의 이행보조자로서 임대차계약을 체결한 것으로 보입니다. 즉 乙의 부인은 대리인인 乙의 이행을 보조하는 자로서 법률행위를 한 것으로 볼 수 있고 이러한 경우 乙의 부인이 행한 법률행위는 대리인 乙의 행위와 동일하게 평가되어, 결국 임대차계약은 임대인 甲에 대하여 유효하다고 볼 수 있습니다(다만, 대리인이 아닌 대리인의 부인이 계약을 체결했다는 점에서 임차인들이 계약을 체결함에 있어 과실이 있음을 주장할 여지가 있습니다).

※ 구체적인 사실관계의 상이성과 판례와 법률의 변동으로 의견은 달라질 수 있으니 반드시 전문가와 상의하여야 합니다.

상담사례

- 30 -

사실관계

저는 인천시에서 펜션을 운영하고 있는데 원래 투자를 목적으로 친구와 같이 매입을 하였던 것이라 직접 운영하기가 어려워 지난 2월경 옆 펜션에서 관리를 하고 있던 조 씨란 사람을 데려와서 관리를 맡겼습니다. 펜션을 준비하면서 이것저것 자기 일처럼 도와주기도 해서 믿음도 갔었고 관리비로 월 90만 원만 주면 최고의 펜션으로 만들어 주겠다고 해서 문서로 내용을 쓴 것은 아니지만 구두로 서로 합의하고 펜션관리를 맡겼습니다.

그런데 약속과는 달리 펜션 운영이 제대로 되지 않아 통장으로 들어오는 매출이 거의 없었고 첫 두 달 정도는 관리비를 억지로 만들어 주었으나 더 이상 돈을 줄 형편이 안 되어 못 주고 있다 보니 자연스럽게 조 씨가 펜션을 운영하면서 알아서 수입을 챙겨가는 형태로 서로 묵인하며 지내오게 되었습니다.

사실 제 입장에서는 빨리 펜션을 매매하는 것이 목적이어서 운영에는 큰 관심을 두지 못해 자주 가보지도 못하는데 관리라도 해주니 다행이다는 마음도 있었습니다.

그런데 은행대출이자에다가 펜션 전기세며 통신비까지 제가 내다보니까 유지하기가 너무 어려워지고 또 매매가 빨리 안 되다 보니 자금 압박 때문에 경매로라도 처분을 하려고 진행을 하게 되었고(10월 예정) 경비를 줄이기 위해 조 씨에게 지난 7월 초에 7월 말까지만 있어 달라고 통보를 하였고 8월 한 달은 우리가 운영해서 수익을 좀 낸 후에 매각을 하려고 했습니다.

그런데 8월이 되어도 조 씨가 나갈 기미가 안 보여 집사람과 장모님이 가서 빨리 비워 달라고 재촉을 하여 8월 15일까지는 나가겠다고 약속을 하였는데, 나중에 저랑 통화할 때도 근처에 보증금 500만 원에 월세 70만 원짜리 방을 15일 날짜로 구했는데 보증금이 모자란다고 빌리러 다니는 중이라고 해서 좋게 빨리 내보내려고 나갈 때 비용의 일부라도 마련해 주겠다고 하면서 좋게 서로 마무리했습니다.

그러나 제가 중국에 출장 가 있는 동안 확인해 보니 15일이 되었는데도 조 씨가 아직도 안 나가고 있다고 하고, 짐은 방에 있는데 사람은 보이지도 않는다고 해서 통화를 시도해 보니 15일에 통화할 때는 이사차량이 오기로 했는데 안 오네요 어쩌고 하면서 끊더니 그다음부터는 아예 전화를 받지 않더군요. 제가 없는 동안 장모님과 와이프만 펜션에 있는데 밤늦게 술에 취해 와서는 고성을 지르며 돈을 달라고 소리치거나 욕을 하기도 하면서 공포스럽게 만들어 경찰을 부르기도 했었다고 하더군요. 경찰에게는 자기가 짐을 빼려고 왔는데 어찌 도둑으로 몰 수가 있느냐고 오히려 큰소리치고 그랬답니다. 그러고서는 다시 연이 두절되었습니다.

귀국해 수소문하여 섬 입구 다른 업소에서 허드렛일을 하고 있는 조 씨를 겨우 만나 얘기를 했는데 자기는 인간적인 취급을 못 받아서 기분이 나쁜 것이니 사과하면 방을 빼 줄 수 있다고 그러면서 곧 이삿날을 잡아 연락을 준다더니 또 연락 두절입니다.

주변을 수소문해 조 씨란 사람의 지난 행적을 물어보니 동네 분들은 다들 조 씨는 믿을 수 없는 집도 절도 없는 사기꾼 같은 사람이고 돈이 목적이니 쉽게 나가지 않을 거라고 그러네요.

기다려도 연락이 없어 할 수 없이 일단 21일 날짜로 이달 28일까지 기한을 주면서 비우지 않으면 손해배상을 요구하겠다는 내용의 내용증명을 일하고 있는 업소 주소와 저희 펜션의 점유하고 있는 방 주소 및 옆의 주민등록지로 보냈습니다. 업소로 보낸 것 빼고 두 곳은 반송되어 왔구요.

주변에 어느 지인은 나간다고 할 때 그 약속을 문서로 받아 놨어야 된다고 그러고 누구는 경찰 불러서 입회 하에 짐을 꺼내면 된다 그러고 누구는 내용증명을 먼저 보낸 후 명도 소송을 해야 한다고 그러고. 뭐가 맞는지 모르겠네요.

따지고 보면 세입자도 아니고 전입이 되어 있지도 않고 그냥 방 하나 차지하고 자기 짐 넣어 놓은 채로 문 잠그고 사라진 상태입니다. 펜션은 손님이 있을 때만(거의 주말) 우리가 가서 관리하는 터라 평일에는 비어있어 가끔 찾아와서 잠을 자고 가는 것 같기는 합니다. 조 씨 방의 전기는 끊어놓은 상태이구요. 누군가 방을 차지하고 있으면 매매가 더 어려워진다는데 이런 경우에 어떻게 해야 빨리 방을 비우게 할 수 있을지 알고 싶어 덧붙여 몇 가지 문의 드립니다.

질 의

1. 8월 초에 조 씨가 술을 먹고 와서 소리를 지르면서 월급도 제대로 못 받고 있었는데 다 받아야 나가겠다는 식의 말을 했다는데 제 입장에서는 자신이 한 약속(손님을 꽉 채워 준다. 모든 수입은 제 통장으로 넣어주겠다고 했는데 거의 입금 안 됨. 가끔 불시에 가보면 펜션은 쓰레기 천지고 손님 받은 흔적 있을 때가 많음. 쓰레기 더미 사진 촬영해 놓았음)도 하나도 안 지킨 상태에서 밀린 돈을 주장하는 것이 타당한가요?

2. 현 상황에서 합의를 하면 아무래도 밀린 임금 어쩌고 하면서 돈을 요구할 것 같은데 장모님과 와이프는 펜션 관리도 엉망이고 쓰레기 천지인 데다 그동안 운영수입을 다 가져갔는데 무슨 염치로 돈을 요구하느냐는 입장이고 저도 (줄 돈도 없지만) 말이 안 된다고 생각합니다. 그래도 시간을 절약하고 뒤끝이 없게 하려고 100만 원 정도 억지로 만들어 주려고 했는데, 지금은 무조건 연락 두절에 버티려고 하는 것 같은데요. 조 씨를 가장 효과적으로 내보낼 수 있는 방법이 무엇인지 알고 싶습니다.

3. 내용증명을 보낸 후 조 씨 방 자물쇠를 교체해서 출입 못하게 잠가 버릴 수 있다는데 가능한가요?

---

4. 찾아왔던 경찰이나 근처 사람들은 내용증명 3회 보낸 후에는 경찰 입회 하에 짐을 꺼낼 수 있다고 하는데 맞는 얘기인지요.

---

5. 동네의 경찰서장은 내용증명을 보낸 후 고소를 하라고 합니다. 죄명은 업무방해죄, 퇴거불응죄, 주거침입죄, 권리행사방해죄, 업무상 횡령죄, 배임죄 등으로 걸면 된다고 합니다. 이 또한 현실성 있는 얘기인지요.

답 변

1. 기초사실

가. 의뢰인은 인천에 펜션을 소유하고 있는 자인데, 2011.2. 경 옆 펜션에서 관리를 하고 있던 조 씨가 월 90만 원을 주면 최고의 펜션을 만들어주겠다고 하여 구두로 조 씨가 펜션 관리를 하고 의뢰인이 조 씨에게 월 90만 원을 지급하기로 약정하였습니다.

나. 하지만 이후 조 씨는 펜션 운영을 제대로 하지 않았고, 심지어 매출이 있어도 이를 의뢰인에게 송금하지 않는 정황이 포착되었는데, 의뢰인은 조 씨가 펜션을 관리하면서 조씨 스스로 수입을 챙겨가는 것을 묵인하는 형태로 지내오게 되었습니다.

다. 이후 의뢰인은 2011. 7. 초에 조 씨에게 7. 말까지만 있어 달라고 통보를 하였으나, 조 씨는 온갖 핑계를 대며 현재까지 나가지 않고 있는 상태입니다.

2. 검토의견

가. 의뢰인과 조 씨의 법률관계 검토

우선 의뢰인과 조 씨가 구두로 체결한 합의는 조 씨는 펜션의 관리 및 운영을 위임받아 업무를 수행하고 의뢰인은 조 씨에게 보수로 금원을 지급하는 형태이므로 일종의 위임계약입니다.

민법 제686조 제2항은 '수임인이 보수를 받을 경우에는 위임사무를 완료한 후가 아니면 이를 청구하지 못한다'고 규정하고 있는바 수임인인 조 씨는 위임사무를 완료한 후에야 이에 대한 보수를 청구할 수 있습니다. 하지만 의뢰인이 열거한 사실관계만을 검토할 때 조 씨는 위임사무를 제대로 완료하지 않은 것으로 판단되므로, 조 씨는 위임인인 의뢰인에게 보수를 청구할 권리가 없는 것으로 보입니다.

또한 민법 제689조는 위임계약 당사자의 해지의 자유를 규정하고 있는바, 제1항에서 '위임계약은 각 당사자가 언제든지 해지할 수 있다' 제2항에서 '당사자일방이 부득이한 사유 없이 상대방의 불리한 시기에 계약을 해지한 때에는 그 손해를 배상하여야 한다'고 규정하고 있습니다.

의뢰인이 2011. 7. 초에 조 씨에게 7. 말까지만 있어 달라고 통보한 것은 위임계약의 해지 통보로 볼 수 있는데, 민법상 위임인은 언제든지 해지를 할 수 있으므로, 위 통보로 인하여 위임계약은 적법하게 해지되었다 할 것입니다. 또한 조 씨 입장에서 불리한 시기에 계약이 해지되었다는 주장을 할 수 없는 상황이므로, 위 해지를 이유로 의뢰인에게 손해배상을 청구할 수도 없습니다.

나. 질의사항에 대한 답변

(1) 월급지급의무에 대하여

가. 항에서 진술한 바와 같이 조 씨가 수임사무를 제대로 완료하지 못하였으므로 의뢰인은 조 씨에게 월급을 지급할 의무가 없습니다.

(2) 조씨를 효과적으로 내보낼 수 있는 방법

(가) 법적 대응 방안

사실상 조 씨는 현재 의뢰인의 펜션 중 일부를 점유할 권원 없이 점유하고 있는 자이므로 조 씨에 대하여 민법 제214조 소유권에 기한 방해배제청구권을 근거로 하여 명도소송을 진행할 수 있습니다(명도소송을 진행하는 경우 명도 이외에 조 씨가 부당하게 점유하고 있던 기간 동안의 차임상당의 부당이득을 청구할 수 있습니다). 위와 같이 명도소송을 진행함에 있어 사전에 내용증명을 먼저 보내는 절차는 필요가 없습니다.

하지만 명도소송을 진행하기 위하여는 시간, 비용이 필요한데 현재 상황을 종합하여 볼 때 조씨를 내쫓기 위하여 명도소송을 진행하는 것이 효율적인지 여부가 문제 될 수 있습니다.

현재 조 씨가 법적 권리 없이 방을 점유하고 있다고 하더라도 조 씨의 허락 없이 조 씨의 물건을 임의로 밖으로 빼내는 것은 법적으로 정당화될 수 없습니다. 집행의 경우 정당한 집행권원에 근거한 강제집행이 이루어져야 하며, 스스로 자력구제를 하는 것을 법이 허용하고 있지 않기 때문입니다. 그렇다고 하더라도 현재의 상황에서 조 씨를 상대로 명도소송을 진행하는 것은 효율적이지 않은 방법이므로 이에 대한 대안을 제시하자면 다음과 같습니다.

(나) 자력구제의 방안

위에서 진술한 바와 같이 집행권원 없이 자력구제를 하는 것은 법적으로 정당화될 수 없습니다. 현재 조 씨가 점유하고 있는 호실의 문을 강제로 열어 조 씨의 짐을 빼 내는 경우 다음과 같은 사항이 문제됩니다.

조 씨가 뒤늦게 자신의 짐을 빼놓은 것을 알게 된 경우 행여나, 당시 방에 없었던 물건임에도 귀중품, 현금 등이 있었다는 허위 주장을 하면서 자신의 물건이 절도 또는 파손되었다는 주장을 할 수 있습니다. 또한 현재 조 씨가 아무런 권원 없이 방을 점유하고 있는 경우라 하더라도 불법점유의 경우에도 주거의 평온이 보호되어야 한다는 판례의 태도에 의할 때 의뢰인을 상대로 자신의 주거에 침입하였다고 주거침입죄 주장을 할 수도 있습니다.

위와 같은 문제점이 있는바, 한 가지 방안을 제시하자면 조 씨가 점유하고 있는 방문을 교체하는 것부터 조 씨의 짐을 일정한 장소로 옮기는 모든 장면을 캠코더로 녹화를 하여 이후 조 씨가 도난, 파손 등의 무리한 주장을 하는 경우 캠코더 녹화영상을 제시하며 대처하는 방법입니다[실제로 집행권원(판결문)에 의하여 강제집행을 하는 경우에도 행여나 후에 발생할지도 모르는 분쟁을 예방하기 위하여 명도과정을 캠코더로 녹화하는 방법을 사용하곤 합니다].

모든 장면을 영상으로 녹화해 두는 경우 차후에 생길 수 있는 조 씨의 부당한 주장을 예방할 수는 있으나, 만약 조 씨가 자신의 주거에 침입하였다고 주장하는 경우에는 여전히 문제가 될 소지가 있습니다(물론 그전의 상황이 참작되어 실제로 주거침입으로 처벌을 받을 가능성은 적어 보이지만 우선 법적으로 주거침입은 성립할 가능성이 있습니다).

따라서 의뢰인이 위와 같은 점을 충분히 감내할 수 있다면, 임의로 조 씨의 방문을 교체하고 조 씨의 짐을 다른 장소에 보관할 수 있습니다. 자력구제의 경우 조 씨가 의뢰인을 상대로 위에서 언급한 형사적 사항 이외에 민사적으로 손해배상을 청구할 수 있는 가능성은 희박합니다.

(3) 내용증명을 보낸 후 자물쇠를 교체하는 것이 가능한지 여부

(2)항에서 설명한 바와 같이 자물쇠를 교체하는 것은 자력구제의 방안이므로 조 씨가 의뢰인에게 주거침입을 주장할 수 있는 여지가 있는 방법이며, 그전에 내용증명을 보낸다 하더라도 위 내용증명에 특별한 효력이 있는 것이 아닙니다(내용증명을 보내고 교체하는 경우 문제가 없는 것이 아니라는 의미입니다).

(4) 내용증명 3회 보낸 후 경찰입회 하에 짐을 꺼낼 수 있는지 여부

내용증명에 특별한 효력이 있는 것이 아니며, 본 사안과 같은 경우 경찰입회 하에 짐을 꺼낼 수 있는지 여부가 법으로 규정되어 있지도 않습니다. 단지 자력구제의 방법을 취할 경우 경찰이 입회를 해준다면, 향후 조 씨가 자력구제에 대하여 형사적으로 이의를 할 수 있는 여지가 줄어든다는 점에서 실익이 있다 할 것입니다(앞서 제시한 캠코더 녹화랑 유사하게 짐을 옮기는 과정에서 도난, 파손이 없었다는 점을 입증하기 용이할 것입니다).

(5) 조 씨에 대한 고소가능여부

조 씨는 현재 의뢰인의 퇴거 요구에 불응하고 있는 것이므로 형법 제319조 제2항에서 규정하고 있는 퇴거불응죄에 해당한다 할 것입니다. 또한 조 씨가 지금까지 손님들로부터 지급받은 숙박비를 의뢰인에게 주지 않았다면 위 사실은 재물을 보관하는 지위에 있는 조 씨가 재물의 반환을 거부하는 것이므로 형법 제355조 제1항에 규정한 횡령죄에 해당합니다.

또한 현재 조 씨의 행동이 펜션의 영업을 방해할 수준에 해당하는 것으로 보이는 바, 이는 위력으로 사람의 업무를 방해하는 것으로 볼 수 있으므로 형법 제314조에 규정한 업무방해죄에 해당한다 할 것입니다.

즉, 현재 조 씨의 행동은 퇴거불응, 횡령, 업무방해에 해당할 여지가 충분하므로 의뢰인은 위 범죄사실에 대하여 형사고소를 할 수 있습니다.

다. 결론

현실적으로 조 씨에 대하여 퇴거불응, 횡령, 업무방해로 형사고
소를 하시고, 경찰에 도움을 요청하여 경찰 입회하에 모든 과정
을 캠코더로 녹화하면서 문을 교체하고, 방에 있는 조 씨의 물건
을 일정한 장소에 보관하고, 조 씨에 대하여 위 물건을 찾아가라
고 통보하는 것이 가장 최선의 방법으로 보입니다. 하지만 위와
같은 자력구제의 경우 앞서 언급했듯이 조 씨가 자신의 주거를 침
입한 것이라고 의뢰인을 고소할 수 있는 가능성은 있습니다.

※ 구체적인 사실관계의 상이성과 판례와 법률의 변동으로 의견은 달라질 수 있으니 반
드시 전문가와 상의하여야 합니다.

◆ Chapter 4 ◆

상린관계 및 집합건물

상담사례

- 31 -

사실관계

저희 아버지께서 소유하신 땅에 관련된 일입니다(대략 200평). 소유하고 계신지는 30년이 넘었고, 등기상으로는 1977년부터입니다. 이 땅을 소유하시고 한동안 이 땅에 집을 지어 사셨고 지금은 다른 곳에 살고 계십니다. 이 대지를 이번에 매도할 기회가 생겨 계약을 하려던 찰나 매수인 쪽에서 대지 경계가 이상하다고 생각하여 개인적으로 측량을 하였고, 옆집 건물이 저희 대지에 일부 침범해 있는 것을 알았습니다.

일단 옆집과 얘기를 해 봤지만 옆집에선 막무가내로 자신들이 넘어간 만큼 땅을 달라고 합니다. 과거에 옆집 현 주인의 아버지(현재는 돌아가셨습니다)가 저희 아버지께 쌀 1가마를 주며 빌려 달라던 땅이 조금 있었다고 합니다. 하지만 그것뿐이고 그 이후에 그 부분에 대해선 협의를 한 적이 없습니다. 그러다 이번에 옆집의 토지 대장 등을 확인해 본 결과 저희 대지에 넘어와 있는 창고는 불법 건축물로 확인이 되어서 시청에 민원을 제기해 철거 명령이 떨어진 상황입니다. 창고는 이렇게 철거가 되면 경계에 문제가 없을 듯합니다.

그 후 온전한 대지 경계를 찾기 위해 경계 측량도 하였고 고민도 해본 결과 옆집과 함께 사용하고 있는 통로가 있는데 그 부분이 문제가 될 듯합니다. 저희가 대지에 울타리라도 치게 되면 옆집은 사람이 지나다니는 정도만 길이 남습니다. 그 길의 70% 이상이 저희 땅이고요. 저희는 현재 거의 사용하고 있지 않습니다.

다음은 소유권에 대해 주장을 해야 하는데 제가 인터넷에서 알아보다가 민법 조항 중 제245조(점유로 인한 부동산 소유권의 취득기간)를 보았습니다. 이 조항에 저희가 해당이 되는 건가요? (통로 부분이 참 애매한 상황입니다).

옆집이 건물을 지은 것은 1981년입니다. 그리고 옆집의 건물을 지었던 분은 지금 소유주의 아버지이고 그분이 돌아가셔서 지금의 소유주가 상속을 받은 것입니다(상속 시기 2004년). 양쪽 모두 경계를 넘어선 것을 몰랐고 비록 그렇게 거주한지 20년이 넘긴 했지만 제245조의 법 조항이 저희에게 적용이 되는 것인지 걱정이 앞섭니다.

질 의

저희는 웬만하면 소송으로 가고 싶지 않습니다. 하지만 법적인 지식 없이 합의가 힘들 듯도 하고 상대방이 소송을 걸어올 수도 있기에 미리 조언을 구해 봅니다.

답변

1. 사실관계

가. 甲은 평택시에 토지를 30년 이상 소유하고 있으면서 그 지상에 주택을 건축하여 소유하고 있습니다. 乙의 부는 이웃 토지인 같은 동 106-8 토지의 소유자이었는데 1981년경 그 지상에 건물을 신축하였고 이후 2004년경 사망하여 현재는 乙이 이 토지와 건물을 상속받아 소유하고 있습니다.

나. 甲은 토지를 매도하기 위하여 토지경계를 확인하던 중 을의 위 건물이 甲 토지의 경계를 침범하고 있는 사실을 발견하였습니다. 그런데 경계를 침범한 건물은 불법 건축물로서 현재 관할관청으로부터 철거명령이 떨어져 있는 상태입니다. 또한 위 건물과 관련하여 乙은 과거 乙의 부가 甲에게 쌀 1가마를 주며 甲 소유 토지의 일부를 빌린 사실이 있다고 주장하면서 경계를 침범한 해당토지 부분을 넘겨달라고 요구하고 있습니다.

다. 한편 甲과 乙토지 사이에는 현재 통로로 이용되고 있는 부분이 있는데 이 통로의 70% 이상이 甲 소유의 토지 경계 내에 위치하고 있습니다.

2. 검토의견

가. 경계를 침범한 乙의 건물과 관련한 문제점

(1) 점유취득시효의 요건

20년간 소유의 의사로 평온, 공연하게 부동산을 점유하는 자는 등기함으로써 그 소유권을 취득합니다(민법 제245조 제1항). 이러한 민법상 점유취득시효는 ① 20년간 계속하여, ② 소유의 의사로, ③ 평온·공연하게 점유할 것을 요건으로 하고 있습니다.

(2) 민법상 추정규정

그런데 민법은 전후 양시에 점유한 사실이 있는 때에는 그 점유는 계속한 것으로 추정하는 규정을 두고 있고(민법 제198조), 또한 점유자는 소유의 의사로 선의, 평온 및 공연하게 점유한 것으로 추정하는 규정을 두고 있습니다(민법 제197조 제1항). 이에 따를 때 위 사안에서 甲과 乙 사이에 취득시효가 문제되는 경우, 乙은 건물을 신축하여 점유를 시작한 1981년경과 현재 양 시에 각각 위 토지를 점유하고 있는 사실만 입증하면 20년간 계속하여 점유한 사실이 추정되는 한편 소유의 의사로 선의, 평온 및 공연하게 점유한 것으로 추정됩니다.

(3) 甲이 입증하여야 할 사실

위와 같은 추정규정으로 인해, 甲이 취득시효를 부정하기 위해서는 甲 측에서 乙의 점유가 20년 사이에 중단된 적이 있다는 사실, 소유의 의사가 아니었다는 사실, 평온·공연한 점유가 아니라는 사실 등을 입증하여야만 합니다.

(4) 소유의 의사와 관련하여

(가) 乙은 위 건물을 1981년경 신축하였으므로 일응 20년간 점유한 사실은 인정됩니다. 그러나 취득시효는 '소유의 의사'로 점유할 것을 요건으로 하는데(이를 '자주점유'라고 표현합니다) 이러한 '소유의 의사'는 점유를 개시할 당시 권원의 성질에 따라 판단합니다.

(나) 그런데 乙은, 과거 당시 건물의 소유자였던 乙의 부가 쌀 1가마를 주고 甲으로부터 토지를 빌렸다고 주장하고 있는바, 위 주장이 사실이라고 하더라도 이는 토지의 임대차를 주장하는 것으로서 임대차는 그 성질상 타인의 소유를 인정하면서 이를 빌리는 것이므로 이러한 경우 '소유의 의사'가 인정되기 힘들다는 점에서(이를 '타주점유'라고 표현합니다) 오히려 乙의 취득시효 성립을 방해하는 주장에 해당합니다. 결국 乙의 위 토지임대차 사실이 인정될 경우 법원은 취득시효를 부정하게 될 가능성이 큽니다. 그러나 취득시효 문제가 소송으로 이어졌을 경우 乙이 위 주장을 하지 않는다면 오히려 乙은 소유의 의사가 추정

되어 취득시효가 인정될 가능성 또한 있습니다.

(다) 이에 따를 때 甲은 오히려 위 토지임대차 사실을 적극적으로 입증
하여야 하는데 乙이 이를 부인할 경우 이에 대한 임대차계약서 등의
자료가 없는 한, 甲이 이를 입증하기가 쉽지 않아 보입니다.

(라) 따라서 甲은 乙의 취득시효를 저지하기 위한 방법으로서, 乙의 위
토지임대차 주장 부분에 대하여 확인서를 받거나 관련 내용의 통화
를 녹음하는 등으로 증거를 확보할 필요성이 있습니다. 그리고 향후
乙이 소송 등을 통하여 취득시효를 주장할 경우 이를 乙의 자주점유
를 부정하는 증거로 사용할 수 있습니다.

(5) 건물 철거명령과 관련하여

위 토지에 대한 취득시효가 인정된다고 할 경우, 건물에 대한 관
할관청의 철거명령은 취득시효의 성립에 직접적인 영향을 미치지
않습니다. 乙은 위 토지를 1981년경부터 20년간 점유한 2001년
경 이미 위 토지를 시효취득하게 되었고 건물이 불법 건축물로서
철거된다고 하여도 이미 성립한 위 소유권에는 영향을 미치지 않
습니다. 따라서 乙은 여전히 甲에게 위 토지에 대하여 취득시효를
원인으로 소유권이전등기를 소구할 수가 있습니다.

(6) 소결

乙이 甲 소유 토지의 경계를 침범하여 점유해 온 부분에 대하여 취득시효가 인정될 여지가 있습니다. 甲은 乙의 위 토지임대차 주장에 대한 증거를 확보하는 등의 방법으로 乙의 취득시효 요건을 저지하는 사실을 입증하여 乙의 취득시효 성립을 저지할 수 있습니다.

나. 甲의 토지 내 통로와 관련한 문제점

(1) 가능한 문제점

위 통로가 乙 또는 다른 사람들의 통로로 이용되어 왔다고 할 경우, 민법상 지역권(민법 제291조)과 주위토지통행권(민법 제219조 제1항) 등이 문제될 수 있습니다.

(2) 지역권의 성립 여부

(가) 지역권은 일정한 목적을 위하여 타인의 토지를 자기토지의 편익에 이용할 수 있는 권리인데(민법 제291조), 지역권이 계속되고 표현된 경우에는 취득시효의 규정을 준용하여 통행지역권을 취득하게 됩니다(민법 제294조). 즉 乙 내지 다른 이웃토지의 토지사용권자가 20년간 계속하여 甲 소유의 위 토지를 통로로 이용하여 왔고 이와 같이 통로로 이용한다는 사실을 외부에 명확하게 표현하고 있었다면 乙 내지 다른 토지사용권자는 甲 소유의 위 토지에 대하여 통행지역권을 취득

하게 됩니다. 그리고 乙 등이 통행지역권을 취득하게 될 경우, 甲은 乙
등에게 위 해당 토지를 앞으로도 계속하여 통로로 이용할 수 있게 해
주어야 할 의무를 부담하게 됩니다.

(나) 그런데 지역권 시효취득기간의 만료로 통행지역권을 시효취득하
기 위해서는 요역지[1]의 소유자가 타인의 소유인 승역지[2] 위에 통로
를 개설하였을 것을 요건으로 한다는 것이 판례의 태도인 바(대법원
1993. 5. 11. 선고 91다46861 판결), 乙 등이 위 통행지역권의 취득시효
를 주장하기 위해서는 위 도로를 포장하였다는 등으로 직접 위 통로
를 개설하였다는 사실을 입증하여야만 합니다.

(다) 결국 乙 등이 직접 위 통로를 개설하였다는 사실과 20년간 계속
하여 위 통로를 이용하여 왔고, 이를 외부에 명확히 표현하여 왔다는
사실을 입증할 경우 乙 등에게 통행지역권이 인정되고, 甲은 乙 등에
게 앞으로도 계속하여 토지의 통행을 허락하여야만 할 의무를 부담
하게 될 가능성이 있습니다. 그러나 乙 등은 위 사실들을 입증하기가
쉽지 않을 뿐 아니라, 지역권은 토지소유자의 소유권을 제한하는 것이
어서 쉽사리 인정받기 힘든 측면이 있습니다.

---

1) 통로를 필요로 하는 토지를 말하며, 이 사안에서 을의 토지 또는 통로를 필요로 하는 이웃토지
2) 통로사용을 승낙하게 되는 토지를 말하며, 이 사안에서 갑의 토지

(3) 주위토지통행권 성립 여부

(가) 어느 토지와 공로 사이에 그 토지의 용도에 필요한 통로가 없는 경우(이를 '맹지'라고 표현합니다)에 그 토지소유자는 주위의 토지를 통행 또는 통로로 하지 아니하면 공로에 출입할 수 없거나 과다한 비용을 요하는 때에는 그 주위의 토지를 통행할 수 있고 필요한 경우에는 통로를 개설할 수 있습니다(민법 제219조 제1항).

(나) 사안에서 지적도와 사진 등을 통하여 볼 때 주위토지통행권이 문제가 될 수 있는 토지는 106-8 토지와 106-2 토지인데 위 토지들은 모두 공로와 맞닿아 있는 것으로 보이므로 주위토지통행권이 인정될 가능성은 크지 않아 보입니다.

(4) 소결

乙 내지 다른 이웃토지 사용권자들에게 지역권이나 주위 토지통행권이 인정되기는 힘들어 보이고, 이러한 경우 甲은 위 통로 중 자신의 토지경계 내에 해당하는 부분에 대하여 울타리를 치는 등으로 정당하게 소유권을 행사할 수 있습니다.

다. 결론 : 질의에 대한 답변 요약

(1) 대지 경계를 명확히 하려고 할 때 법적으로 문제가 될 수 있는 부분

甲이 경계측량 등을 통하여 경계를 명확히 한 다음 해당부분에 대한 권리를 확보하려고 할 경우, 위와 같이 ① 乙이 경계를 침범하여 점유하고 있는 부분의 점유취득시효, ② 乙 내지 다른 이웃들이 통로로 사용하고 있는 통로의 지역권 내지 주위토지통행권이 문제 될 수 있습니다. 이 중 점유취득시효는 인정될 여지가 있으나 지역권 내지 주위토지통행권은 인정되기 힘들어 보입니다.

(2) 향후 협의 방안 및 가능한 법적 조치

(가) 협의 방안

甲은 乙이 경계를 침범하여 점유하고 있는 해당 부분에 대하여, 이는 乙의 주장에 의하더라도 토지임대차에 해당하고 타주점유이므로 취득시효가 인정될 여지가 없다는 점 등을 근거로 乙과 사이에 화해계약(토지경계확정) 등을 체결할 수 있습니다. 이 계약에는 乙이 자신의 건물 중 경계를 넘는 부분을 철거하고 토지를 인도한다는 내용과 당사자 사이에 경계에 관한 모든 분쟁을 종결한다는 내용을 포함하고 있어야 합니다.

(나) 소송 등을 대비하기 위한 증거 확보

앞서 살펴본 바와 같이 乙의 취득시효를 저지하기 위한 방법으로서, 甲은 乙의 위 토지임대차 주장 부분에 대하여 확인서를 받거나 통화를 녹음하는 등으로 증거를 확보할 필요성이 있습니다. 그리고 향후

乙이 소송 등을 통하여 취득시효를 주장할 경우 이를 乙의 자주점유를 부정하는 증거로 사용할 수 있습니다.

(다) 소송 등의 법적 조치

甲은 토지경계를 명확히 하기 위하여 乙 등을 상대로 토지경계확정의 소를 제기할 수 있습니다. 다만 이 토지경계확정의 소는 지적도상 경계를 확인하는 소송으로서, 취득시효 등 실체적인 권리관계를 판단하지 않습니다. 즉 토지의 경계를 확인하는 의미만이 있을 뿐 을이 경계를 침범한 부분에 대하여 취득시효가 완성되었는지 여부 등을 판단하지 않습니다. 대신 甲은 위 토지경계확정의 소를 생략하고 乙이 토지를 침범하고 있는 부분에 대하여 토지인도를 청구하는 소를 제기할 수 있습니다.

(3) 철거명령이 떨어진 창고가 문제가 되지 않을지 여부

위에서 살펴본 바와 같이 철거명령은 을의 취득시효 성립에 직접적인 영향을 미치지 않습니다. 따라서 경계를 침범하고 있는 乙의 창고는 취득시효가 문제 될 수 있습니다.

※ 구체적인 사실관계의 상이성과 판례와 법률의 변동으로 의견은 달라질 수 있으니 반드시 전문가와 상의하여야 합니다.

상담사례

- 32 -

사실관계

안녕하십니까, 저는 현재 경기도에 개인 별장을 하나 가지고 있습니다. 그 뒤로 펜션을 운영하는 단체가 있습니다. 해당 펜션은 2002년도에 신문에 분양공고를 해서, 4채의 단독주택을 50~100명가량에게 분양하였으며, 등기이전을 한 곳입니다.

해당 지역은 한강법 제4조에 의하여 수변구역으로 지정되어 있습니다. 수변구역에서의 숙박업은 금지되어 있다고 알고 있습니다.

질 의

해당 영업점을 무허가 숙박업으로 고발할까 합니다만, 가능하겠습니까?

답변

1. 한강수계법에 의한 수변구역에서의 행위 제한

한강수계 상수원수질개선 및 주민지원 등에 관한 법률(이하 '한강수계법')은 수변구역에 공중위생관리법에 따른 숙박업을 영위하는 시설을 설치할 수 없고, 이를 위반할 경우 5년 이하의 징역 또는 5천만원 이하의 벌금에 처한다고 정하고 있습니다(한강수계법 제4조 제1항, 제5조 제1항, 제30조, 공중위생관리법 제2조 제1항 제2호 참조).

〈관련법령〉

한강수계 상수원수질개선 및 주민지원 등에 관한 법률 제4조(수변구역의 지정·해제 등) ① 환경부장관은 한강수계의 수질보전을 위하여 팔당호, 한강(팔당댐부터 충주 조정지댐까지의 구간으로 한정한다), 북한강(팔당댐부터 의암댐까지의 구간으로 한정한다) 및 경안천(「하천법」에 따라 지정된 구간으로 한정한다)의 양안(兩岸) 중 다음 각 호에 해당되는 지역으로서 필요하다고 인정하는 지역을 수변구역으로 지정·고시한다.

1. 특별대책지역은 그 하천(「하천법」 제2조 제1호에 따른 하천을 말한다. 이하 같다)·호소(「수질 및 수생태계 보전에 관한 법률」 제2조 제14호에 따른 호소를 말한다. 이하 같다)의 경계로부터 1킬로미터 이내의 지역

2. 특별대책지역 외의 지역은 그 하천·호소(湖沼)의 경계로부터 500미터

이내의 지역

제5조(수변구역에서의 행위제한 등) ① 누구든지 수변구역에서는 다음 각 호의 어느 하나에 해당하는 시설을 새로 설치(용도변경을 포함한다. 이하 이 조에서 같다)하여서는 아니 된다.

3. 다음 각 목의 어느 하나에 해당하는 업(業)을 영위하는 시설

    나. 「공중위생관리법」 제2조 제1항 제2호 및 제3호에 따른 숙박업·목욕 장업

    다. 「관광진흥법」 제3조 제1항 제2호에 따른 관광숙박업

4. 「주택법」 제2조 제2호에 따른 공동주택

제30조(벌칙) ① 다음 각 호의 어느 하나에 해당하는 자는 5년 이하의 징역 또는 5천만 원 이하의 벌금에 처한다.

1. 제5조 제1항에 따른 행위제한을 위반한 자

2. 공중위생영업의 신고

공중위생관리법상, 공중위생영업을 하고자 하는 자는 공중위생영업의 종류별로 보건복지부령이 정하는 시설 및 설비를 갖추고 시장·군수·구청장(자치구의 구청장에 한한다. 이하 같다)에게 신고하여야 하고, 이를 위반할 경우 1년 이하의 징역 또는 1천만 원 이하의 벌금에 처한다고 규정하고 있습니다.

〈관련법령〉

공중위생관리법 제2조(정의) ① 이 법에서 사용하는 용어의 정의는 다음과 같다.

2. '숙박업'이라 함은 손님이 잠을 자고 머물 수 있도록 시설 및 설비 등의 서비스를 제공하는 영업을 말한다. 다만, 농어촌에 소재하는 민박 등 대통령령이 정하는 경우를 제외한다.

제3조(공중위생영업의 신고 및 폐업신고) ① 공중위생영업을 하고자 하는 자는 공중위생영업의 종류별로 보건복지부령이 정하는 시설 및 설비를 갖추고 시장·군수·구청장(자치구의 구청장에 한한다. 이하 같다)에게 신고하여야 한다. 보건복지부령이 정하는 중요사항을 변경하고자 하는 때에도 또한 같다.

제20조(벌칙) ① 다음 각호의 1에 해당하는 자는 1년 이하의 징역 또는 1천만 원 이하의 벌금에 처한다.

1. 제3조 제1항 전단의 규정에 의한 신고를 하지 아니한 자

---

2. 공중위생법상 숙박업에 해당하는지 여부

가. 펜션의 운영형태

(1) 현재 경기도 소재 펜션의 운영형태는, 토지 및 건물을 약 100

여 명에게 평형에 따라 분양가격 980만 원에서 1억 2,000만 원 가량에 분양한 다음 1박당 약 5만 원가량에 예약을 받아 숙박할 수 있게 하고 있습니다. 단 위 펜션을 분양받은 수분양자들은 단순히 분양을 받은 펜션에 한하여 숙박을 하는 것이 아니라, 같은 업체가 다른 지역에서 운영하는 펜션에서도 마찬가지 권리를 행사하여 숙박을 하는 것이 가능합니다(즉 다른 지역의 펜션을 분양받은 수분양자들이 위 펜션에 숙박을 하는 것도 가능합니다).

(2) 위 펜션은 공중위생관리법상 숙박업 신고를 하지 않은 것으로 보이고, 해당 건물은 숙박업소가 아니라 단순 주택으로 등기를 해 놓은 상태입니다.

나. 공중위생법상 숙박업에 해당하는지 여부

(1) 위와 같이 일반 손님을 대상으로 한 것이 아니라 수분양자들에 한하여 숙박을 할 수 있게 하는 경우 공중위생관리법상 숙박업에 해당하는지 여부에 대하여 관련 법령은 명확히 규정하고 있지 않습니다. 다만 관련 사항에 대하여 문화체육관광부 관광산업과에 유선상으로 질의한 바에 따르면, 위 운영형태는 회원제 콘도와 유사하여 '숙박업'에 해당하는 것으로 보인다고 답변하고 있고, ○○군청 지역경제과에 유선상으로 질의한 바에 따르더라도, 단순히 해당 펜션의 수분양자들을 상대로 숙박예약을 한정적으

로 받는 경우에는 숙박업에 해당하지 않을 가능성이 있지만, 다른 펜션의 수분양자들이 위 앙덕리 펜션에 숙박하는 경우에는 숙박업에 해당할 가능성이 크다고 답변하고 있습니다.

(2) 현재 관련 법령의 위 펜션의 운영형태가 숙박업에 해당하는지 여부에 대하여 관련 법령에 명확한 규정이 없으나, 해당 정부부처 및 지방자치단체의 질의회신에 의하면 숙박업에 해당할 가능성이 크고, 이 경우 위 펜션의 운영자는 한강수계법 및 공중위생관리법을 위반한 처벌대상에 해당하는 것으로 보입니다.

※ 구체적인 사실관계의 상이성과 판례와 법률의 변동으로 의견은 달라질 수 있으니 반드시 전문가와 상의하여야 합니다.

상담사례

- 33 -

사실관계

안녕하세요, 주상복합 관리소장입니다. 저희는 상가로서 지하 1층, 지상 6층 건물인데 지상 5, 6층 볼링장에서 사우나로 용도변경이 되어 운영해 오다가 경매가 되어 소유주가 2010년에 바뀌었고, 소유주는 5, 6층 동일인입니다.

그동안 화장실 리모델링을 지하 1층부터 지상 4층까지 관리단에서 하였습니다. 문제는 5, 6층 소유주가 요구하는 사항입니다. 사우나를 하면서 5, 6층 화장실을 개조하여 위치 변경이 있었고, 사우나 철거는 현 소유주가 하였습니다. 그럼에도 5, 6층 소유주는 화장실을 원래 위치로 복원하려 하니 자치회에서 돈을 달라고 합니다.

도면에는 5, 6층 화장실 표시가 되어 있고, 건축물 대장에는 화장실이 전체공용이라는 표시는 없습니다. 제 생각에 사우나로 변경을 하면서 위치 변경을 하였을 당시 층 공용 화장실이 아니었을까라는 의문점이 듭니다. 구청에서도 명확한 답변을 피하며 '층 공용일 것이다'라고 합니다. 원래 도면에는 화장실이 있고, 그다음 복도가 있습니다.

질의

5, 6층 소유주가 법적으로 대응하면 어떻게 대처해 나가야 되나요. 현재 소유주 총회를 개최해 소유주 동의가 나오면 해 주려고 하지만 동의가 안 될 것 같아 그렇습니다.

답변

1. 상가 5, 6층 화장실이 상가의 공용부분에 해당하는지 여부

가. 집합건물에 있어서 공용부분인지 판단기준

집합건물에 있어서 수개의 전유부분으로 통하는 복도, 계단 기타 이 사건에서와 같은 일층 현관, 수위실, 화장실 등 구조상 구분소유자 전원 또는 그 일부의 공용에 제공되는 건물부분은 공용부분으로서 구분소유권의 목적이 되지 않으며, 건물의 어느 부분이 구분소유권자 전원 또는 일부의 공용에 제공되는지의 여부는 소유자들간에 특단의 합의가 없는 한 그 건물의 구조에 따른 객관적인 용도에 의하여 결정되어야 한다는 것이 판례의 태도입니다

(대법원 1989. 10. 27. 선고 89다카1497 판결 참조).

나. 상가 5, 6층 화장실이 공용부분인지 여부

(1) 일반적으로 상가의 각층 화장실은 구분소유자 전원 또는 그 일부의 공용에 제공되는 건물부분이므로 공용부분에 해당한다고 할 것입니다. 하지만 일률적으로 화장실에 해당한다고 해서 모두 공용부분에 해당한다고 인정하는 것이 아니라 건물의 구조에 따른 객관적인 용도에 의하여 판단하여야 합니다.

(2) 볼링장 이후 5, 6층이 사우나로 바뀌면서 5, 6층의 화장실을 개조하여 위치를 바꾸었는바 화장실 위치를 바꾸는 경우 그 면적의 차이도 발생하였을 것이고, 만약 위 화장실이 공용부분에 해당한다면 집합건물의 소유 및 관리에 관한 법률 제15조에 따라 공용부분 변경에 관한 사항이므로 관리단 집회에서 구분소유자의 4분의 3 이상 및 의결권의 4분의 3 이상의 결의로써 정하여야 하는 사항이지 5, 6층 단독소유자가 단독으로 결정할 수 없는 사항이라 할 것입니다.

(3) 그럼에도 불구하고 구청에서 허가를 해주어 화장실 위치를 바꾸는 공사를 하였다면 구청에서 새로 위치되어 지어지는 5, 6층 화장실을 공용부분이 아닌 것으로 판단하였던 것으로 추정할

수 있다 할 것입니다.

(4) 위와 같은 사정들을 볼 때 위 상가의 5, 6층 화장실은 상가의 공용부분으로 볼 수 없다 할 것입니다.

2. 새로운 소유자의 화장실 위치 복원 요구에 대하여

(1) 위 상가 5, 6층을 경매를 통하여 소유권을 취득한 자는 5, 6층 화장실을 공용부분이 아닌 구분소유로 이용하고 있던 상태에서 이를 취득하였다 할 것이며, 비록 경매로 인한 소유권 취득이 원시취득이라고 할지라도 새로운 소유자가 5, 6층의 소유권을 취득한 이후 5, 6층 각 화장실이 상가의 다른 구분소유자의 공용에 이용되고 있지도 않을 것입니다.

(2) 따라서 새로운 소유자는 5, 6층의 화장실이 상가의 공용부분이라고 주장하기 힘들어 보이므로 이에 대하여 복구비용을 지원하지 않아도 괜찮은 것으로 판단됩니다.

3. 결론

(1) 상가건물의 공용부분은 상가의 구분소유자의 공용에 이용되거나 또는 공용에 이용되지 않더라도 규약에 의하여 공용부분으로 정하고 이를 등기하여야 합니다. 의뢰인 상가의 5, 6층 화장실의 경우

다른 구분소유자의 공용에 이용되지도 않고 5, 6층 단독소유자만 이용하였으며, 따로 규약에서 이를 공용부분으로 지정하지도 않았고, 또한 구청에서 공용부분이 아닌 것을 전제로 화장실 위치변경에 대하여 허가를 한 것으로 보이므로 공용부분이 아니라고 판단하는 것이 옳을 듯합니다.

(2) 하지만 의뢰인이 올려주신 사실관계로만 판단한 것이므로 만약 5, 6층 화장실이 다른 구분소유자도 이용해 왔다는 사정이 있다면 판단은 달라질 것입니다.

(3) 결국 5, 6층 화장실을 공용부분으로 볼 수 없다면 새로운 소유자의 화장실 위치 복구를 위한 비용요구는 관리단에서 들어줄 필요가 없다 할 것입니다. 만약 관리단 총회에서 다른 구분소유자들이 화장실 위치복구에 대한 비용제공에 찬성한다면 따로 문제 될 것이 없습니다.

※ 구체적인 사실관계의 상이성과 판례와 법률의 변동으로 의견은 달라질 수 있으니 반드시 전문가와 상의하여야 합니다.

상담사례

- 34 -

질의

1. 규약에 대한 질의입니다.

   제5조(규약의 설정·변경·폐지)

   지분비율에 의한다.

   제13조(의결) 2. 다음 사항은 소유자 3/4 이상의 찬성으로 의결한다.

· **관리규약의 제정 및 개정**

위 규약에 의거하여 저희가 3/4 동의를 받아 관리규약 개정을 하였습니다.

(동종업종 제한)이란 내용을 개정하였는데, 병원이 3월부터 개원을 한다고 하여 지금 공사 중이고 동종업종은 없습니다. 약국이 현재 3층에 하나가 있어 이번 개정에 적극 앞장섰는데 1층 빵집이 약국을 한다고 합니다.

빵집은 3월 25일 날 매매가 되었고, 현재는 빵집을 하고 있고 앞으로 5월 1일부터 약국이 들어올 것 같은데 혹시 자치회에서의 규약개정 절차에 문제가 되는지 궁금합니다.

2. 공조실이 있는데, 위 공조실에 관하여 사용계약을 체결하였습니다. 공조실 임차인과 작성한 계약서에 의하면 2011년 7월 31일 5년 계약이 만기가 되어, 이번 총회에서 공조실 사용료를 대폭 인상하자 현재 임차인이 사용계약서 제10조 '공실기간만큼 기득권기간을 연장하여 가질 수 있다'는 조항을 근거로 기존 계약에 따른 만료기간이 연장이 되어야 한다고 주장하고 있습니다.

답 변

1. 사실관계

가. 자치회 규약개정

현재 동 상가 관리규정 제5조는 '관리단 집회에서 구분소유자 및 의결권의 각 3/4이상의 찬성을 얻어 설정, 변경 및 폐지할 수 있다. 각 구분소유자의 의결권은 그가 가지는 전유부분면적의 지분비율에 의한다'고 규정하고 있으며, 제13조는 '관리규약의 제정 및 개정은 소유자 3/4이상의 찬성으로 의결한다'고 규정하고 있습니다.

이에 위 규약에 의하여 자치회에서 '동종업종제한' 규정을 3/4이상의 찬성으로 신설하였습니다.

그런데 현재 상가 3층에 약국이 하나 있는 상태임에도 1층 빵집에서 2011. 3. 25. 점포를 매매하였고 향후 1층 빵집 점포에 약국이 들어온다고 합니다.

나. 공조실

관리사무소는 2006. 8. 1. 임차인 김○○과 동 상가 2층 공조실에 대하여 사용기간 2006. 8. 1. 부터 2011. 7. 30. 까지, 사용금액 월 20만 원으로 하는 공유지사용계약을 체결하였습니다.

관리사무소는 총회를 통하여 사용계약이 만료되는 2011. 7. 30. 이후 공조실 사용금액을 대폭 인상하였는데, 임차인이 자신은 2006. 8. 1. 부터 전대를 하지 않았고 2007. 5. 부터 사용을 하였는바, 사용계약서 제10조 '공실기간만큼 기득권기간을 연장하여 가질 수 있다'는 조항을 근거로 기존계약에 따른 만료기간이 연장이 되어야 한다고 주장하고 있습니다.

2. 검토의견

가. 자치회 규약개정

(1) 자치회 규약개정의 효력

현재 동 상가의 관리규정은 집합건물의소유및관리에관한법률(이하 '집합건물법')상의 관리단규약에 해당합니다.

관리단 규약의 제정에 대한 대법원 판례의 태도는 '집합건물법 제28조에 의하면 '건물과 대지 또는 부속시설의 관리 또는 사용에 관한 구분소유자들 사이의 사항 중 이 법에서 규정하지 아니한 사항은 규약으로써 정할 수 있다'고 규정하고 있고, 동법 제29조 제1항에 의하면 '규약의 설정·변경 및 폐지는 관리단 집회에서 구분소유자의 4분의 3 이상 및 의결권의 4분의 3 이상의 찬성을 얻어서 한다. 이 경우 규약의 설정·변경 및 폐지가 일부 구분소유자의 권리에 특별한 영향을 미칠 때에는 그 구분소유자의 승낙을 받아야 한다'고 규정하여 단체자치의 원칙에 따라 자율적으로 규약을 제정할 수 있음을 명시하고 있는데, 이러한 절차에 따라 제정된 집합건물의 규약은 그 내용이 강행법규에 위반된다거나 구분소유자의 소유권을 필요하고 합리적인 범위를 벗어나 과도하게 침해 내지 제한함으로써 선량한 풍속 기타 사회질서에 위반된다고 볼 정도로 사회관념상 현저히 타당성을 잃었다고 여겨지는 등의 특별한 사정이 있는 경우를 제외하고는 이를 유효한 것으로 시인하여야 할 것이다'라고 판시하고 있습니다(대법원 2004. 5. 13. 선고 2004다2243 판결 참조).

따라서 동 상가에서 관리규정에 따라 구분소유자의 3/4 이상의 동의를 얻어 관리단규약을 제정하였다면 제정절차에는 아무런 하자가 없습니다.

(2) 동종업종제한 규약의 효력

또한 관리단 규약의 내용으로 동종업종제한 규정을 제정하는 것이 가능한가에 대하여는 대법원 판례는 '집합건물 구분소유자들이 상호 간의 과다경쟁을 방지하고 공동의 이익을 도모하기 위하여 각자의 자유의사에 따른 협의로 업종을 제한하고, 이에 위반할 경우 구분소유권의 본질적 내용을 침해하지 아니하는 범위 내에서 자율적인 제재조치를 취하는 것은 단체자치의 원칙상 허용된다 할 것이고'라고 판시하여 동종업종제한을 내용으로 하는 관리단 규약의 효력을 인정하고 있습니다.

(3) 새로운 구분소유자가 기존 관리단규약의 효력의 적용을 받는지 여부

대법원 판례는 분양계약서상 동종업종금지 조항이 존재하는 경우 수분양자의 지위를 양수한 자 역시 위 업종제한의무를 수인하기로 동의를 한 것이므로 수분양자의 지위를 양수한자는 업종제한에 관한 약정을 준수할 의무가 있다고 판시하고 있습니다(대법원 2006. 7. 4. 선고 2006마164, 165판결 참조).

또한 판례는 동종업종제한 규약의 효력을 인정하고 있으므로 새로운 양수인 역시 동종업종제한 관리단 규약이 존재하는 경우 위 규약을 준수할 의무가 있습니다. 따라서 새로운 양수인이 동종업종제한을 위배하는 경우 관리단 규약에서 동종업종제한을 한 경우의 제재조치(단전, 단수 등)를 규정하고 있다면 위 규정에 따라 단전, 단수조치를 하는 것이 정당하다고 판시하고 있습니다(대법원 2004. 5. 13. 선고 2004다2243 판결 참조).

(4) 결론

따라서 동 상가에서 동종업종금지의 관리단 규약을 제정한 것은 관리단규약에서 정해진 절차에 따랐다면 유효하다할 것이므로 1층 빵집이 있는 점포로 입주하기로 한 약국에 대하여 동종업종금지 관리단 규약을 근거로 규약상 제재조치 또는 영업금지청구를 할 수 있습니다.

나. 공조실

공유지 사용계약서 제10항에 의하면 중간에 '乙'과 '丙'의 임대차

계약서상 만료 등이 발생하여 공실이 될 경우 기득권기간을 연장하여 가질 수 있다고 규정하고 있습니다.

현재 임차인 김○○이 2006. 8. 1.부터 전대를 하지 않았고 2007. 5.부터 전대를 하였다고 주장하고 있는데, 사용계약을 체결한 이후 중간에 공실이 발생한 것이 아니라 사용계약을 체결한 직후 공실이 발생한 것이긴 하지만 위 제10항은 전대차관계에 있어 공실이 발생하는 기간만큼은 임대료를 납부하지 아니하고 공실 기간만큼 기간을 연장하여 준다는 취지이므로 임차인 김광순의 연장주장은 일견 타당하다 할 것입니다.

하지만 김○○이 연장기간 동안 기존 사용계약에 따른 임대료를 지급하느냐의 문제는 별개의 문제라 할 것입니다. 사용계약서 제5항에 의하면 '乙'은 '甲'의 부득이한 사정으로 상가회의를 거쳐 변경 및 철수를 요구할 시는 '甲'의 의사에 따라야 한다고 규정하고 있습니다.

이미 관리단에서는 총회를 통하여 2011. 7. 이후 임대료를 인상하기로 결의하였는바 위와 같은 결의가 상가의 관리에 있어 부득이한 사정으로 인한 임대료 변경을 요구하는 것이라면 임차인은 사용계약서 제5항에 따라 관리단의 의사에 따라야 할 의무가 있습니다.

현재 의뢰인이 제시한 자료만으로는 임대료 인상결의가 상가 관리단의 부득이한 사정으로 인한 것인지 확인할 수는 없지만 만약에 임대료 인상결의가 부득이한 사정으로 인한 것이라면 임차인 김○○은 사용계약서 제5항에 따라 2011. 8. 이후에는 인상된 임대료를 지급하여야 할 것입니다.

※ 구체적인 사실관계의 상이성과 판례와 법률의 변동으로 의견은 달라질 수 있으니 반드시 전문가와 상의하여야 합니다.

상담사례

질 의

관리규약변경을 위한 충족요건에 관한 질문입니다.

관리규약은 집합건물법에 근거하여 만들어진 한 상가건물의 헌법과도 같다고 생
각됩니다. 몇 십 년을 거쳐 내려오는 규약을 변경하기 위해서는 법률 및 규약에서 정
한 대로 요건을 충족하고 서로의 이해 속에서 이루어져야 된다고 생각됩니다.

규약에는 다른 여러 의결처리조항이 있지만, 특히 규약 설정, 변경, 폐지의 경우
규약에서 달리 규정하고 있는 정확한 이유와 근거를 찾고자 합니다.

답 변

1. 사실관계

이전 상담 의뢰 시 알려준 사실관계와 이번에 감사가 의뢰한 사실관
계에는 두 가지 큰 차이점이 있습니다.

첫 번째는 이전 상담 시에는 규약이 3/4 이상의 동의를 받아 관리규약 제정을 하였다고 기재되어 있었는바, 그에 대한 상세한 내용은 기재되어 있지 않았습니다.

두 번째는 동종업종금지 규약이 제정이 된 후에 1층 빵집에서 매매를 한 것처럼 기재되어 있었습니다. 하지만 감사가 의뢰한 사실관계에 의하면 우선 1층 빵집 소유자가 2011. 3. 25. 소유권 이전을 하였고, 그 이후에 관리규약 제정 발의가 되었다고 기재되어 있습니다.

위 두 가지 차이점으로 인하여 다음과 같이 이전 답변과는 상이한 답변이 나오게 되었습니다.

2. 질의사항

가. 관리규약의 변경을 위해서는 구분소유자 및 의결권이 모두 충족되어야 하는지.

나. 현재 규약 제12조, 제13조는 구분소유자 즉 '사람'을 의미하므로 면적(의결권)과 무관하게 한 표만의 권리를 갖게 되는 것으로 해석하는 것이 타당합니까.

다. 회장 및 임원선출의 건은 규약 제13조 제1항에 의하면 소유자총회의 출석

  과반수의 찬성으로 의결한다라고 되어있는데 이 경우 구분소유자 과반수

  찬성은 물론 의결권의 1/2 이상의 찬성이 있어야 하는 것인지요.

라. 규약이 개정되기 전 동종업종제한 규정이 없는 것으로 알고 소유자가 직접

  약국을 하기 위해 점포를 매수하였는데, 이를 알고 이후에 이를 막기 위하

  여 규약을 변경하고 이를 근거로 매수자의 소유권, 사용권 행사를 방해한다

  면 어떤 문제가 발생하는지요.

3. 검토의견

가. 구분소유자 및 의결권이 모두 충족되어야 하는지

  집합건물의 소유 및 관리에 관한 법률(이하 '집합건물법') 제29조

  에 의하면 '규약의 설정·변경 및 폐지는 관리단 집회에서 구분소

  유자의 4분의 3 이상 및 의결권의 4분의 3 이상의 찬성을 얻어서

  한다'고 규정하고 있으며, 상가 관리단규약 제5조에 의하면 역시

  구분소유자 및 의결권의 각 3/4이상의 찬성을 얻어 설정, 변경 및

  폐지할 수 있다고 규정하고 있습니다.

  즉, 집합건물법과 관리단규약상 명확하게 구분소유자뿐만 아니

  라 의결권이 모두 충족되어야 한다고 규정하고 있으므로 관리단

규약의 제정을 위해서는 위 두 요건을 모두 충족해야 합니다.

집합건물법 제37조에 의하면 '의결권이란 각 구분소유자의 의결권은 규약에 특별한 규정이 없으면 제12조에 규정된 지분비율에 따른다'고 규정하고 있습니다. 따라서 특별한 규약이 없으면 전유면적비율에 따르는 것이 원칙이며, 상가 규약 제6조 제11호에 의하면 '의결권이라 함은 각 구분 소유자가 가지는 전유부분 면적의 지분비율에 의한 권리를 말한다'고 규정하고 있으므로 상가의 경우 관리단 규약의 제정을 위해서는 구분소유자 및 지분비율에 따른 의결권의 각 3/4이상의 동의가 필요합니다.

현재 감사가 제시한 자료를 보면 찬반결과 총소유자 33명중 5명 기권, 2명 반대로 구분소유자 요건은 충족하고 있으나, 반대자의 전유부분 비율이 29.58%로 전유면적비율의 3/4 이상 요건을 충족하지 못하고 있습니다. 따라서 위 규약의 제정은 효력이 없다 할 것입니다.

나. 제13조는 구분소유자 즉 '사람'을 의미하므로 면적(의결권)과 무관하게 한 표만의 권리를 갖게 되는 것으로 해석하는 것이 타당한지 여부 및 제13조의 해석

상가 관리단 규약 제12조는 의결권의 행사에 대하여 규정하고 있

는 것이므로 이를 의결권에 대한 특별한 규정으로 해석할 수는 없습니다. 따라서 규약 제12조가 평수에 관계없이 한 전유분에 한 표의 권리를 갖는다고 규정하고 있지만 이는 구분소유자 요건에 있어 표의 행사에 대한 규정이지 의결권에 대한 규정이 아닙니다.

현재 상가 관리단 규약은 제6조 제11호에 의하여 의결권을 전유면적비율에 의한다고 규정하고 있으므로 위와 달리 의결권을 전유면적과 무관하게 한 표만을 갖는다고 해석할 수 없습니다.

관리단 규약 제13조의 경우 의결정족수만을 정한 규정이며, 집합건물법 제38조 제1항에 의하면 '관리단집회의 의사는 이 법 또는 규약에 특별한 규정이 없으면 구분소유자의 과반수 및 의결권의 과반수로써 의결한다'고 규정하고 있으므로 제13조의 경우에도 구분소유자 및 의결권의 각 과반수의 찬성을 요한다 할 것입니다.

다. 현재 동종업종금지 규약의 효력

집합건물법 제29조에 의하면 '규약의 설정·변경 및 폐지는 관리단집회에서 구분소유자의 4분의 3 이상 및 의결권의 4분의 3 이상의 찬성을 얻어서 한다. 이 경우 규약의 설정·변경 및 폐지가 일부 구분소유자의 권리에 특별한 영향을 미칠 때에는 그 구분소유자의 승낙을 받아야 한다'고 규정하고 있습니다.

현재 상가 1층 빵집의 구분소유자가 이미 약국을 할 예정인 새로운 구분소유자에게 소유권을 이전한 상태입니다. 따라서 약국을 할 예정인 새로운 구분소유자는 이후 제정한 동종업종금지 규약에 대하여 권리에 특별한 영향을 받는 자라 생각할 수도 있습니다.

하지만 현재 대법원 판례는 '상가와 같이 새로이 업종제한에 대한 관리단 규약을 설정하는 경우 그로 인하여 소유권행사에 다소 제약을 받게 되는 등 구분소유자의 권리에 영향을 미친다고 하더라도 이는 모든 구분소유자들에게 동일하게 영향을 미치는 것으로 결국 '전체의 구분소유자'의 권리에 관한 것이지 특별한 사정이 없는 한 '일부의 구분소유자'에게만 특별한 영향을 미치는 것이라고는 할 수 없으므로 설령 ○○○이 규약에 승낙을 하지 않았더라도 그 규약의 효력을 부인할 수 없다고 하겠다'고 판시하고 있습니다(2006. 10. 12. 선고 2006다36004 판결 참조).

즉, 현재 상가는 규약에 존재하고 있지 않던 동종업종금지규약을 신설하는 경우이므로 위 규약은 전체의 구분소유자의 권리에 관한 것이어서 새로이 약국을 할 예정인 새로운 구분소유자의 동의가 필요하지 않습니다.

4. 결론

결론적으로 이전 동종업종금지 규약제정은 구분소유권 및 의결권의 3/4이상 찬성 요건을 충족하지 못하고 있으므로 규약은 효력이 없다 할 것입니다.

이후 동종업종금지 규약을 새로이 제정할 경우에 1층에서 약국을 할 예정인 구분소유자의 동의와는 관계없이 규약제정 요건을 충족한다면 위 규약은 유효하다 할 것입니다.

※ 구체적인 사실관계의 상이성과 판례와 법률의 변동으로 의견은 달라질 수 있으니 반드시 전문가와 상의하여야 합니다.

◆ Chapter 5 ◆

기타상담사례

상담사례

- 36 -

사실관계

안녕하세요 변호사님!

제가 서울 강북에 단독주택(대지 130평, 대지면적 50%까지 증축 가능)을 보유하고 있는데, 이번에 집이 오래되어 수리를 하려고 하다가 우연히 집의 건평이 등기부 등본에 나와 있는 20평보다 약 10평이 더 넓다는 것을 알게 되었습니다. 부모님으로부터 물려 받은 집인데, 약 20년 전에 작은 화재로 집을 수리할 때 증축신고를 하지 않고 집을 넓히셨다는 이야기를 들었습니다. 이를 알고 구청에 등본 정정신고를 하려고 했더니, 현재의 주택 설계도를 그려와서 새롭게 증축허가를 받아야 되고 벌금을 부과받게 될 수 있다고 합니다. 벌금은 심의를 거쳐보아야 하지만, 최대 공시가격의 50/100에서 10/100 정도가 될 수 있다는 말을 들었습니다. 제가 궁금한 것은 아래와 같습니다.

질 의

1. 부동산 등본의 정정신고(증축분의 정정 신고) 절차와 필요한 내용이 궁금합니다.

2. 단독주택이기 때문에 부동산공시가격에서 토지+주택은 나와 있지만 주택은
   따로 나와 있지 않습니다. 집은 약 50년 되었고, 20년 전에 증축을 하였기 때
   문에 가치가 별로 없어 보입니다.

   벌금을 내게 되면 기준이 부동산공시가격에서 증축분 10평에 대한 것인지 아
   니면 토지를 제외한 주택의 공시가격을 따로 산정하여 하는지 궁금합니다. 벌
   금의 기준이 무엇이고, 제가 얼마 정도를 내야 되는지를 가늠할 수 없어서 질
   문드리는 것입니다.

3. 제 집의 양쪽으로 길이 있는데, 집을 새롭게 신축이나 증축을 하게 되면 몇 년
   전에 지정된 지구단위 계획에 따라 약 1.5미터 씩 제 땅을 도로로 자비를 들여
   내주어야 된다고 합니다. 길을 넓히기 위해서 약 20평의 땅을 내주어야 된다
   는 것입니다. 물론 소유는 제가 계속해서 가질 수 있다고 합니다. 만약에 제가
   위의 질문 2에서처럼 증축신고를 하게 될 때에도 제 땅을 도로로 내주어야 되
   는지요? 이미 20년간 증축된 상태로 살고 있었는데, 등본을 정정하기 위해서
   땅을 도로로 내주게 되는 결과를 바라진 않습니다. 참고로 제 집이 산 위쪽이
   라서 양쪽이 모두 축대입니다. 만약 도로로 내주게 되면 제가 부담해야 할 토

목 공사비용이 엄청납니다.

---

4. 마지막으로, 말씀 드린대로 집이 낡아 수리하려고 하는데, 벽은 놔두고 지붕과 창문, 바닥을 수리하려고 했더니 이것도 구청에 신고(또는 허가)를 해야 된다고 합니다. 제 생각은 위에서 설명한 등본의 평수를 정정한 후에 진행을 할 계획인데, 구청에 같이 진행(정정신고+집수리신고) 하는 것이 좋은지, 따로 말씀드린 순서대로 진행하는 것이 좋은지 조언을 부탁드립니다.

답 변

1. 부동산 등본의 정정신고 및 필요한 내용

원래 증축을 하기 위해서는 건축사사무실에 증축에 대한 설계도면을 확인받고, 증축을 한 후 설계도면과 실제가 같은 지 확인한 다음 관청에서 준공허가를 내주게 됩니다. 그런데 이미 불법적으로 증축을 하셨다면 사후적으로 증축에 맞는 설계도면을 작성하셔서 증축허가를 맡으셔야 하고, 이를 추인허가제도라고 합니다. 우선 건축사사무실에 가셔서 설계도면 작성을 맡기고 추인허가를 진행하셔야 합니다.

---

2. 벌금의 기준

과거 단독주택의 경우 토지+주택가격으로 부동산공시가격이 나왔지만, 약 2년 전부터 주택에 대한 공시가격이 별도로 표시되어 나옵니다. 주택에 대해 공시가격이 따로 나오지 않는다고 하시는 것은 과거 기준으로 잘못 알고 계신 것 같습니다. 보통 일부 부분에 대해 불법사항이 있는 건축물의 경우 그 불법부분을 기준으로 이행강제금을 부과합니다. 본건의 경우 다만, 이행강제금 산정은 건축공무원의 재량이 작용하는 경우가 많아 해당 건축공무원이 말한 금원의 범위(50/100- 10/100) 내라는 것 외에 구체적으로 그 금원을 가늠하기는 쉽지 않을 것입니다.

3. 도로편입에 대해

우선 지구단위계획을 구체적으로 확인해 봐야 알 수 있는 문제라고 판단됩니다. 왜냐하면 일부 도로편입여부는 행정청의 재량으로 결정되는 경우일 수도 있기 때문입니다. 만약 재량에 해당하는 영역이라면, 증축허가신청 한 후 행정청이 증축허가거부처분을 하면 그 거부처분에 대해 행정소송으로 다투는 방식(사정이 이러저러하니 도로편입을 요구하는 것은 과도하다라는 취지)으로 증축허가를 법원에 구할 수가 있습니다.

4. 증축허가와 수선신고의 선후

건물 등에 관해 하나의 허가 내지 신고가 존재하는 상태에서 통상 중복적으로 다른 허가 및 신고를 내주지는 않습니다. 그러므로 증축허가와 수선신고를 동시에 진행시키기는 어려울 것입니다. 그러므로 증축허가를 먼저 진행하고 필요한 경우 수선신고를 진행하는 것이 적절하리라 판단됩니다.

※ 구체적인 사실관계의 상이성과 판례와 법률의 변동으로 의견은 달라질 수 있으니 반드시 전문가와 상의하여야 합니다.

상담사례

- 37 -

사실관계

안녕하세요.

경기도 수원시 농지에 설정되어 있는 선순위 지상권의 말소가능여부와 관련하여

자문을 구하고자 하오니 시간 되실 때 살펴보시고 의견 주시면 정말 감사하겠습니다.

[상황]

농지에 선순위 지상권과 근저당권을 설정한 채권자가 신청한 임의경매에서 채권

자가 배당을 1억 원 부족하게 받았습니다.

[현재의 등기부등본 요약]

	날짜	등기원인	권리자, 기타사항
1.	2002. 06.	소유권	이○○
2.	2002. 08.	근저당	농협 23억
3.	2002. 08.	지상권	농협
4.	2002. 09.	근저당권	농협 4억
5.	2002. 12.	소유권 15/16 이전	공유자 유○○ 외 14
6.	2002. 12.	유○○ 지분 근저당	농협 2억
7.	2004. 07.	2, 4번 근저당권 변경	유○○ 외 14명 지분포기, 이○○ 지분전부 근저당 설정
8.	2010. 01.	경매개시결정	농협
9.	2010. 09.	낙찰 1억	

◆ 낙찰자 : 3번 지상권은 2번 근저당의 담보권에 관한 것인데, 농협이 2004년 07월 채무자 유○○ 지분 근저당을 포기하였으므로 2004년 07월 함께 말소 되었어야 했던 것으로서 지금이라도 낙찰자의 청구에 의해 말소됨이 마땅하다. 또한 근저당권자가 담보권을 확실하게 하기 위한 선순위 지상권은 근저당권자 의 배당과 함께 소멸되어야 한다(90다카27570 판례 참조).

◆ 농협 : 3번 지상권은 6번 근저당권의 담보로 유용하겠다는 의사로 남겨놓은 것으로서 말소할 수 없다.

질 의

낙찰자가 잔금 납부 후 2번 지상권말소를 구할 수 있는지요?

답변

1. 지상권설정등기 말소청구 가부

이 사건 지상권은 농협이 소유자인 이○○으로 하여금 이 사건 부동산을 이용하지 못하게 하여 그 담보가치를 유지함으로써 이○○에 대한 대출금 채권에 대한 담보권을 확보할 목적으로 설정된 것입니다.

따라서 농협이 2004. 7. 8. 1번 근저당권에 대하여 이○○ 이외의 지분을 포기하였을 때 이미 이 사건 지상권 중 이○○ 이외의 지분에 대한 부분은 근저당권이 소멸하여 담보 가치를 유지할 필요가 없어졌으므로 소멸된 것으로 보아야 합니다.

설령 2004. 7. 8. 지분포기시 이 사건 지상권이 소멸되지 않았다 하더라도 근저당권이 피담보채무의 변제로 소멸됨으로써 그 목적을 잃게 되었을 때에 지상권 역시 소멸하는 것입니다.

임의경매가 실행되었을 때 지상권의 소멸에 대한 대법원 판례는 보이지 않으나 하급심 판례 중에서 '…이 사건 지상권은 A은행이 소유자인 B로 하여금 부동산을 이용하지 못하게 하여 그 담보가치를 유지함으로써 B에 대한 대출채권을 위한 담보권을 확보할 목적으로 근저당권과 함께 설정한 지상권임이 인정되므로, 등기된 목적이나 존속기간에 관계없이 근저당권이 피담보채무의 변제로 소멸됨으로써 그 목적을 잃어 함께 소멸하는 것이다. 따라서 위 부동산에 관하여 진행된 부동산임의경매 절차에서 피고가 근저당권의 채권최고액을 모두 배당받아 근저당권이 피담보채무의 변제로 인하여 소멸하였고 이에 따라 지상권 역시 그 목적을 잃어 함께 소멸하였다 할 것이므로, 피고는 부동산의 소유자로서 그 방해 배제를 구하는 원고에게 지상권설정등기의 말소등기절차를 이행할 의무가 있다'고 판단한 판례가 있습니다(제주지방법원 2005. 7. 26. 선고 2004가단19189).

본 사안의 경우 채권자인 농협이 부족하게 배당을 받았다고 하더라도 낙찰자가 잔금을 납부한 후에는 근저당권이 소멸하므로 지상권설정등기의 말소청구를 할 수 있다 할 것입니다.

2. 농협의 등기유용주장에 대하여

실질관계의 소멸로 무효로 된 등기의 유용은 그 등기를 유용하기로 하는 합의가 이루어지기 전에 등기상 이해관계가 있는 제3자가 생기지 않은 경우에 한하여 허용된다고 보는 것이 판례의 태도입니다.
우선 이 사건의 경우 채무자 유○○ 명의의 근저당권설정등기에 있어서 위 지상권 등기를 유용하기로 하는 농협과 채무자 사이의 합의조차 존재하지 않는 것으로 보입니다.
또한 설령 농협과 채무자 사이에 유용의 합의가 있었다고 하더라도 유용의 합의가 있기 전에 등기상 이해관계가 있는 제3자가 있으므로 등기유용을 주장할 수 없는 것으로 보입니다.

※ 구체적인 사실관계의 상이성과 판례와 법률의 변동으로 의견은 달라질 수 있으니 반드시 전문가와 상의하여야 합니다.

상담사례

- 38 -

사실관계

본인은 2002년 10월 24일 성북구 ○○동 지층, 1층, 2층 옥탑(건축법엔 물탱크) 7.29㎡으로 구성된 201호를 매입하였습니다. 계약할 당시5백만 원을 더주고[구조, 용도: 조적 조평슬래브지붕 다가구(2층과 옥탑포함)]으로 계약하였습니다.

그런데 지금 알아보니 건축법으로는 옥탑은 불법이며, 7.29㎡은 물탱크 사용으로 인정되는 것이며, 옥탑 건평에 대한 소유가 지층 1층 2층으로 나눠져 있는 상태입니다.

현재 재개발 지역으로 건축법으로는 옥탑 건평7.29㎡는 인정하지 않지만, 재개발 지역인 관계로 감정 평가 시 옥탑 7.29㎡가 중요한 문제가 될 수 있습니다.

질 의

저희가 옥탑 7.29㎡을 되찾을 수는 있는지 궁금합니다.

답 변

1. 전제된 사실관계

의뢰인은 2002년 10월 24일 성북구에 지층, 1층, 2층 옥탑(건축법엔 물탱크) 7.29㎡ 건물 중 201호 및 옥탑을 구입하였는데, 계약할 당시 옥탑 부분으로 인하여 5백만 원을 더 주고 계약을 하였습니다.

하지만 옥탑부분은 건축법상 신고되지 아니한 부분으로 무허가건 축물에 해당하며, 옥탑부분의 소유권이 201호의 전유부분이라는 사실이 공부상 등기되어 있지 않습니다.

2. 검토의견

가. 도시재개발사업의 시행으로 도시및주거환경정비법 제36조의 규정에 의한 손실을 받은 자가 있을 때에는 동법 제37조의 규정에 의하여 사업시행자가 그 손실을 보상하되, 손실보상은 시행자와 손실을 받은 자가 협의토록 하고, 협의가 성립되지 아니한 경우는 토지수용위원회의 재결을 신청할 수 있으므로 우선 모든 보상 문제는 일차적으로 사업시행자와 협의를 해야 하는 사항입니다. 만약 협의가 성립되지 않는 경우에 손실보상에는 공익사업을위한토지등의취득및보상에관한법률이 적용됩니다.

나. 관계법령의 검토

(1) 공익사업을 위한 토지 등의 취득 및 보상에 관한 법률 제75조 제1항은 '건축물·입목·공작물 기타 토지에 정착한 물건(이하 '건축물등'이라 한다)에 대하여는 이전에 필요한 비용(이하 '이전비'라 한다)으로 보상하여야 한다'고 규정하고 있는 바, 토지가 아닌 건물의 경우 이전비를 보상받도록 규정하고 있습니다.

(2) 또한 공익사업을 위한 토지 등의 취득 및 보상에 관한 법률 시행규칙 제45조 제1항은 '공익사업시행지구에 편입되는 주거용 건축물의 소유자에 대하여는 당해 건축물에 대한 보상을 하는 때에 가구원수에 따라 2월분의 주거이전비를 보상하여야 한다. 다

만, 건축물의 소유자가 당해 건축물에 실제 거주하고 있지 아니하거나 당해 건축물이 무허가 건축물 등인 경우에는 그러하지 아니하다'라고 규정하고 있습니다.

또한 동 시행규칙 제45조 제2항에는 '공익사업의 시행으로 인하여 이주하게 되는 주거용 건축물의 세입자로서 사업인정고시일 등 당시 또는 공익사업을 위한 관계법령에 의한 고시 등이 있은 당시 당해 공익사업 시행지구 안에서 3월 이상 거주한 자에 대하여는 가구원수에 따라 4개월 분의 주거이전비를 보상하여야 한다. 다만, 무허가 건축물 등에 입주한 세입자로서 사업인정고시일 등 당시 또는 공익사업을 위한 관계 법령에 의한 고시 등이 있은 당시 그 공익사업지구 안에서 1년 이상 거주한 세입자에 대하여는 본문에 따라 주거이전비를 보상하여야 한다'고 규정하고 있습니다.

다. 사안의 경우

위 관계법령의 해석에 의하면 무허가 건축물이라 하더라도 독립적으로 무허가 건축물에 입주한 세입자가 사업지구 안에서 1년 이상 거주한 경우 건물에 대한 보상으로 주거이전비를 보상받을 수 있음을 알 수 있습니다.

즉, 위와 같은 경우 무허가 건축물에 대한 보상을 받기 위해서는 의뢰인이 옥탑 부분만 독립적으로 주거로 이용하는 경우에만 가능한 것입니다.

3. 결론

의뢰인의 경우 재개발이 이루어지는 경우 토지에 대한 보상으로는 어차피 등기부상 의뢰인의 몫으로 등기된 지분에 한하여 보상을 받게 됩니다. 건물에 대하여는 위 법령에서 명시하고 있듯이 소유하고 있는 건물 면적에 따른 보상이 아닌 주거이전비를 보상받게 되는데, 옥탑방 자체로 독립된 주거에 이용되는 상황이 아니므로 옥탑방이 의뢰인의 소유에 포함되는지 포함되지 않는지 여부는 건물에 대한 보상액에 영향을 끼칠 수 없는 상태입니다.

※ 구체적인 사실관계의 상이성과 판례와 법률의 변동으로 의견은 달라질 수 있으니 반드시 전문가와 상의하여야 합니다.

상담사례

- 39 -

사실관계

저는 2001년 노후 대비 목적으로 상가를 매입하였고, 2006년 지하철 공사로 지분의 50%를 수용 당했습니다. 제가 매입한 상가의 1층이 최근 매물로 나왔는데 관심이 있으나 그 상가는 지분을 90% 정도 수용 당한 상태입니다.

질 의

1. 이 상가는 강남 트리플 역세권이지만 노후되어 재건축 소문이 들리고 있는데 만약 제가 1층을 사서 영업을 하는데 재건축이 결정되면 어떻게 되는지요? 현금청산 대상이다, 아니다 함부로 못한다 등 부동산업자들마다 말이 다릅니다.

2. 만약 재건축을 반대하면 지주들과 재건축 회사가 지분 없는 소유주들에게 지료를 청구해서 속칭 물 먹인다고 하는데 이런 것이 가능한지요.

답변

1. 현금청산대상이 되는지 여부

도시 및 주거환경정비법 제48조 제2항 제6호에는 1인 이상의 주택 또는 토지를 소유한 경우 1주택을 공급하는 것이 원칙입니다. 그리고 재건축 될 집합주택에 부속된 상가의 재건축도 주택의 경우와 같다는 것이 국토해양부의 답변이었습니다.

그러므로 수 개의 상가를 가지고 있더라도 하나 이상의 상가는 현금청산이 될 수밖에 없습니다.

2. 지료관련

당사자간에 지료에 관한 약정도 없고, 법원을 통한 지료확정판결 또한 없다면 무상사용이 원칙입니다. 따라서 지료 약정이 없는 상태에서 일방적으로 지료를 청구할 수 없습니다.

지주들이 귀하에게 지료를 청구하기 위해서는 우선 법원에 지료확정에 관한 소를 제기하여 지료감정을 통한 지료확정판결을 받은 이후에야 귀하에게 지료를 청구할 수 있습니다.

※ 구체적인 사실관계의 상이성과 판례와 법률의 변동으로 의견은 달라질 수 있으니 반드시 전문가와 상의하여야 합니다.

상담사례

- 40 -

사실관계

본인은 수년간 종합건설업(토목공사업)을 하다가 2013년 10월에 기술자 자격증을 임대한 사실이 적발되어 등록말소가 되었습니다. 조금 억울하게 말소가 되어서 1년 6개월이 지난 시점인 7월에 다시 건설업 등록을 하고자 건설협회에 서류를 접수한 상태입니다.

대한건설협회에 회원자격 승계를 문의하였는데 등록말소가 되면 회원자격 또한 박탈되므로 신규로 다시 가입하여야 한다는 답변입니다.

말소되기 전 같은 법인에 같은 사업자등록번호로 건설업 등록을 신청하였는데 기존 회원 자격을 인정해줘야 되는거 아니냐 했더니 정관에 없는 내용이라 인정해 줄 수 없다고 합니다.

질의

회원 가입비가 몇 십만원도 아니고 천만 원이나 되는데 너무 억울하여 상담드립니다. 너무 일방적인 정관 같은데 법으로 해결할 수 있는 방법은 없을까요?

답변

1. 건설업등록말소처분을 다툴 수 있는지 여부

가. 관련 규정

· **건설산업기본법 제21조의2(국가기술자격증 등의 대여 금지)** : 건설업자는 국가기술자격증 또는 건설기술경력증을 다른 자에게 빌리거나 빌려 주어서는 아니 된다.

· **같은 법 제83조(건설업의 등록말소 등)** : 국토교통부장관은 건설업자가 다음 각 호의 어느 하나에 해당하면 그 건설업자(제10호의 경우 중 하도급인 경우에는 그 건설업자와 수급인을, 다시 하도급한 경우에는 그 건설업자와 다시 하도급한 자를 말한다)의 건설업 등록을 말소하거나 1년 이내의 기간을 정하여 영업정지를 명할 수 있다. 다만, 제

1호, 제2호, 제2호의2, 제3호의2, 제3호의3, 제4호부터 제8호까지, 제8호의2, 제12호 또는 제13호에 해당하는 경우에는 건설업 등록을 말소하여야 한다.

6. 제21조의2를 위반하여 국가기술자격증 또는 건설기술 경력증을 다른 자에게 빌려 건설업의 등록기준을 충족시키거나 국가기술자격증 또는 건설기술경력증을 다른 자에게 빌려주어 건설업의 등록기준에 미달한 사실이 있는 경우

나. 행정청의 처분행위

행정소송법상 '처분'이라 함은 행정청이 행하는 구체적 사실에 관한 법집행으로서의 공권력의 행사 또는 그 거부와 그 밖에 이에 준하는 행정작용을 뜻합니다(행정소송법 제2조 제1항 제1호 참조). 국토교통부장관이 행하는 건설업자에 대한 건설업등록말소처분은 행정소송 중 항고소송인 취소소송 및 무효 등 확인소송의 대상인 행정처분에 해당합니다.

다. 행정소송의 제소기간 도과

건설산업기본법은, 건설업자가 국가기술자격증에 해당하는 기술사 자격증을 다른 자에게 빌려주어 건설업의 등록기준에 미달한 사실이 있는 경우에 필요적으로 건설업 등록을 말소하도록 규정하고 있습니다. 즉, 단순히 기술자 자격증을 대여하였다는 사실만

으로 건설업 등록을 말소하는 것이 아니라 자격증 대여로 인하여 건설업의 등록기준에 미달한 사실이 있어야 합니다. 그러나 취소소송은 처분 등이 있음을 안 날부터 90일 이내에 제기하여야 하는 바(행정소송법 제20조 참조), 해당 처분은 제소기간이 도과하여 현재로서는 행정소송을 통하여 그 적법 여부를 다투기 힘든 상황입니다.

---

2. 입회비 납부 여부를 다툴 수 있는지 여부

가. 관련 규정

· 대한건설협회 정관 제8조(회원의 가입) : ① 정회원이 되고자 하는 자는 협회에 회원가입신청서를 제출하고 동시에 입회비를 납부하여야 한다.

· 제12조(자격상실 및 탈퇴) : ① 정회원이 건설산업기본법에 의하여 종합공사를 시공하는 업종의 등록이 전부 말소(업종변경을 위하여 폐업신고와 동시에 다른 종합공사를 시공하는 업종으로 등록한 경우는 제외)된 때에는 그 사실이 발생한 날로부터 회원자격이 상실된다. 다만, 영업정지 등 행정제재를 회피할 목적 없이 부득이한 사유로 폐업신고를 한 때에는 등록말소된 날로부터 6월 이내에 종합공사를 시공하는 업종을 다시 등록한 경우에는 규정이 정하는 바에 따라 회원자격을 회복할 수 있다.

④ 회원으로서 자격을 상실한 자는 협회에 대한 모든 권리를 상실한다.

· 제43조(회비) ② 입회비는 다음과 같다.

1. 정회원이 되고자 하는 자는 1,000만 원

· 대한건설협회 시·도회설치규정 제6조(회원의 가입) ① 일반건설업등록을 한 자가 회원이 되고자 하는 경우에는 별지 제1호 서식의 회원가입신청서를 작성하여 주사무소를 관할하는 시·도회에 제출하고 동시에 입회비를 납부하여야 한다.

나. 대한건설협회 내부규정에 의한 회원 가입 및 자격 상실

(1) 대한건설협회 정관은, 정회원이 종합공사를 시공하는 업종의 등록이 전부 말소된 때에는 그 사실이 발생한 날로부터 회원자격이 상실되고 회원으로서 자격을 상실한 자는 협회에 대한 모든 권리를 상실한다고 규정하고 있습니다(협회정관 제12조 제1항, 제4항 참조).

(2) 협회 정관은 정회원의 자격이 상실되는 경우 입회비의 귀속, 건설업자가 등록이 말소된 후 다시 등록을 하고자 할 경우 재차 입회비를 납부하여야 하는지 여부 등에 대하여 아무런 규정도 두지 않고 있는바, 이에 대하여는 다툼의 여지가 있습니다.

다. 민사소송을 통한 구제방법

이 경우 입회비를 다시 납부해야 한다는 이유로 대한건설협회가 건설업자의 회원가입을 거절하는 경우, 민사소송을 통하여 '대한건설협회 정회원자격확인 청구소송'을 제기하거나, 아니면 이전 정회원 자격상실 시 입회비를 반환하지 않았음을 이유로 '입회비 반환청구소송' 등을 제기할 수 있습니다.

라. 민사소송을 통한 구제가능성

다만 이 경우 위 민사소송에서는 정회원의 자격이 상실되는 경우 입회비의 귀속, 건설업자가 등록이 말소된 후 다시 등록을 하고자 할 경우 재차 입회비를 납부하여야 하는지 여부 등이 쟁점이 될 것인 바, 관련 판례의 검색 결과에 의하면 현재로서는 이에 대하여 선례적인 판례가 검색되지 않고 있습니다. 그러나 자격증 대여로 인한 건설업등록말소의 경우 건설업자 측의 귀책으로 회원 자격이 상실되었다고 보기 쉽다는 점 등에 비추어 입회비 납부의무를 면제받거나 그 반환을 인정받기는 쉽지 않아 보입니다.

※ 구체적인 사실관계의 상이성과 판례와 법률의 변동으로 의견은 달라질 수 있으니 반드시 전문가와 상의하여야 합니다.

상담사례

- 41 -

사실관계

현 건축물은 상가입니다. 집합상가 형태이며 토지는 미등기 상태입니다만 곧 완료하려고 하고 있습니다.

집합상가로 구분등기되어 있으며 우측 6개동과 본 상가의 토지권의 반을 저희가 갖고 있습니다.

건축물은 구분등기되어 있으며 복도를 중심으로 좌측우측이 있고 우측은 저희의 소유이며 층마다 한 개의 상가로 구성되어 있으며 6개 층입니다. 일단 토지권을 구분등기 후에 1층을 제외한 나머지의 층들을 매각 후 먼 미래에 있을지도 모르는 재건축을 하였을 때 발생할 수 있는 염려에 대해서 여쭙고자 합니다.

저희는 1층을 소유하고 나머지 5개 층을 매각하는 경우 각 층마다의 소유자가 달라집니다. 미래에 발생할지도 모르는 건물의 재건축 시에 1층을 제외한 다른 층의 소유자가 1층에 대한 소유권을 주장할 수 있는지에 대해서 우려하고 있습니다. 왜냐하면 상가가치의 기준이 되는 임대료의 70프로가 1층에서 나오고 있기 때문입니다. 토지는 각층마다 균등하게 나눠지기 때문에 더욱 그런 우려가 있습니다.

일부 상담의 결과로 아파트의 재건축에 빗대어 그런 우려가 있을 수 있다고 확인하였고 그 예방조치로 '재건축 시에 현재층 수의 현재 전유면적에 대해서만 그 권리를 가진다'라고 특약사항을 매매거래 시 계약서에 적어놓으면 그것은 법적인 효력이 있다라고 확인하였습니다. 하지만 상담을 하여주시는 분의 전문성이 결여된 듯이 보이고 그런 문구를 적는다는 것이 곧 재건축을 할 것 같은 부담을 매수자에게 줄 듯하여 부담스러운 면이 있습니다.

질 의

1. 재건축시에 동일면적으로 재건축을 할 경우에 1층을 제외한 나머지 층의 소유자가 1층에 대하여 권리를 주장할 수 있나요?

2. 재건축이 동일면적으로 이뤄지지 아니할 경우에는 어떠한가요?

3. 현재 토지의 평당가가 이천을 상회하고 각층의 토지지분가격만 이익을 훨씬 상회하는 가격인데 임대료의 기준으로 매각하면 각층은 이익 남짓이거나 혹은 이익 이하로 형성이 됩니다. 하지만 발전적 재건축 즉 도시가 발전을 거듭하여 수요증가로 인한 상가를 늘리는 형태의 재건축은 발전이 한계에 이르렀거나 혹은 좁은 면적으로 인하여 힘들다고 보고 있고 단순히 건축물 노후로

인한 재건축만 있을듯한데 이러한 토지가격 이하의 각층 매각이 법적인 검토

에서 제가 언급한 측면 이외에 매도자가 불이익이 발생될 수 있나요?

답 변

1. 질의사항

가. 재건축 시 동일 면적으로 재건축을 할 경우에 1층을 제외한 나머지 층의 소
   유자가 1층에 대하여 권리를 주장할 수 있는지

나. 재건축이 동일 면적으로 이루어지지 아니할 경우

다. 토지가격 이하의 각층 매각이 매도자에게 불이익이 있는지 여부

2. 검토의견

가. 1층을 제외한 나머지 층의 소유자가 1층에 대하여 권리를 주장할 수 있는
지 여부

(1) 관련규정

집합건물의 소유 및 관리에 관한 법률(이하 '집합건물법'이라 합
니다)

제47조(재건축결의)

1　건물 건축 후 상당한 기간이 지나 건물이 훼손되거나 일부 멸실
되거나 그 밖의 사정으로 건물 가격에 비하여 지나치게 많은 수
리비·복구비나 관리비용이 드는 경우 또는 부근 토지의 이용 상
황의 변화나 그 밖의 사정으로 건물을 재건축하면 재건축에 드는
비용에 비하여 현저하게 효용이 증가하게 되는 경우에 관리단집
회는 그 건물을 철거하여 그 대지를 구분소유권의 목적이 될 새
건물의 대지로 이용할 것을 결의할 수 있다. 다만, 재건축의 내용
이 단지 내 다른 건물의 구분소유자에게 특별한 영향을 미칠 때
에는 그 구분소유자의 승낙을 받아야 한다.

2　제1항의 결의는 구분소유자의 5분의 4 이상 및 의결권의 5분의 1
이상의 결의에 따른다.

3　재건축을 결의할 때에는 다음 각 호의 사항을 정하여야 한다.

　　1.　새 건물의 설계 개요

2. 건물의 철거 및 새 건물의 건축에 드는 비용을 개략적으로 산정한 금액

3. 제2호에 규정된 비용의 분담에 관한 사항

4. 새 건물의 구분소유권 귀속에 관한 사항

4 제3항 제3호 및 제4호의 사항은 각 구분소유자 사이에 형평이 유지되도록 정하여야 한다.

5 제1항의 결의를 위한 관리단집회의 의사록에는 결의에 대한 각 구분소유자의 찬반 의사를 적어야 한다.

(2) 의견

집합건물법 제47조 제3항 제4호는 재건축 결의시 '새 건물의 구분소유권 귀속에 관한 사항을 정해야 한다'고 규정하고 있고, 동조 제4항은 새 건물의 구분소유권 귀속에 관한 사항을 정함에 있어 '각 구분소유자 사이에 형평이 유지되도록 정하여야 한다'고 규정하고 있습니다.

그리고 만약 집합건물법 제47조 제4항에 반하여, 즉 구분소유자 사이에 형평이 유지가 되지 않는 재건축 결의가 이루어진 경우에는 해당 재건축 결의는 무효라고 다툴 수 있습니다.

현재 건물 1층의 가치가 가장 높은 경우에 재건축을 하게 되는 경우 기존 건물의 다른 층 소유자가 새 건물의 1층 소유차가 되는

것으로 재건축 결의를 한다면 이는 구분소유자 사이에 형평이 유지되지 않는 경우에 해당하게 되고, 위와 같은 결의는 사후적으로 무효로 판단될 가능성이 큽니다(실제로는 기존 건물의 1층 소유자가 위와 같은 재건축 결의에 반대할 것이므로 재건축 결의 자체가 이루어지기 힘들 것입니다).

따라서 기존 건물을 철거하고 새 건물을 지을 때 동일한 면적, 동일한 층수로 재건축을 하게 되는 경우 기존 건물 1층 이외의 소유자가 새 건물 1층에 대한 권리를 주장할 수는 없습니다.

나. 재건축이 동일한 면적으로 이루어지지 않을 경우

기존 건물을 철거하고 새로운 건물을 재건축하기 위해서는 집합건물법상 유효한 재건축 결의가 이루어져야 하는데, 재건축 결의는 '구분소유자 5분의 4 이상 및 의결권의 5분의 4 이상의 결의'가 있어야 합니다. 위 결의는 구분소유자 총 수 의 5분의 4 이상 요건과 의결권의 5분의 4 이상(전체면적 대비 찬성하는 구분소유권 전유면적 비율)의 요건을 동시에 충족해야 합니다.

그리고 앞서 설명드린 대로 재건축 결의를 할 때 새 건물의 구분소유권 귀속에 관한 사항을 반드시 미리 정하고 결의 를 해야 합니다.

따라서 재건축이 동일한 면적으로 이루어지지 않을 경우 새 건물의 구분소유권 귀속에 관한 사항을 기존 건물의 구분소유자들이 합의를 해서 결정을 해야 하고, 만약 합의가 이루어지지 않는다면 재건축 결의 또한 이루어지기 힘들 것입니다.

집합건물법은 새 건물의 구분소유권 귀속에 관한 사항은 구분소유자 사이에 형평이 유지되도록 정해야 한다고 간단하게 규정하고 있을 뿐, 구체적인 경우에 어떻게 귀속이 되어야 하는지에 대하여 규정을 하고 있지는 않으므로, 이는 재건축 결의 당시 구분소유자들이 어떻게 합의를 하느냐에 따라 달라지는 것이며, 이를 미리 강제할 방법도 없습니다.

다. 토지가격 이하의 각층 매각이 매도자에게 불이익이 있는지 여부

현재 이 사건 건물의 경우 대지권 등기가 경료되어 있지 않은데, 현재 구분소유자 입장에서는 대지권 등기를 빨리 하는 편이 재산권 행사에 있어 불이익을 예방할 수 있는 방법이 될 수 있습니다. 대지권 등기가 없는 현재와 같은 상황에서는 법적으로 복잡한 문제가 발생할 여지도 있기 때문입니다.

각층을 매각하게 되는 경우 당연히 대지권 등기가 경료된 상황에서 매도를 하는 것이 추후 분쟁을 예방할 수 있는 이며, 매매가격

을 정함에 있어서는 매각을 함에 있어 매수자에게 현재 건물의 특수한 상황을 잘 설명만 한다면 토지가격 이하로 각층을 매도한다고 하여 매도인에게 특별히 불이익이 발생할 여지는 없습니다.

※ 구체적인 사실관계의 상이성과 판례와 법률의 변동으로 의견은 달라질 수 있으니 반드시 전문가와 상의하여야 합니다.

상담사례

- 42 -

사실관계

2007-2008년 사용승인된 각각 4층의 연립주택들이 아파트처럼 전체 11동이 모여 있는 곳의 1층 한 곳을 2015.7.에 매매로 구입하여 입주하였습니다.

이사 후 앞마당의 배수로가 너무 중앙에 있다는 것이 이상하여 구청에서 준공도면을 떼어보니 현실과는 너무 다른 것이었습니다.

구청에서도 건축법과 국토의 계획 및 이용에 관한 법률에 저촉된다는 말을 듣고 민원을 제기하였습니다.

그러나, 시공사는 구청의 시정요구에 불응하고 구청 또한 형법상의 공소시효가 지났다며 별다른 조치를 취하지 않고 있습니다. 결국은 민사소송으로 해결해야 하는 상황인 듯하여 상담 드립니다.

이러한 경우 어떠한 내용으로 소송을 제기해야 하는지요? 하자보수라고 하기에는 처음부터 잘못된 시공인데……. 결국은 준공도면과 다르게 마당의 1/3 이상이 사라진 상태입니다. 옆동(아랫동)과의 대지 경계도 축대로 침범된 상태입니다. 구청이 공개한 자료를 첨부하였으니 참조하시어 답변을 주셨으면 합니다.

시공자의 주장은 옆동과 대지의 높낮이가 다른 것을 이유로 그렇게 시공했다는 주장을 하고 있습니다. 열 번을 양보해서 이 주장이 타당하려면 축대를 낮은 옆동으로 이동하여야 함에도 오히려 높은 곳(우리 동)으로 축대를 이동하여 대지를 침범하는 등, 더욱 불안정한 공사를 하고서도 안전을 위해 그렇게 하였다는 어처구니없는 주장을 하고 있습니다.

답 변

현재 ○○빌 9동 8세대 건물 부지의 경우 시공사가 대지조서안계에서 준공 도면에 따라 공사를 해야 함에도 불구하고 평지구간이어야 할 건물의 부지의 일부가 경사면으로 조성되어 있는 상황입니다.

시공사가 준공도면과 달리 평지로 조성해야 할 부지를 경사면으로 조성한 것은 변경시공에 해당하고 이는 수급인이 보수해야 하는 하자에 해당합니다.

시공사는 수급인으로 건축주인 도급인에 대하여 하자담보 책임을 부담하고 직접적으로 연립주택 구분소유자들에게 하자 담보책임을 부담하는 것은 아닙니다. 하지만 연립주택 구분소유자들은 집합건물의 소유 및 관리에 관한 법률 제9조에 따라 건물을 건축하여 분양한 자에게 담보책임을 물을 수 있는바, ○○빌 9동을 분양한 자가 시공사와 동일하다면 분양한 자인 시공사를 대상으로 하자담보책임을 물을 수 있고, 따로 분양한 자가 있는 경우에는 분양한 자가 시공사에 대하여 가지는 하자담보책임을 대위하여 행사할 수 있습니다(이는 법리적인 부분으로 결과적으로 시공사에 대하여 하자담보 책임을 물을 수 있다는 점은 동일합니다).

현재 ○○빌 9동 부지의 하자는 공용부분의 하자에 해당하므로, 단순히 시공사에게 하자보수청구를 하는 경우라면 일부 세대가 단독으로 하자보수를 요구할 수 있습니다(내용증명 등을 통한 하자보수청구). 하지만 시공사가 이를 이행하지 않는 경우에는 하자보수에 갈음하는 손해배상청구를 할 수밖에 없는데, 이 경우에는 구분소유자는 하자보수에 갈음하는 손해배상액 중 본인의 전유면적 비율에 따른 권리만을 가질 뿐입니다(만약 8세대 중 4세대만 소송을 하는 경우에 는 산정된 하자보수비의 절반만을 지급받는 판결이 선고됨).

그리고 경사면으로 조성되어 있는 부지를 평지로 복구하는 비용의 경우, 통상 소송에서 '법원 감정 절차'를 통해 산정이 되는데, 이 과정에서 별도의 감정비가 발생을 하며(소송이 끝나는 경우 감정비용은 '소송비용'에 포함되어 상대방에게 청구 가능), 실제 하자보수비용이 얼마나 산정이 될는지는 예상을 하기 쉽지 않습니다. 법원 감정인이 산정한 하자보수비용의 경우 재판부에서 별다른 사정이 없으면 그대로 하자보수비용으로 인정하는 경우가 많으므로 감정인이 하자보수비용을 얼마로 산정할 것인지 여부는 본 사건에서 매우 중요한 사안이라 할 것입니다.

우선은 구청에서 시공사의 변경시공을 명백히 확인을 한 상태이므로, 상담자 분이 시공사를 상대로 내용증명 등을 통해 하자보수를 해 줄 것을 요청한 후, 시공사가 이를 거부하는 경우 종국에는 소송을 통해 하자보수에 갈음하는 손해 배상을 청구할 수밖에 없으며, 소송을 하는 경우에는 9동 구분소유자 전부가 소송을 하는 것이 실제 하자보수에 상응하는 비용을 지급받을 수 있는 방법이 될 것입니다.

※ 구체적인 사실관계의 상이성과 판례와 법률의 변동으로 의견은 달라질 수 있으니 반드시 전문가와 상의하여야 합니다.

상담사례

- 43 -

사실관계

수고 많으십니다. 제목과 같이 두 가지 문제가 생겨서 문의드릴뿐더러 직접 진행

가능 여부까지 문의드립니다.

◆ 건물소재지 : 은평구 신사동 ○○○-○번지 □□빌라

질 의

1. 건물 하자보증기간이 10월이면 1년 만기 되는 날인데 □□건설에서는 일체 대

응이 없는 상태입니다. 하자관련 취합은 하고 요청을 했지만 답변이 없는 상태.

2. 첨부 사진 참조

저희 집 뒤편으로 ○○○-18, 20, 22 번지가 지금 현재 공사 중인데 추가 첨부 사진과 같이 1층 바닥은 건물과 담벼락과의 거리가 1m35cm 입니다. 새로 짓고 있는 건물이 사진과 같이 더더욱 저희 건물과 같이 붙어서 시공을 하고 있는 상황입니다. (사진은 오늘아침 사진입니다.) 이 상태로 올라온다면 저희 건물 2,3,4,5층이 창문 바로 앞에 다른 집 창문이 생기는 것이겠죠. 현재 구청에만 민원 제기한 상태입니다. 구청에서는 가판넬이며 나중에 치운다고 합니다. 바닥에 철근 깔았으면 레미콘으로 공그리 치는 것이 아닌가 사료됩니다.

해당 두 가지 부분에 있어서 전체적으로 처리 진행하실 수 있는지의 여부, 아니면 어떻게 진행하는지에 대한 상세한 답변 요청 드립니다.

답변

1. 건물 하자보증기간에 관하여

해당 건물은 집합건물로 보이는바, 하자보증기간은 해당 기간 내에 하자보수를 청구해야 하는 기간이 아니라 해당 기간 내에 발생한 하자에 대하여 하자보수를 요구하거나, 해당 기간 내에 발생한 하자에 관하여 하자보수보증금을 청구할 수 있는 기간입니다.

즉, 하자보증기간이 경과하였다고 해서 하자보수의무가 종료되는 것이 아닙니다.

현재 하자현황을 취합 중에 있다면, 하자현황을 취합하여 집합건물을 건축하여 분양한 자를 상대로 하자보수 청구권 또는 하자보수에 갈음하는 손해배상청구권을 행사할 수 있습니다.

---

2. 인접 공사현장에 대하여

우선 신축공사현장의 바닥 부분의 기초가 적법하게 이격이 되어 있는지를 확인할 필요가 있습니다.

신축공사현장 바닥 위 부분은 구청의 답변대로 가시설물에 불과하여 추후 철거될 부분이라고 한다면 큰 문제가 없을 것이지만, 측량 후 기초가 이격거리를 준수하지 않은 채로 시공이 되고 있다면 측량결과를 근거로 민원을 제기할 수 있고, 지자체가 경계기점이 확인되기 전까지 공사중지를 명하도록 조치를 취할 수 있을 것입니다.

이와 별도로 신축공사현장의 기초가 이격거리를 준수하지 않은 것이 확인되는 경우 공사금지가처분을 신청할 수도 있습니다.

> ※ 구체적인 사실관계의 상이성과 판례와 법률의 변동으로 의견은 달라질 수 있으니 반드시 전문가와 상의하여야 합니다.

상담사례

- 44 -

사실관계

인천 계양의 신축하고 있는 상가주택입니다. 공사금액은 440,000,000원에 + 2-3천만원 정도입니다.

현재는 골조를 마치고 외벽마감 벽돌공사를 진행하고 있는 상황에 골조의 층고 건물의 전체 위치와 각 실의 벽체의 위치가 설계도면과 상이한 부분이 다수 발견되었습니다.

질 의

1. 골조의 오류에 따른 보상 및 합의 예상금액이 어느 정도가 적정한 선인지가 가장 알고 싶습니다.

2. 공사업체는 종합건설사가 아니어서 도급계약임에도 불구하고 직영공사 형태로 공사를 진행하고 있습니다. 이점에 있어 소송이나 합의시 불리한 점이 많이 있을 것 같습니다.

---

3. 공사 시작은 2015.10.14. 공사를 시작하여 2월 말에서 늦어도 3월 중순에 끝낼 예정이었으나, 공사도중 업체에서 고용한 소장이 성실히 공사 진행을 이행하지 못하였고, 계약서상의 공사보다는 별도공사에만 관심을 가지고 개인적으로 돈을 자꾸 챙기며, 일부 자재비를 자신에게 차용해달라는 어이없는 행위까지 하여 골조를 칠 당시의 소장은 해임된 상태이고 공사 현장은 1월부터 2월 말까지 스톱인 상황이었습니다.

---

4. 2.28. 새 소장이 공사를 재기한 상황에서 다시 공사 일자를 5월 말까지 양해해 주기로 하고 공사를 시작하였으나, 골조의 천장고 등 다양한 골조의 오류로 인해 내부 방통시 몰탈 기포 바닥단열재는 얇게 대체해야 하고 일부는 빼야 하는 상황이고 천장형 에어컨 등은 배관공사를 마쳤으나 설치가 어려워 스탠드에어컨으로 밖에 설치가 불가하고, 이런 수정을 해야 겨우겨우 천장고를 2층은 기존 2450에서 2350 정도 3층은 2600에서 2400을 맞춰낼 수 있는 상황이나, 하지만, 가장 큰 문제는 건물 전체가 30센티 이상 우측으로 이동되어 담장의 마감과 건물의 외부벽체의 마감을 최소의 두께 방식으로 바꿔야만 주차장 라인은 겨우 그릴 수 있으며, 실제 주차 시 내릴 여유의 공간이 전혀 없으며, 승하차 시나 통행이 불가하여 사실상 주차장으로 사용에 어려움이 많으

며, 옥상 아래 방 2개가 천장고가 너무 낮아 골조 시 친 단열재를 다시 잘라내고 얇은 PF단열재 등으로 대체해도 천장고가 2300은 어려운 상황입니다. 회사에서 소장의 관리와 현장의 관리가 소홀했던 점은 인지하고 사과는 하고 있지만···. 골조를 무너뜨리고 다시 하는 것은 금액적으로 손해가 너무 커서 해결방안이 될 수 없다고 하고 있습니다.

5. 현재는 지체상황까지 만들지 않기 위해 회사 측에서는 공사의 진행이 계속되고 있습니다. 하자보증증권은 처음 계약시는 성실히 공사하고 하자에 임하니 염려 안해도 된다고 하고 증권을 발행하지는 않는다고 했지만, 현 상황에서는 원하면 하자보증증권도 최대한 발행하겠다고는 합니다. 하자보증증권을 받으려면 얼마의 금액에 대해 기간은 또 얼마를 요청해야 할지··· 지금 이 상황을 어떻게 대처할 수 있을지··· 답답해서 문의 드립니다. 가장 시급한 문제는 골조의 상이함으로 인하여 제가 받게 될 금전적인 손해액의 추산을 객관화할 수 있는 방법이 있을까요? 도면오류 표기해 발송한 내용의 자료와 공사전체 공정별 금액 산정표를 참고하실 수 있도록 첨부해 드립니다.

답변

1. 검토의견

가. 골조의 오류에 따른 보상 및 합의 예상금액

(1) 골조의 오류로 인하여 단열재 시공 불가, 에어컨 설치 불가, 천장고 변경, 주차공간 협소 등 이 사건 건물에는 많은 하자가 발생한 것으로 보입니다. 해당 하자에 따른 객관적인 하자보수비 또는 손해배상액수는 기술적인 사항으로서 구체적으로 산정하기 어렵습니다.

(2) 공사업자를 상대로 손해배상을 청구하는 소송을 제기하는 경우 법원에 하자감정을 신청하여 그 액수를 산정받을 수 있습니다. 그 이전에 기술사사무소 등을 통하여 사설감정을 받아 그 액수를 산정할 수 있으나 이는 향후 소송과정에서 참고자료로서만 활용될 수 있을 뿐이어서, 소송이 제기되면 새로이 법원을 통하여 하자감정을 실시하여야만 하는 경우가 대부분입니다.

나. 직영공사 관련

(1) 건설업면허 관련

건설산업기본법상 경미한 건설공사를 제외하고 건설업을 하려는 자는 대통령령으로 정하는 업종별로 국토교통부장관에게 등록을 하여야 합니다(건설산업기본법 제9조 제1항 참조). 이때 경미한 공사의 경우는 공사의 종류에 따라 다른데 이 사건의 경우와 같은 상가주택 신축공사의 경우 종합공사로서 5천만원 미만의 공사를 말합니다(건설산업기본법 시행령 제 8조 제1항 제1호 참조). 또한 등록을 하지 아니하거나 부정한 방법으로 등록을 하고 건설업을 한 자는 건설산업기본법 위반으로 3년 이하의 징역 또는 3천만원 이하의 벌금에 처해질 수 있습니다(건설산업기본법 제96조 제1호 참조). 결국 이 사건에서 공사를 담당한 업자는 건설산업기본법 위반으로 형사처벌을 받을 수 있습니다.

(2) 직영공사 관련

건설산업기본법에 따르면, 연면적이 661제곱미터를 초과하는 주거용 건축물의 건축 또는 대수선(大)에 관한 건설 공사는 건설업자가 하여야 합니다(건설산업기본법 제41조 제1 항 제1호 참조). 이를 위반하여 시공한 자는 3년 이하의 징역 또는 3천만원 이하의 벌금에 처해질 수 있습니다. 이 사건 건물의 연면적이 200평을 초과하는 경우 이를 시공한 업자는 건설산업기본법 위반으로 형사처

벌을 받을 수 있습니다

(3) 소결론

현재 공사업자는 위와 같이 건설업등록의무 위반, 직영공사 위반 등 건설산업기본법을 위반하였으므로 이 점에 대하여 이의를 제기하면서 형사고소할 수 있고, 이는 협상, 소송 등의 과정에서 유리하게 작용할 수 있습니다. 다만 직영공사 위반의 경우 건축주 또한 형사처벌을 받게 될 위험성이 있습니다.

다. 공사지체 관련

(1) 지체상금 약정이 있는 경우

공사계약을 체결하면서 지체상금을 정하였다면 해당 일수에 지체상금요율을 정한 액수를 손해배상으로 청구할 수 있 습니다.

(2) 지체상금 약정이 없는 경우

공사계약을 체결할 당시 지체상금을 정하지 않았다면, 공사 지연으로 인한 손해배상액수를 산정하여 이를 청구할 수 있습니다. 공사 지연으로 인한 손해배상액수는 입주 지연에 따른 건물 영업이익 손해, 이사 지연으로 인한 추가 발생비용 등이 해당될 수 있습니다.

라. 하자보증증권 미발행 관련

통상적으로 하자보증증권은 공사계약금액의 10% 정도의 선에서 결정됩니다. 다만 이는 계약당사자 간의 자유로운 의사에 따라 조정이 가능한 것으로서 증감이 가능합니다. 귀하가 공사업자와 계약을 체결할 당시 하자보수보증금을 정하였다면 그 액수에 따라 하자보증증권 발행을 청구할 수 있고 이를 정하지 않았다면 현재로서는 청구하기 어렵지만, 상대방이 그 하자보증증권을 발행해 주겠다는 의사를 표시하였다면 그 의사표시에 따라 발행을 청구할 수 있습니다.

※ 구체적인 사실관계의 상이성과 판례와 법률의 변동으로 의견은 달라질 수 있으니 반드시 전문가와 상의하여야 합니다.

부동산에 관한 '알쓸기잡'

알아두면
쓸 데 있고
기막힌
부동산
잡학사전

[알쓸기잡 1]

등기부등본 보는 법

고등학교를 졸업하고 외지에서 대학에 입학하거나 직장을 찾을 때, 생애 처음으로 원룸 계약을 체결해야 하는 분들이 많으실 겁니다. 뭐가 뭔지도 모르겠고, 뭐부터 확인해야 되는지도 잘 모르시겠죠?

가장 먼저 해야 할 것은 '등기부등본'을 확인하는 겁니다. '등기부'는 주택과 토지 같은 부동산의 권리관계를 기재한 문서입니다. 부동산 거래의 기본 중의 기본인 문서입니다. 전세든 월세든 매매든, 우리나라에서 부동산 거래는 등기부를 확인하는 것에서부터 시작합니다.

기본이라 강조하는 건, 기본을 무시했을 때 아주 큰 사고가 날 수 있다는 의미죠? 전세 사기를 당하거나 소중한 보증금을 날린 분들의 이야기를 들어보면, 등기부 확인을 게을리한 경우가 대부분입니다. 그럼 지금부터 등기부 확인 방법을 차근차근 설명해 드리겠습니다.

일단 입주하고 싶은 원룸의 주소를 확인하세요. 그 다음, 인터넷 검색창에서 등기부라고 치면, '대법원 인터넷 등기소'가 제일 먼저 나올 겁니다. 그리로 들어가면 등기부를 열람할 수 있습니다. 등기부 내용은 당연히 공개되어 있습니다. 등기부의 목적은 정보를 공개하는 것입니다. 아마 회원가입이나 로그인 등이 귀찮으실 수도 있을 텐데, 은행에서 계좌를 만드는 것보다는 훨씬 쉽습니다. 우리는 부동산과 뗄 레야 뗄 수 없는 영원한 관계입니다. 그러니 귀찮아도 회원가입도하고 로그인도 해서 등기부를 열람하시기 바랍니다.

다음은 등기부를 보는 법입니다. 등기부 문서를 보면, '표제부'가 있고, '갑구'와 '을구'가 있습니다. 표제부는 건물의 넓이, 즉 실평수를 보여줍니다. 우리가 문을 열고 들어갔을 때 눈에 보이는 면적이 바로 전용 면적 실평수입니다.

'갑구'는 소유자, 즉 집주인이 누구냐는 겁니다. 집주인이 아닌 사람이 계약할 때 나타나는 경우가 생각보다 자주 있습니다. 그럴 경우 반드시 등기부에 나오는 집주인과 무슨 관계인지 확인해야 합니다. 임대차 계약서를 집주인과 작성하는 게 상식적으로 당연한데, 이런 것도 확인하지 않는 황당한 경우를 보기도 했습니다. 그 사람은 결국 큰 낭패를 봤죠. 방금 이야기한 거 기억하시죠? 기본을 무시하면 큰 사고가 납니다.

'을구'는 이 부동산에 설정된 담보가 얼마나 있느냐를 확인하는 겁니다.

'저당권', '전세권'이라고 표시하기도 합니다. 나중에 보증금을 못 받아서 경매에 넣어야 할 때 먼저 설정한 담보 금액을 뺀 나머지가 돌려받을 수 있는 돈입니다.

근저당권, 전세권이 설정되어 있었지만 나중에 다 말소되면 가로줄이 그어져 있습니다. 이미 말소되었다면 신경 쓰지 않아도 됩니다. 갑구에서 설명드린 바와 같이 을구 역시 표시가 많을수록 권리관계가 복잡해지니 반드시 전문가와 상의하세요.

그리고 또 한 가지, 등기부에는 가압류, 가처분, 경매 진행 상황 등이 표기됩니다. 예상치 못한 화를 입을 수 있으니, 등기부가 복잡하다면 꼭 법 전문가와 상의해야 합니다.

또한 등기부를 보면 부동산의 이전 거래가액을 알 수 있습니다. 예를 들어 2015년에 매매 거래가액이 2억 1,900만 원인 집이 있습니다. 이 가격이 현재 시가라고 볼 수는 없지만, 대략 현재 시가를 짐작할 수 있게 해주는 중요한 지표입니다. 등기부를 보니 꽤 좋은 물건인 것 같다면, 보증금을 잘 조정해서 계약을 체결하시면 될 것 같습니다. 월세는 전세와 달리 보증금이 상대적으로 적죠. 그래서 전세 사기처럼 큰 피해를 입을 가능성도 적습니다. 다만 소액 임차인은 예외적으로 최우선 보증을 받을 수 있는 금액이 있습니다. 이 부분은 뒤에서 설명드리겠습니다.

집주인이 아닌 임대인 대처법

생각보다 자주 집주인이 아닌 사람이 나타나 월세나 전세 임대차 계약을 체결하자고 하는 경우가 있습니다. 공인중개사를 끼고 계약을 체결하는데도 이런 경우가 많이 발생하죠. 그래서 이번 편에서는 이런 상황이 왜 발생하는지, 그리고 어떻게 대처해야 하는지 알려드리고자 합니다.

흔히 원룸 소유자가 나이 드신 할아버지, 할머니인 경우, 자식들이 대신 나와서 계약을 체결합니다. 이럴 경우에는 반드시 위임장이 있어야 합니다. 위임장이란 소유자인 할아버지, 할머니가 자식들에게 자기 대신 계약을 체결하라고 의사를 표시한 문서입니다. 이때 위임장에는 할아버지, 할머니의 인감도장이 찍혀 있어야 하고, 인감증명서가 첨부되어 있어야 합니다.

만약 아들이라는 사람이 나타나 '위임장이 없다. 내가 아들인데 뭐가 문제냐?', '가족관계 증명서가 여기 있으니 안심하라'며 계약을 종용하면, 그 자리에서 계약을 체결하지 말고 위임장을 요구하고 다음 만남에서 계약을 하시기 바랍니다. 다만, 자식이 어르신들의 '성년 후견인'인 경우에는 위임장이 없어도 되는데, 이는 잠시 후에 설명드리겠습니다.

소유자의 남편이나 아내가 대신 나올 때도 있습니다. 부부에게는 '일상 가사대리권'이라는 것이 있습니다. 필수적인 부부생활 유지를 위해 법적으로 서로가 서로를 대신하는 대리권이 있다는 의미입니다. 이 경우에도 반드시 위임장을 요구하세요. 집주인의 남편이나 아내가 대신 나와 가족관계증명서만 보여줄 때도 앞의 상황과 똑같이 대처하면 됩니다.

또, 부동산 소유자가 미성년자라서 그 부모가 대신 계약하러 나오기도 합니다. 부모가 어린 자녀에게 일찍 부동산을 증여하면 이런 일이 있을 수 있습니다. 이때는 위임장 없이 가족관계 증명서만 확인해도 됩니다. 부모는 미성년자의 법정 대리인이기 때문입니다. 따라서 위임장이 없어도 부모이기만 하면 자동으로 대리인이 된다는 의미입니다. 이럴 때는 위임장 없이 가족관계증명서만 내밀더라도 당황하지 마시고 계약하시면 됩니다.

간혹 가족이 아닌 사람이 대리인으로 나서는 경우도 있습니다. 당연히 이 경우도 위임장이 필요합니다. 이밖에 인감도장 날인과 인감증명서도 첨부해야 합니다. 한 가지 더! 위임장만 믿지 말고 반드시 계약 당사자와 전화통화로 확인하시면서 대화내용을 녹음하세요. 가족이 아닌 사람이 대리인으로 나오는 경우는 흔하지 않습니다. 그러니 모든 것을 의심의 눈으로 지켜보시기 바랍니다. 공인중개사가 대리인으로 나설 때에도 위임장을 꼭 확인해야 합니다.

민법에 따르면 임대인이 꼭 집주인이어야 할 필요는 없습니다. 이런 점은 우리가 갖고 있는 상식과 맞지 않는 것 같죠? 그러나 이게 사실입니다. 그래서 집주인이 아닌 임대인과 월세나 전세 계약을 체결하더라도 계약이 무효가 되지는 않습니다. 그러나 이런 세세한 점을 놓치면 나중에 집을 떠날 때 보증금 반환에 문제가 생겨 임차인이 피해를 입게 되는 일이 생길 수 있습니다.

이제는 등기제도가 완전히 정착되었지만, 아직까지 일반인 입장에선 등기 확인에 대한 의식이 자리 잡지 않았습니다. 예전보다 부동산 사기를 당하는 확률이 줄었지만, 그렇더라도 기본 중의 기본인 등기부확인을 통해 집주인을 확인해야 하는 것입니다. 항상 임대인 명의자가 집주인이 맞는지 두 번, 세 번 확인하세요.

집주인이 반대하는 반려견 기르기 가능할까?

요즘 애견, 애묘인이 굉장히 많죠? 저도 사법고시 공부하던 시절 고양이를 키웠습니다. 오피스텔이나 원룸처럼 임차인이 빈번하게 교체되는 경우에 임대인은 반려동물을 되도록 받지 않으려 할 수 있습니다. 임대차 계약을 체결할 때 집주인이 반려동물을 키우지 않을 것을 조건으로 내걸 수도 있죠. 이때 임차인이 강아지를 몰래 키우면 임대차 계약 해지 사유가 됩니다. 그러므로 항상 계약서를 잘 읽어 보세요.

임대차 계약 당시에 강아지 키우는 것에 대해 아무런 언급이 없었을 수도 있습니다. 이럴 때에는 임차인도 반려동물을 키울 수 있습니다. 판례를 보면 반려동물을 키우는 것은 금기 사항이 아니고요, 대형견이 아니라면 강아지를 키우는 것을 고지할 의무도 없다고 합니다. 계약서에 반려견, 반려묘에 대한 조항이 있는지 살펴보세요. 만약 없다면 굳이 언급 안 하시는 것도 방법입니다.

가계약금, 돌려받을 수 있을까?

부동산 거래의 핫이슈이면서도 가장 아리송해서 다툼이 되는 사안이 바로 가계약금입니다. 우리가 가계약금을 걸고 거래를 시도하다가 불발된 경우, 집주인이 가계약금을 몰취(가계약금을 집주인에게 귀속)할 수 있을까요? 임차인 또는 매수인은 가계약금을 돌려받을 수 있을까요?

가계약금은 그 성질상 굉장히 소액이죠. 그러다 보니 보통 집주인이 가계약금을 돌려주지 않아도 반환 소송을 하지 않습니다. 1심, 2심을 거쳐 대법원까지 가는 경우도 극히 드물죠. 그래서 사건사고가 많은데도 판례가 많지 않습니다.

그런데 최근 가계약금에 대해 중요한 대법원 판례가 나왔습니다. 바로 가계약금은 당연히 몰취할 수 있는 것이 아니라는 겁니다. 다시 말해, 가계약금을 걸고 거래가 불발되어도 집주인은 가계약금을 돌려줘야 한다는 거죠. 엄연히 가계약금은 가계약금일 뿐, 계약금이라고 할 수 없다는 겁니다.

흔히 '가'계약금의 '가'가 같는 의미 때문에 다른 계약금처럼 몰취할 수 있다고 생각하시는 분들이 굉장히 많아요. 실제로 관련 재판의 1심과 2심에서는 가계약금 몰취를 인정했습니다. 그러나 대법원에서는 가계약금 몰취를 부정하며 원심 판결을 뒤집었던 경우가 있었습니다.

물론, 대법원 판결에서 '가계약금 몰취를 인정하는 별도의 약정이 있다면 가계약금을 몰취할 수 있다'며 그 가능성을 열어두고 있습니다. 따라서 계약서에 가계약금 몰취 여부에 대한 명시도 필요해 보입니다.

임대차 대항력과 우선변제권, 한 가지만 체크하라

  등기부를 확인해서 선순위 권리자가 없는 것을 확인했다고 가정해보겠습니다. 그럼에도 일반 채권자들은 판결문을 받고 부동산 경매를 신청할 수 있습니다. 또는 기존 임대인이 부동산을 제3자에게 팔아버릴 수도 있죠. 임차인은 새로운 소유자가 생길 때 그 새로운 소유자를 상대로 기존 임대차 계약대로 살겠다고 주장할 수 있어야 합니다. 이때 필요한 힘을 '대항력'이라고 합니다.

  우선변제권도 비슷합니다. 임차인이 일반 채권자나 후순위 권리자보다 우선해서 보증금을 변제받을 수 있는 권리입니다. 현장에서는 대항력과 우선변제권을 뭉뚱그려 '대항력'이라고도 표현합니다. 둘 다 그날 한꺼번에 처리하기 때문이죠. 대항력의 요건은 주택의 인도와 전입신고죠. 그리고 우선변제권의 요건은 임대차 계약서의 확정일자를 받아두는 것입니다.

  임차인은 반드시 이 대항력과 우선변제권을 확보하셔야 해요. 전입신고와 확정일자는 근처 동사무소나 주민센터에서 진행할 수 있습니다. 무엇보다 이사하는 날 반드시 진행하셔야 합니다. 제가 '반드시'라는 표현을 쓰는 대목은 진짜 반드시 그렇게 하셔야 합니다. 아니면 진짜 큰일 납니다. 반드시 이사하자마자 동사무소에 가셔서 전입신고를 하고 확정일자를 받아두세요.

전입신고한 다음날에도 반드시 등기부를 다시 열람하시기 바랍니다. 등기는 등기부에 기재되는 날부터 효력이 발생하지만, 전입신고의 대항력은 전입신고 다음날부터 발생합니다. 예를 들어 저당권 같은 제3자의 등기와 전입신고가 동시에 이루어지면, 전입신고를 한 임차인은 후순위로 밀리게 되는 것입니다.

전세나 월세 계약을 체결할 때는 등기부를 확인하고 잔금을 치러야 한다는 건 알지만, 이사 준비로 바빠 이사 오기 전 등기부를 확인하지 않는 경우가 많으신데요. 그 짧은 기간 동안 권리 변동이 있을 수 있으므로 반드시 등기부를 수시로 열람하세요. 특히 전입신고 다음날은 무조건, 반드시 등기부를 열람하셔야 합니다.

임대인은 명도소송 타이밍을 어떻게 잡을까?

이전 편에서 주택임대차 대항력과 우선변제권을 확보하는 법에 대해 알아보았죠? 계속 임차인 입장에서만 말씀드렸는데, 이번에는 임대인 입장에서 한 번 말씀드려 보겠습니다.

상가든 주택이든 임차인이 월세를 내지 않는 경우, 도대체 언제 명도 소송을 진행해야 할까요? 주택은 2기, 상가는 3기 차임액을 연체하면, 다시 말해서 주택은 2개월, 상가는 3개월 차임액을 연체하면 임대차 계약을 해지하고 명도를 요구할 수 있습니다.

그런데 받아놓은 보증금도 있고 차임이 연체되더라도 보증금에서 공제할 수가 있어서, 사실 바로 임대차 계약을 해지하는 않습니다. 그럼 보증금을 모두 공제하는 시점에 명도소송을 해야 할까요?

이 부분을 생각하셔야 하는데요. 보증금을 다 공제한 이후 명도소송을 하고 퇴거집행을 하기까지 걸리는 시간이 있습니다. 보통 월세를 내지 못하는 임차인은 경제적으로 이미 꽤 어려워진 상태입니다. 경제적으로 어렵지 않다고 하더라도 본인 명의의 재산이 없는 경우가 많죠. 그러면 임대인이 판결을 받아도 그 거주 기간 동안의 월세를 받지 못하게 됩니다. 임차인에게 변제 자력이 없기 때문이죠. 따라서 집행까지 걸리는 기간을 가늠해서 미리 명도소송을 진행해야 하는 것입니다.

그렇다면 명도소송 및 집행기간이 얼마나 될까요? 재판 기간을 예상한다는 건 변호사에게도 참 힘들고 곤혹스러운 일이죠. 코로나 기간에는 모든 재판이 순연되면서 재판 기간이 무한정 늘어나기도 했습니다.

다만 저는 임대인에게 적어도 6개월 정도를 생각하시라고 말씀드립니다. 명도소장 접수 시부터 6개월이라고 하면, 많은 분들이 그렇게 오래 걸리냐면서 놀라십니다. 임대인이 빨리 임차인을 내보내고 싶어도, 임차인은 최대한 합법적인 절차로 소송을 지연하려고 합니다. 그래서 임대인의 생각만큼 빨리 명도가 마무리되지 않아요. 예를 들어 월세가 100만 원이고 지금 남은 보증금이 600만 원이라면, 지금 명도소송을 해야 하는 것이죠. 보증금이 충분히 남은 상태에서 명도소송을 하시면, 임차인이 남은 보증금을 반환받기 위해 빨리 합의하고 명도할 수도 있습니다. 임차인이 소송을 하거나 재판을 지연시켜 얻을 수 있는 실익이 전혀 없기 때문이죠.

전세사기 대처법(1) - 부동산 시세 확인하는 3가지 방법

전세사기 피해자들의 이야기를 듣다 보면 안타까울 때가 참 많습니다. 피해를 막기 위해 가장 필요한 것이 무엇일까요? 그것은 부동산이 경매당하거나 매매되었을 때의 매매가를 예측하는 것입니다. 그래야 매매가에서 세입자가 보증받을 수 있는, 그러니까 낙찰금에서 받을 수 있는 보증금의 최대치를 추정할 수 있습니다.

그러나 매매가를 예측하는 것은 미래의 일이라서 쉽지는 않아요. 특히 빌라는 물건이 다양해서 그 매매가를 예측하기 어렵습니다. 쉽지 않지만, 제가 제시하는 세 가지 방법만 지키신다면 문제없이 부동산의 매매가를 가늠할 수 있습니다.

우선 국민은행에서 부동산 시세를 조회하는 것입니다. 검색 사이트에 들어가서 'KB 부동산 시세'를 치면 제일 위에 'KB 부동산'이라는 항목이 뜹니다. 이 항목을 클릭하면 검색 화면이 나타납니다. 여기에 지역과 물건의 조건을 입력하면, 각종 최근 실거래가를 확인할 수 있습니다. 아파트나 오피스텔은 비슷한 매매 사례가 많아서 최근 실거래가가 잘 뜹니다.

그러나 빌라는 동일한 매매 사례가 없는 경우가 많아요. 왜냐하면 매매된 사례가 적기 때문이죠. 손쉽게 실거래가를 참고할 수 없기 때문에, 전세사기에 빌라가 동원되는 것입니다. 이 경우, 내 물건 인근에 비슷한 빌라 매매가 있는지를 참고하세요.

다음으로 등기부를 확인하는 것입니다. 앞에서 등기부를 확인하는 법을 알려드린 적이 있죠? 등기부에는 이전 매매 당시 지금 주인이 전 주인으로부터 매수할 때의 매매가가 기재되어 있습니다. 비록 오래전 가격이지만, 그동안의 부동산 시세 변동을 비추어 보면 대략적으로라도 매매가를 가늠할 수 있습니다.

마지막으로 지역 공인중개사에게 비슷한 유형의 부동산을 매수하겠다며 문의해 보는 것입니다. 특히 빌라는 아파트에 비해 임차 가격과 매수 가격의 차이가 적은 편입니다. 빌라는 실거주자 위주로 수요를 갖고 있어서 매매 시세가 급격하게 변동하지 않습니다.

그래서 전세사기의 위험을 부담하며 빌라를 임차하는 것보다, 빌라를 매수한 뒤 거주하다가 적당한 시점에 파는 것도 방법입니다. 전세하기 보다는 매매하시라는 말씀입니다. 따라서 임차할 가능성을 열어두되 매수 시세를 문의하세요. 그러면 공인중개사가 인근 비슷한 물건의 매매 시세를 상세히 알려줄 것입니다.

　세 가지 방법을 모두 활용하되, 특히 이 마지막 방법은 절대 빼먹으시면 안 됩니다.

전세사기 대처법(2) - 공인중개사 선택하는 법

방을 구하러 나가보면 수많은 부동산 중개업소들이 있죠? 인터넷에서도 부동산을 입력하면 각종 중개 사이트들이 저렴한 수수료를 약속하며 광고하고 있습니다. 그럼에도 공인중개사를 고를 때 반드시 명심해야 할 것들이 있습니다.

우선 전국구 공인중개사는 존재하지 않습니다. 무슨 말이냐면, 부동산 시세는 손가락이 아니라 발로, 인터넷이 아니라 현장으로 직접 가야 한다는 뜻입니다. 매매 시세든 월세 시세든 전세 시세든, 부동산 시세는 그 지역에 오래 있었던 사람이 가장 잘 알 수밖에 없습니다. 동대문의 노련한 공인중개사도 하남의 부동산 시세는 모릅니다. 이들도 시세를 정확하게 알려면 하남에 있는 공인중개사에게 문의해야 합니다.

만약 부동산 물건이 있는 지역에 대해 아주 잘 아신다면 저렴한 수수료로 거래할 수 있는 부동산 중개 플랫폼을 활용하세요. 그러나 만약 해당

지역에 대해 잘 알지 못하는 상황이라면, 일단 그 지역을 찾아가 제대로 된 사무실을 갖추고 있으면서 지역에서 오래 영업한 부동산 중개업소를 찾아가 문의하시는 게 낫습니다.

다른 전문 자격사와 마찬가지로, 공인중개사도 신뢰가 제일 중요합니다. 한 지역에서 문제를 일으키면 금방 소문이 나서 계속 일하기가 어렵죠. 그래서 해당 지역에서 오랫동안 일한 공인중개사는 나름 검증되었다고 봐야 합니다.

전세사기를 당한 피해자 다수가 저렴한 수수료 탓에 인터넷 중개 플랫폼을 이용했다고 합니다. 소정의 수수료는 좋은 공인중개사를 만나기 위한 방법이기도 하며, 피 같은 재산을 지키는 최소한의 안전장치가 될 수 있습니다.

매도인 입장에서 부동산 매매계약 해제하기

　요즘 같은 고금리 시대에는 부동산 매매 계약을 유지하기가 쉽지 않습니다. 부동산 매수 대금의 상당 부분을 대출에 의존해야 하는데, 최근에는 금리가 높아져서 매수인이 중도금이나 잔금을 제대로 치를 수 없는 상황이 속출하고 있습니다.

　매도인은 매도인대로 계약을 유지하지도, 해제하지도 못해서 쩔쩔매고 있죠. 설사 계약을 해제한다고 하더라도, 고금리 상황에서는 신용도가 있는 새로운 매수인이 나타난다는 보장이 없기 때문입니다. 어쩔 수 없이 매도인이 잔금을 차일피일 미루는 매수인을 기다려주기도 합니다.

　상황에 따라서는 기다리는 것도 한 방법이죠. 그러나 더 이상 기다리지 못할 때, 혹은 새로운 매수인이 나타났을 때, 어떤 방법으로 기존 계약을 해제할 수 있을까요?

많은 사람들이 요건을 갖추지 못한 채 부동산 매매 계약을 해제하려다 낭패를 봅니다. 대표적으로 매수인이 잔금을 치르지 않아 계약을 해제하려는 경우가 발생합니다. 언뜻 보면 너무나 당연한 생각인데, 여기에는 맹점이 하나 있습니다. 이 경우는 계약 해제 요건을 반만 충족한 것입니다.

매매 계약에서는 매수인과 매도인이 '동시이행항변권'을 가지게 됩니다. 동시이행항변권이란, 상대방이 계약을 이행하지 않으면 자신도 계약을 이행하지 않을 수 있는 권한입니다. 동시이행이 걸려 있는 상황에서는 매수인과 매도인 양쪽이 어느 정도 의무를 이행했는지가 중요합니다.

매도인 입장에서는 매수인이 잔금을 이행하지 않았다고 말할 수 있겠지만, 매도인 역시 의무를 이행해야 합니다. 매도인에게는 부동산 등기를 이전할 의무가 있죠. 매도인이 부동산 등기를 이전하지 않았다면, 잔금을 지급하지 않았다고 하더라도 매수인에게는 잘못이 없는 것입니다. 이럴 때 매도인은 부동산 매매 계약을 해제할 수 없습니다.

여기서 뭔가 이상하다고 느낄 수 있습니다. 아니, 잔금을 받지 않았는데 어떻게 부동산 등기를 이전해 줄 수 있을까요? 그래서 판례에서는 적어도 등기 의무 완료는 아니라고 하더라도 최소한 이행제공을 해야 한다고 명시하고 있습니다. 더 어려운 개념이 나오는데요, 이행제공이란, 이행을 완료하지 않았더라도 완료할 준비를 해야 한다는 것입니다. 부동산 매매 계약에서 매도인이 해야 할 이행제공은 인감도장처럼 등기 이전에 필요한 서류를 모두 준비하고 잔금일에 예정된 현장에 나가서 서류를 제시하는 것입니다.

만약 상대방이 미리 잔금을 치를 의사가 없다는 것을 명백하게 밝혔다면, 이런 절차는 필요 없습니다. 그러나 매수인은 기다려달라고 하죠. 이게 이행의 거절인지 아닌지 헷갈리는 분들이 많으실 텐데요. 이런 경우는 이행을 명백히 거절했다고 보지 않습니다. 그래서 반드시 위와 같은 서류를 제시하는 등, 이행제공을 거쳐야 동시이행관계를 깨고 매수인의 잘못으로 확정지을 수가 있습니다. 또, 매수인의 잘못이 확정되어야 비로소 매도인이 계약을 해제할 수 있다는 점도 명심하시기 바랍니다.

분양광고와 다르게 지어진 오피스텔, 손해배상 받으려면?

오피스텔 상담에서 많이 들어오는 주제가 '입주해보니 분양 카탈로그와 달라요'라는 내용입니다. 완공 뒤에 현장을 조사했는데, 오피스텔이 분양 광고와 다르게 지어졌다는 내용입니다.

오피스텔은 선분양을 하죠. 분양 당시에는 건물이 지어진 상태가 아닙니다. 분양 업체는 현장에서 삽을 뜨기 전에 오피스텔을 팔아야 합니다. 그러다 보니 분양업체는 모델하우스, 분양 광고, 분양 카탈로그 등을 통해 완공 후의 모습을 보여줍니다. 분양받는 분들은 오로지 이 광고 자료만을 보고 계약합니다. 실제로 준공도면이나 설계도면을 미리 볼 수는 없죠.

그런데 광고대로 건물을 짓는 경우는 거의 없죠. 보통은 알아챌 수 없는 소소한 것들이 많습니다. 그러다보니 그냥 넘어가게 되는 경우도 있지만, 주요한 부분에서 변경된 것들은 당연히 입주자분들이 알게 됩니다. 대부분 주요 광고 포인트로 나왔던 것들이라서, 완공 입주 후나 완공 검사 전에 입주자들이 클레임을 제기하게 됩니다.

에를 들어, 분양 카탈로그에는 분명히 옥상에 골프 퍼팅 시설, 휴게공간 등을 만들어주게 되어 있습니다. 그런데 입주해 보니 카탈로그와 다르다면, 여러분은 분양 주체를 상대로 손해배상을 청구할 수 있습니다. 여기서 분양 주체라고 하면 시행사나 시공사입니다.

모델하우스에서 확인했을 때는 분명 원목마루로 시공된다고 했는데 실제 현장에서는 원목마루보다 저가품인 강마루나 강화마루로 시공된 경우에도, 여러분은 분양 주체를 상대로 손해배상을 청구할 수 있습니다.

입주자분들이 힘을 모아 시행사나 시공사에게 정식으로 문제를 제기하시고 손해배상을 청구하거나 다른 대가를 요구하시기 바랍니다.

이웃 사이 층간 소음(1) - 층간 소음 기준은?

층간 소음 때문에 이웃 간에 다툼이 있는 경우가 많습니다. 때로는 살벌한 사건이 일어나기도 합니다. 층간 소음 때문에 살인 사건, 폭력 사건까지 일어나는 걸 보면, 이게 이렇게 문제가 커질 일인가 싶어서 굉장히 안타깝습니다.

일단 총 층간 소음의 기준에 대해서 알아보겠습니다. 국토교통부는 2020년 중앙공동주택관리 분쟁조정위원회와 '층간소음 예방관리 가이드북'을 발간했습니다. 여기에서 층간 소음에 관한 기준을 제시했는데요. 직접 충격 소음과 공기 전달 소음, 주간과 야간, 최고소음도과 등가소음도를 구분하여 정리하고 있습니다.

직접 충격 소음은 애들 발소리처럼 무언가가 직접 부딪힐 때 나는 소리입니다. 공기 전달 소음은 TV나 악기 소리처럼 공기를 통해 전달되는 소리입니다. 강아지가 짖는 소리도 공기 전달 소음입니다. 단, 상하수도의 급수,

배수 소음은 층간 소음에서 제외됩니다. 세탁기나 화장실에서 물이 내려가는 소리는 소음 기준에 해당 안 되는 거죠.

공기 전달 소음의 기준은 5분간 등가소음도를 기준으로 주간에는 45데시벨, 야간에는 40데시벨입니다. 직접 충격 소음은 조금 더 복잡한데요. 주간은 1분간 등가소음도를 기준으로 43데시벨이고, 최고소음도는 57데시벨입니다. 야간에는 1분간 등가소음도로 38데시벨이고, 최고소음도는 52데시벨입니다.

우리나라 아파트들은 대부분 벽식 구조로 되어 있습니다. 벽식 구조란 별도의 기둥이 없고 벽이 천정을 떠받치는 구조체 역할을 하는 구조를 이야기합니다. 그러다 보니 층간 소음이 윗집에서만 발생하는 것이 아니라, 옆집이나 대각선으로 인접한 집에서도 발생할 수 있습니다. 벽에 철근이 들어있기 때문입니다.

데시벨 기준을 잘 살펴서, 지금 들리는 소음이 기준을 넘는지 진단부터 해 보시기 바랍니다.

이웃 사이 층간 소음⑵ - 대처법

앞서 층간 소음의 기준을 알아보며 경우에 따라 기준이 바뀐다고 말씀
드렸죠? 여기서는 그 기준을 넘어서는 층간 소음에 대해서 어떻게 대응해
야 되는지 알아보겠습니다.

첫 번째는 환경부 산하 '층간소음 이웃사이센터'나 '중앙환경분쟁조정
위원회'에 중재를 요청하는 것입니다. 층간소음 이웃사이센터의 장점은 직
접 방문해서 소음을 측정해 준다는 점입니다. 홈페이지 또는 1661-2642
콜센터에서 신청을 받습니다. 처음 측정은 무료이며, 두 번째 측정부터는
소정의 비용을 받습니다. 층간소음 이웃사이센터는 현장에서 객관적으로
측정해 주기 때문에, 피해자와 가해자 모두 공정한 측정값을 확인할 수 있
습니다. 측정 이후에도 해결이 안 된다면, 중앙환경분쟁조정위원회에 조정
을 신청하시는 것도 방법입니다.

두 번째는 법원에 손해배상 민사소송을 제기하는 것입니다. '층간소음

이웃사이센터'나 '중앙환경분쟁조정위원회'의 중재는 중재 그 자체지, 강제성이 있는 절차가 아닙니다. 한쪽이 조정센터의 결론에 동의하지 않으면 그 결론은 확정되지 않게 됩니다. 법원의 판결하고는 전혀 다른 거죠. 그래서 첫 번째 방법으로 해결되지 않을 경우 법원에 기대는 수밖에 없다고 결론을 내리실 수 있습니다. 민사소송에서 판결이 나면, 양 당사자 모두 거부할 수 없습니다. 다만, 시간과 비용이 많이 든다는 단점이 있습니다. 물론 하급심 판례에 의하면 위자료 명목으로 몇 백만 원 정도의 손해액이 인정되고 있어서, 소송을 진행하는 데에 드는 비용이 크지 않게 느껴질 수도 있죠.

마지막으로 층간 소음을 경범죄로 신고하는 방법을 생각해 볼 수 있습니다. 한마디로 경찰에 신고하는 겁니다. 비록 범칙금이 10만 원 이하에 불과하지만, 가해자에게 심리적인 압박감을 준다는 점에서 의미 있을 수 있습니다.

최근 층간 소음 때문에 끔찍한 사건이 일어나기도 합니다. 여러 가지 제도적인 해결법이 있으니, 사적으로 해결하기보다 단계를 밟아 처리해야 합니다. 그러다 보면 대부분의 분쟁이 합법적인 선에서 해결되리라고 생각합니다. 앞으로도 법적 절차를 이용하시기 바랍니다.

임대차 제소전화해, 꼭 해야 할까?

'제소전화해'라는 말을 들어보셨나요? '제소전화해'는 판결의 효력을 가지는 합의입니다. 법원에서 기일을 잡고 내린 판결문과 동일한 효력을 갖기 때문에, 제소전화해를 통해 명도 소송을 하지 않고 바로 명도집행을 할 수 있습니다.

임대차 기간이 끝날 때쯤, 임대인은 임차인이 제대로 명도해줄지 항상 고민합니다. 특히 주택보다 상가 임대차 계약인 경우에 이런 고민이 많습니다. 주택 임대차의 경우에는 임차인은 경제 형편에 맞춰 형편이 어려우면 어려운 대로 다른 집을 구해서 나갑니다. 그러나 상가 임대차의 경우에는 월세를 안 낸 채 영업을 그대로 하려는 경우가 많이 있습니다.

상가는 보증금이 적고 월세가 많습니다. 보증금에서 차임 미지급금을 다 공제해 버리는 순간이 빨리 온다는 거죠. 그럴 경우, 임대인은 차임을 별도로 받지 못한 상태에서 시간만 보내고, 임차인은 영업을 통해 돈을 버는 묘한 상황이 발생하는 겁니다. 물론 주택도 보증금이 적고 월세가 높을 때에는 비슷한 문제를 일으킬 수 있습니다.

이때 명도 소송을 진행하면 재판에만 6개월 정도 시일이 걸리고, 집행하는 데에 한두 달 정도 더 걸리는 상황이 발생합니다. 그러는 동안에도 미지급된 차임은 계속 쌓일 겁니다. 게다가, 뒤늦게 임차인이 차임 상당의 부당이득을 취했다는 판결을 받더라도, 임대인은 미지급된 차임을 받지 못할 수 있습니다. 적자 영업장이라면 상가 임차인에게 돈이 없을 테니까요.

그러나 제소전화해를 미리 해두었다면, 명도 소송을 하지 않고 바로 집행할 수 있습니다. 최소한 명도 소송 기간에 발생하는 미지급 차임을 아낄 수가 있는 것입니다.

아주 편하고 효율적인 것 같지만, 문제는 바로 비용입니다. 아마 많은 분들이 제소전화해에 드는 비용을 알아보셨을 텐데요. 명도 소송을 해야 하는 비상사태가 발생하지 않을 수도 있는데, 매번 작은 비용을 들여서 제소전화해를 하는 것이 낭비로 보일 수도 있습니다.

저는 월세가 200만 원 이상인 임대차 계약인 경우라면 제소전화해를 추천드립니다. 매달 월세가 200만 원 이상인 경우, 소송을 시작하면 6개월 동안 미지급 차임으로 1,200만 원이 쌓입니다. 물론 집행까지 한두 달

더 걸리니까 최대 1,600만 원까지 미지급 차임이 발생하는 거죠.

변호사마다 비용의 편차는 있지만, 제소전화해에 드는 법률사무 비용은 소송에 비해 상당히 낮습니다. 따라서 명도 소송을 거느니 차라리 제소전화해를 진행하는 것이 더 경제적일 수 있습니다. 또한 제소전화해를 하게 되면 임차인의 입장에서 차임을 지급하지 않으면서 영업할 때 생기는 이점이 사라지기 때문에, 임대인은 명도 사태를 원천적으로 방지할 수 있습니다.

월세가 천만 원이 넘는 고액 임대차 계약이 있을 수 있는데요. 이 경우는 당연히 제소전화해를 하셔야 합니다. 임차인이 천만 원 씩 6개월 동안 미지급하면 어떻게 되죠? 미지급 차임이 6천만 원이죠. 집행까지 2개월 더 걸린다면, 미지급 차임은 최대 8천만 원입니다. 소송을 진행하는 동안 8천만 원의 손해가 쌓이게 되는 거죠. 그래서 고액 임대차 계약의 경우 제소전화해를 해야 비용을 줄일 수 있습니다.

건축허가 후 공사착공은 2년 내에 해야

내 건물을 짓고자 하는 분들보다 벅찬 마음을 갖고 계신 분들이 또 있을까요? 저는 건축학과를 졸업한 다음 사법시험에 합격해 변호사의 길로 들어섰는데요, 현업을 경험해보니 두 분야의 차이가 있습니다. 변호사에게는 일이 잘못되어 한참 스트레스를 받은 분들이 찾아오시고, 건축사에게는 집을 짓고 싶어 한껏 부푼 기대를 안고 계신 분들이 찾아옵니다.

건물을 지을 때 제일 처음 해야 할 일은 관청으로부터 건축허가를 받는 일입니다. 그런데 건축허가를 받은 뒤 예상치 못한 변수가 생길 수 있습니다. 집을 짓는 일은 상당히 큰일입니다. 따라서 애초에 계획대로 잘 안되는 경우가 굉장히 많죠.

하지만 그렇다고 건축허가를 받은 뒤에 무작정 착공을 늦추시면 안 됩니다. 건축법 제11조 제7항 제1호에 따르면, 건물을 지으려는 사람이 건축허가를 받은 날로부터 2년 이내에 착공하지 않을 경우, 허가권자는 반드시 허가를 취소해야 합니다.

　2년이면 꽹장히 긴 시간인데 무슨 문제가 있겠느냐고 생각하시는 분들도 많습니다. 그러나 지금처럼 금리가 높고 대출이 어려운 상황이 오면, 건축허가를 받았어도 돈을 마련하지 못해서 시간만 허비하게 될 수 있습니다. 미리 쌓아둔 현금만으로 토지를 매입하고 건축 시공비까지 충당하겠다는 사람은 극히 드뭅니다.

　혹시 건축허가를 받고 나서 착공이 상당기간 늦어질 가능성이 있다고 생각하시는 분은 미리 건축허가 시점을 잘 조절하셔야 합니다. 건축허가를 받은 후 2년 이내에 착공해야 한다는 것을 절대 잊지 마시기 바랍니다.

생애 첫 집, 살까 말까?

젊은 분들, 특히 결혼을 준비하거나 신혼이신 분들은 집을 사야 할지 말아야 할지 고민이 많으실 겁니다. 임대차라는 대안도 있고, 주식이나 코인 등 다른 재테크 수단도 있으니까요. 무엇보다, 앞으로 부동산 가격이 하락하지는 않을까 걱정되실 겁니다. 투자의 성공을 예측하는 것은 전문가에게도 어려운 일입니다.

저는 집값이 아닌 다른 관점에서 자기 집을 꼭 사는 것이 좋겠다고 말씀드리고 싶습니다.

내 생애 첫 집을 사는 과정은 아주 복잡합니다. 결혼하신 분들은 결혼 과정을 떠올려 보세요. 예식장, 신혼집, 상견례, 예물 등 수많은 의사결정의 결과물이 결혼식이죠. 흔히 농담으로 결혼을 준비할 때 너무 스트레스를 받아 '다시 하라고 하면 결혼할 생각 따위는 없다'고 말하기도 합니다. 첫 집을 사는 과정도 만만치 않습니다. 학군, 투자 가치로서의 입지 분석,

주거 형태, 신축과 구축, 대출 가능 범위, 시댁 보조와 친정 보조, 맞벌이나 출산 계획 등, 아무리 간단히 정리하려고 해도 너무나 많은 요소를 고려해야 합니다.

그런데, 이런 고민을 거쳐서 첫 집을 마련하면, 두 번째 집을 마련하는 것이 훨씬 수월해집니다. 첫 집을 마련할 때 고민한 것들을 반복할 필요가 없기 때문입니다. 지금까지 내 의사결정이 곧바로 반영된 자산이 집이니까요.

이걸 전문용어로 '자산이 화체되었다'고 표현하기도 합니다. 저는 조금 바꿔 '의사결정이 자산에 함축되었다'고 표현합니다. 예를 들어 주식만 주고받으면 개별 직원의 고용 승계나 매매 계약 등 별도의 과정을 거칠 필요가 없죠. 회사가 가진 수많은 동산, 부동산, 각종 집기, 직원 등이 주식으로 화체되기 때문입니다. 마찬가지로, 한 번 집을 구매하면 훨씬 쉽게 두 번째 집으로 이전할 수 있습니다.

앞으로 현물자산을 편리하게 운용하기 위해서라도 내 집을 마련하시기를 적극 추천드립니다.

임차인, 임대인 필독!! 임차인이 계약해지 가능하다

'임차인의 계약갱신해지권'이라는 말 들어보셨나요? 아마 임대인도 갸우뚱하실 겁니다.

개정된 주택임대차보호법은 임대차 계약을 갱신하려는 임차인이 언제든지 임대인에게 임대차 계약 해지를 통지할 수 있다고 규정하고 있습니다. 이 조항 탓에, 임차인은 전세가가 하락하는 상황에서 쉽게 임대차 계약을 해지할 수 있고, 반대로 임대인은 갑자기 보증금을 돌려줘야 하는 급박한 상황에 처할 수 있습니다.

보통 계약갱신청구권이 문제가 되지, 계약갱신해지권이 문제가 되지는 않습니다. 어떻게 이런 법률 문제가 발생할 수 있을까요? 실제로 2020년 주택임대차보호법을 비롯한 임대차 관련 법률이 두 달 만에 개정되는 바람에 졸속 입법이라는 비판이 많았죠. 이렇게 개정된 법률이 부동산 시장에 던진 혼란은 전세사기 대란으로까지 이어지고 있습니다.

처음 법개정이 논의될 때만 하더라도, 계약갱신청구권에 의한 계약기간 4년 보장과 5% 임대료 상한이 쟁점이었습니다. 그러다가 주택임대차보호법 제6조의3 제4항이 신설되었는데, 그 내용은 계약갱신청구권이 적용되는 임대차 계약 해지에 대해서 제6조의 2를 준용한다는 것이었습니다.

제6조의2는 묵시적 갱신의 경우 임차인이 집주인에게 언제든지 계약 해지를 통지할 수 있다고 규정하고 있습니다. 그 효과는 3개월 뒤에 발생합니다. 집주인 대부분은 개정된 임대차법에 이런 조항이 있는지 모르고 계십니다. 집주인들에게는 날벼락 같은 조항이죠. 그런데 법원은 임차인의 해지와 보증금 반환 청구 소송에서 신설된 조항과 다른 판결을 내렸습니다. 앞서 말한 제6조의3 제4항을 적용할 수 없다는 겁니다. 계약갱신청구권은 임차인의 명시적인 청구를 전제하는데, 개정 조항이 묵시적 청구의 갱신 해지 조항을 준용하게 하는 바람에 법과 판결이 다른 황당한 상황이 벌어지고 있는 겁니다.

당장 재판 하급심에서 승리했다고 하더라도, 법 규정이 다른 이상 대법원에서 판결이 뒤집어질 가능성도 높습니다. 집주인이라면 이런 혼란스러운 상황을 미리 숙지해 두는 것이 필요합니다. 결국 입법이 정비되어야 문제가 풀릴 것입니다.

계약금, 돌려받을 수 있을까?

부동산 매매 계약을 체결할 때에는, 계약금→중도금→잔금 순으로 대금을 지급하게 됩니다. 임대차 계약 역시 위와 같은 순서를 따릅니다. 계약금→중도금→잔금 순으로 보증금을 지급하죠. 한 번에 목돈이 들어가는 상황에서는 이렇게 대금을 나눠서 내기 마련입니다. 보통은 계약금으로 매매대금의 10% 또는 보증금의 10% 정도를 지급합니다.

부동산 공인중개소에서 쓰는 계약서 양식에는 일반적으로 '배액배상'과 '몰취' 규정이 있습니다. 매수인이 일방적으로 계약을 해제할 시, 매도인은 계약금을 몰취할 수 있습니다. 매도인이 일방적으로 계약을 해제할 시, 매수인은 계약금의 배액을 배상받습니다. 이미 지급한 계약금이 있으니, 이미 준 돈에 더해 그만큼의 돈을 추가로 돌려받는 것이죠. 이는 민법 제565조 해약금 조항에 규정되어 있습니다.

우리는 보통 배액배상과 몰취에 집중하지만, 한 쪽이 일방적으로 계약을 해제할 수 있다는 점도 아주 중요한 사항입니다. 동시이행항변권 때문에 채무 불이행으로 계약을 해제하는 일이 쉽지 않다는 점은 이미 말씀드린 바 있습니다.

여기서 유념해야 할 것이 있습니다. 계약금은 '손해배상액의 예정', 즉 계약을 위반한 사람이 상대방에게 지급하기로 약속한 손해배상액이고, 당사자끼리 약속한 손해배상액은 법원 직권으로 감액될 수 있습니다. 예를 들어, 계약을 해제하는 데 집주인에게 계약금을 과도하게 주는 것 같다고 여기면, 매수인은 법원에 직권 감액을 요청할 수 있는 것이죠.

물론 계약금이 대금의 10%인 경우에는 법원도 일반 관행에 준한다고 보고 있습니다. 그래서 특별한 사정이 없는 한 대금의 10% 정도는 직권으로 감액해 주지 않습니다. 그러므로 대금의 10% 이하로 계약금을 걸었다면 민사소송을 추천하지 않습니다. 소송을 걸더라도 이길 가능성이 적다고 봐야죠. 반대로 계약금이 대금의 10% 이상이라면 법원에 직권 감액을 요구할 만합니다.

다만 한 쪽이 일방적으로 해제하는 경우라고 해도 구체적인 사안마다 따져 볼 게 다를 수 있으니, 소송을 결정하기 전에 변호사와 상담해 보시기를 추천 드립니다.

설계도면에도 저작권이 있다! 모방건축물 전면 철거 판결

건물의 설계도면에도 저작권이 있습니다. 당연한 이야기지만 건축가가 그린 설계도면은 저작물로 보호받아야 합니다. 대놓고 설계도면을 베끼는 행위도 있어서는 안 되겠죠. 여기에는 이론의 여지가 없습니다.

그런데 어떻게 건축도면을 법적인 저작물로 인정받을 것인가에 대해서는 판례가 많지 않습니다. 왜냐하면 건물이라는 건 장소에 따라 달라지기 때문입니다. 건물이 들어가는 장소가 다 다르고, 건물은 장소를 반영해서 지어지기 때문에, 일부러 의도하지 않는 이상 건물을 동일하게 짓는 게 쉽지 않습니다. 따라서 실제 모방 사례도 거의 없습니다.

그런데 이번에 유명한 건물 디자인을 그대로 베껴서 건물을 지은 사례가 발생했습니다. 2019년에 재판이 시작되었고, 2023년 9월 14일에야 1심 판결이 났습니다. 이 판결에서 특정 설계를 모방한 건물을 전면적으로 철거하라는 명령이 내려졌습니다. 저작권을 위반했다고 해서 철거 명령이 내려진 경우는 저도 처음 봤습니다.

그런데 디자인을 모방한 측에서는 모방 대상과 유사한 부분만 철거하게 해달라고 요청했는데, 법원은 하나의 건물에서 유사한 부분과 그렇지 않은 부분을 물리적으로 분리할 수 없다는 취지로 전면 철거를 명령했습니다.

여기서 새로운 논쟁이 발생합니다. 보통 설계도면을 만드는 것은 건축사무소입니다. 건축사무소와 건축사 사이에서 분쟁이 생기는 바람에, 건물이 건설되는 도중에 설계 용역 계약이 해제가 되는 경우가 있습니다. 그런 상황에서 건축사가 기존 설계도면으로 계속 건물을 짓는다면, 이는 저작권을 침해하는 것일까요?

과거에 법원에서는 건물을 짓는 도중에 설계 용역 계약이 해제됐어도 그 건물에 한해서는 저작권을 침해하지 않는 걸로 판결을 내린 적이 있습니다. 하지만 유명한 건물 디자인을 베낀 경우는 다른 거죠. 앞에서 말씀드린 사건에는 이미 완성된 원래 건물이 있고, 게다가 그 건물이 건축상까지 받았습니다. 사진으로만 봐도 모방한 건물이 원래 건물과 얼마나 유사한지 알 수 있었습니다. 모방한 건물은 이미 지어졌지만, 그래도 법원이 저작권을 근거로 철거를 명령한 겁니다.

항소심과 상고심에서도 판결이 그대로 유지될지에 대해서는 더 지켜봐야 하지만, 저는 건축가들이 설계에 관한 저작권을 지키기 위해서라도 이번 판결이 유지되어야 한다고 생각하고 있습니다. 건물 하나를 만들려면 굉장히 많은 분들이 고생해야 합니다. 설계도면부터 실시설계, 구조설계까지, 여러 노력이 합쳐지는 종합 예술품이 바로 건물입니다. 그런데 이렇게 고생해서 만든 건물의 설계도를 아무나 쓸 수 있게 된다면, 열심히 노력한 사람 입장에서는 자신의 노력이 도둑맞았다는 느낌을 지울 수 없을 겁니다.

물론 건물을 철거하는 데에 드는 사회적 비용도 적지 않습니다. 하지만 이번 판결이 선례가 되어서 건축가가 그린 설계도면도 저작물로 존중받아야 한다는 공감대가 형성되기를 바라고 있습니다.

건설건축 시공계약, 실패하지 않는 팁

집짓기를 위한 시공 계약은 크게 4가지 핵심 요소로 이뤄집니다. 바로 계약서, 설계도면, 시방서, 내역서입니다. 이 네 가지는 서로 영향을 주고받습니다.

설계도면이 있어야 시방서와 내역서가 완성되고, 이를 통해 금액을 확정해야 계약서를 완성할 수 있습니다. 건축주 입장에서는 집짓기 계약을 체결할 때 이 네 가지 요소가 어떤 의미가 있는지를 통해 전체적인 틀을 이해할 수 있습니다.

먼저 네 가지 핵심 요소 중에서 가장 중요한 계약서를 살펴보겠습니다. 시공사들마다 양식이나 디자인이 다른 계약서를 가지고 있습니다. 겉모습은 달라도 그 내용과 항목은 흔히 '표준 계약서'라고 부르는 민간 건설공사 표준도급계약서를 기반으로 합니다. 대한건설협회가 만들고 국토교통부가 고시하는 표준 계약서는 인터넷에서 누구나 내려받을 수 있을 정도로 널리 퍼져 있습니다.

　표준 계약서 중 본 계약서에는 공사명부터 지급, 지연, 이자율 등 13가지 항목이 있습니다. 따라서 본 계약서가 가장 중요합니다. 그런데, 표준 계약서라고 해서 디테일한 검토 없이 서명하는 것은 당연히 위험합니다. 표준 계약서는 일종의 가이드일 뿐이기 때문입니다. 계약 당사자들은 임의로 일부 항목을 빼거나 새로 넣을 수 있습니다. 이를 확인하지 않으면, 나중에 법적 갈등이 벌어질 때 계약서가 표준과 다르다고 주장해도 '도장을 찍은 건 본인'이라는 답이 돌아올 뿐입니다.

　그러니 표준 계약서와 유사하다고 하더라도 각 항목의 내용을 꼭 유의해야 하고, 계약서에 빈칸이 남지 않도록 해야 합니다. 즉, 모든 항목을 다 기입한다는 생각으로 계약서를 작성해야 합니다.

　또한 인터넷에서 내려받은 표준 계약서는 특수 조건을 규정하고 있지 않습니다. 특수 조건은 건축주가 자신에게 유리한 쪽으로 계약을 체결하기 위해 계약서에 추가로 담은 조항입니다. 이 특수 조항을 담는 건 결국 이해관계가 있는 건축주이기 때문에, 표준에는 없는 조항이 있을 수 있다는 점을 항상 생각하셔야 합니다.

　다음으로 설계도면이 중요합니다.

착공일에 쫓겨 도면이 부실하게 만들어지는 상황이 있을 수 있는데, 이런 상황은 시공사가 건축허가부터 받고 설계도면을 다듬자고 하는 경우입니다. 그런데 이게 나중에 법적 문제로 이어질 수 있습니다. 보통 계약을 체결할 때 첨부하는 도면을 바탕으로 비용을 산정하게 되는데, 나중에 설계를 변경해서 추가 금액이 발생하면 이를 지급해야 하는가를 두고 법률 분쟁이 일어날 수 있습니다. 그래서 가급적이면 완성된 도면을 기초로 공사 도급 계약을 체결하시기를 권합니다.

마지막으로 시방서와 내역서입니다. 이 둘은 단독주택처럼 소규모 현장에서는 크게 중요하지 않습니다. 다만 부득이 공사를 중단하고 정산할 때에는 중요한데, 시방서 같은 경우에는 일반 시방서를 따르게 되어 있습니다. 내역서는 추가 공사 단가나 설계 변경 단가의 기준이 되기 때문에 꼼꼼히 살펴보시는 게 필요합니다.

한편, 계약서에서 간과하기 쉬운 것들이 몇 가지 더 있습니다. 지체상금과 부가가치세가 대표적입니다. 지체상금이란 공사가 지연되었을 때 발생하는 비용을 하루 당 금액으로 계산한 것인데, 보통 전체 공사 금액의 1천분의 1에서 3 정도로 지체상금을 약정하기는 합니다. 그런데 이걸 전혀 약정하지 않으면 시공사가 아무리 공사를 지연해도 배상받을 수 없습니다.

그리고 건축비에 부가가치세가 포함되어 있는지 아닌지 기재하지 않는 경우가 있습니다. 부가가치세율이 10%이지 않습니까? 건축비가 5억 원이면 부가가치세는 5천만 원입니다. 굉장히 큰 금액인 만큼, 전체 비용에 부가가치세가 포함되어 있는지 정확하게 기재해야 합니다.

계약을 체결할 때 선금을 내는 경우가 있는데, 계약금과 선금을 혼동하시는 분들이 많습니다. 계약금의 경우 상황에 따라서 몰취 당하기도 하고 배액배상 당하기도 하는데, 선금은 그저 공사대금 일부를 미리 지급한 돈일 뿐입니다. 보통 10%를 미리 지급합니다. 하지만 나중에 법적 분쟁이 발생하면 상황에 따라서 선금도 정산 대상이 될 수 있습니다.

자동차나 가전제품을 살 때는 가격과 성능을 꼼꼼하게 검토하면서, 수억, 수십억 원이 들어가는 건축 계약을 세밀하게 살피지 않는 경우가 의외로 굉장히 많습니다. 계약서 항목을 하나하나 검토하는 건 굉장히 어렵기 때문입니다. 지체상금에 대한 부분만 하더라도 1시간 동안 설명이 필요할 정도로 굉장히 복잡합니다. 그래서 가급적 전문 변호사에게 계약서 담당 업무를 의뢰하시길 추천드립니다. 그래야 추후 큰 문제를 겪지 않을 수 있습니다.